D1670205

UTB

Eine Arbeitsgemeinschaft der Verlage

Birkhäuser Verlag Basel und Stuttgart
Wilhelm Fink Verlag München
Gustav Fischer Verlag Stuttgart
Francke Verlag München
Paul Haupt Verlag Bern und Stuttgart
Dr. Alfred Hüthig Verlag Heidelberg
Leske Verlag + Budrich GmbH Opladen
J. C. B. Mohr (Paul Siebeck) Tübingen
C. F. Müller Juristischer Verlag – R. v. Decker's Verlag Heidelberg
Quelle & Meyer Heidelberg
Ernst Reinhardt Verlag München und Basel
F. K. Schattauer Verlag Stuttgart-New York
Ferdinand Schöningh Verlag Paderborn
Dr. Dietrich Steinkopff Verlag Darmstadt
Eugen Ulmer Verlag Stuttgart
Vandenhoeck & Ruprecht in Göttingen und Zürich
Verlag Dokumentation München

Gerhard Ebeling

Studium der Theologie

Eine enzyklopädische Orientierung

J. C. B. Mohr (Paul Siebeck) Tübingen

CIP-Kurztitelaufnahme der Deutschen Bibliothek

Ebeling , Gerhard
Studium der Theologie : e. enzyklopäd. Orientierung.
– 5.–7. Tsd. – Tübingen : Mohr, 1977.
   (Uni-Taschenbücher ; 446)
   ISBN 3-16-139291-4

©

Gerhard Ebeling

J. C. B. Mohr (Paul Siebeck) Tübingen 1975
5.–7. Tausend 1977
Alle Rechte vorbehalten. Jede Art der Vervielfältigung ohne Genehmigung des Verlages
ist unzulässig.
Printed in Germany
Einbandgestaltung: Alfred Krugmann, Stuttgart
Satz und Druck: Buchdruckerei Eugen Göbel, Tübingen
Aufbindung: Sigloch, Stuttgart

Inhaltsübersicht

Vorwort

Den Versuch, in die Hauptdisziplinen der Theologie und in einige der angrenzenden nichttheologischen Wissenschaften durch einen knappen Reflexionsgang einzuführen, um dadurch die Besinnung auf das Ganze der Theologie anzuregen und zu fördern, habe ich ein erstes Mal im Sommersemester 1972 innerhalb eines theologischen Grundkurses unternommen. Zwei Jahre darauf machte ich mich erneut an die Aufgabe, diesmal vor einem breiteren Hörerkreis, und schrieb dafür die Vorlage nahezu völlig um. Wie gewagt, wenn nicht verwegen ein solches Unternehmen ist, wurde mir dabei mehr und mehr bewußt. Diese Erfahrung vermochte mich jedoch nicht von der Meinung abzubringen, es handele sich um einen Test, der für jeden Theologen, welchen Reifegrades auch immer, aufschlußreich ist. Das Riskante, gar als unmöglich Empfundene, bestätigt nur, wie notwendig eine derartige Rechenschaft ist. Deshalb verquickte sich für mich die Absicht, den Außenstehenden oder Anfänger zu informieren, kaum trennbar mit dem Bedürfnis, mir selbst Klarheit zu verschaffen und schrittweise den Weg zu bahnen. So wendet sich das Buch an alle, die an gesamttheologischer Besinnung interessiert sind.

In Ergänzung dessen, was im ersten Kapitel über Zielsetzung und Vorgehen bemerkt wird, sei der Leser gebeten, den Formgesetzen des Experiments Rechnung zu tragen.

Der Schwerpunkt liegt nicht in der Mitteilung von Fachwissen der einzelnen Disziplinen, sondern in deren Verknüpfung untereinander. Deshalb sollte die Lektüre dem Gesamtverlauf folgen und nicht etwa bloß besonders interessierende Themen herausgreifen. Daß dennoch die Erörterung jeweils beim einzelnen Gebiet verweilt, also primär den verschiedenen Sachverhalten zugewendet ist und ein systematisierendes Verfahren vermeidet, ist Ausdruck der Bescheidung, soll jedoch zugleich der Weite des Gesichtskreises zugute kommen. So sehr die Frage nach Einheit und Ganzheit der Theologie den Impuls gibt, darf sie doch nicht gewaltsam und um den Preis einer Verarmung beantwortet werden. Der Darstellung ist darum streckenweise nur indirekt, aber doch wohl deutlich zu entnehmen, daß sie von einer in sich stimmigen Auffassung getragen ist. Geht es doch ohnehin nicht um ein Rezept für den Umgang mit der Theologie, sondern um eine Anleitung, den rechten inneren Stil dafür zu finden. Deshalb bewegt sich der folgende Gedankengang auf einer anderen Bahn als der einer Programmatik zur Studienreform, obwohl Überlegungen dazu einen entsprechenden Reflexionsgang durchlaufen haben sollten.

Dem Umfang der Ausführungen zu jeder Disziplin war durch den zeitlichen Rahmen einer Vorlesungsstunde die Grenze gezogen. Sie ist in dem hier dargebotenen Text der endgültigen Bearbeitung nur hin und wieder etwas überschritten worden. Ein solches äußeres Maß war notwendig, um nicht ins Uferlose zu geraten. Wie der knappe Raum zu nutzen sei, welche Gesichtspunkte den Vorrang verdienen, worauf verzichtet werden müsse, das waren jedesmal schwierige Entscheidungen, die stets ein Gefühl des Unbefriedigtseins hinterließen. Die Aufgabe hätte immer auch anders angepackt werden können. Für die Art, wie es geschah, haben u. a. auch Intuition und Zufall eine Rolle gespielt, obschon, wie ich hoffe, nicht im Widerspruch zur Grundintention und zum Schaden des Ganzen. Die Kürze bloßer Andeutungen zu beklagen, Fehlendes zu vermissen, andere Akzentuierungen zu wünschen, gegebenenfalls entschieden zu widersprechen – das sind Reaktionen des Lesers, die Bestandteil des Vorhabens selbst sind. Denn es erfüllt seinen Sinn nur als Anstoß zum eigenen Nachdenken. Der bibliographische Anhang soll dafür weitere Anregung geben, während in die Anmerkungen notgedrungen nur unmittelbare Belege aufgenommen werden konnten. Was ich anderen verdanke oder an kritischer Antwort schulde, konnte hier nicht erwähnt und entfaltet werden.

Als Nachwort habe ich Bemerkungen Luthers zum Theologiestudium angefügt. Die Tatsache und den Inhalt dieser Zitation wird jeder als Ausdruck dessen verstehen, daß zur Überwindung der Orientierungskrise, in der wir uns befinden, unendlich mehr nötig ist als eine enzyklopädische Besinnung.

Von verschiedenen Seiten erhielt ich Ermunterung und Rat. Meine Mitarbeiter Walter Mostert und Volker Weymann leisteten wieder wertvolle Hilfe. Allen, die am Zustandekommen dieses Büchleins beteiligt sind, sage ich herzlichen Dank.

Zürich, 15. September 1974

Gerhard Ebeling

Inhaltsverzeichnis

Erstes Kapitel

Das Ganze der Theologie

Zweites Kapitel

Die Wissenschaft vom Neuen Testament

Drittes Kapitel

Die Wissenschaft vom Alten Testament

Sechstes Kapitel

Kirchengeschichte

Siebentes Kapitel

Natur- und Geisteswissenschaften

Achtes Kapitel

Humanwissenschaften

Neuntes Kapitel

Praktische Theologie

Zehntes Kapitel

Dogmatik

Elftes Kapitel

Ethik

XVI

Zwölftes Kapitel

Fundamentaltheologie

Erstes Kapitel

Das Ganze der Theologie

I. Orientierungskrise

Das Theologiestudium ist von einer Orientierungskrise befallen. Weil der Zugang zu dem Einen und Ganzen gestört ist, welches die Sache der Theologie ausmacht, zerbricht und zerbröckelt ihr Gegenstands- und Aufgabenbereich in ein verwirrendes Konglomerat von einzelnem. Wie die herkömmlichen theologischen Materialien untereinander und wie diese wiederum mit dem außertheologischen Erfahrungs- und Wissensbereich zusammenhängen, liegt nicht ohne weiteres am Tage. Im Schema von Text und Kontext ausgedrückt, erscheint beides schwer verständlich: der Text der Theologie, der sich nur in unendlich vielen Texten darbietet, und sein Verhältnis zum Kontext der Theologie, der erst recht unüberblickbar ist und seinerseits die Beziehung zum Text der Theologie eher verbirgt als erkennen läßt. Beide Schwierigkeiten sind jedoch zu einer einzigen verschmolzen. Der Text der Theologie kann als solcher überhaupt nur zum Reden kommen, indem sich die Beziehung zum Kontext einstellt. Wie es mit der inneren Einheit und Ganzheit der Theologie steht und wie sie sich zur Totalität der Wirklichkeitserfahrung überhaupt verhält, sind nicht zwei getrennte Probleme. Daß beides einen einzigen Zusammenhang bildet, verstärkt freilich den entmutigenden Eindruck, es sei eine Sisyphusarbeit, sich darin zurechtzufinden.

Der gegenwärtigen theologischen Orientierungskrise kann man nicht gerecht werden, wenn man sie isoliert. Soll dazu etwas Hilfreiches gesagt werden, so muß man sich dessen bewußt sein, daß die angedeuteten Schwierigkeiten nicht erst von heute stammen. Seit der Horizontveränderung, die sich für den christlichen Glauben mit dem Eintritt in die Situation der Neuzeit ergab, sind sie in immer neuen Schüben akut geworden. Aber auch vor jener Epochenschwelle war der Umgang mit der Sache der Theologie keineswegs unproblematisch. Durch die Veränderung der Perspektive sollte man sich nicht darüber täuschen lassen, daß Theologie stets mit außergewöhnlichen Schwierigkeiten behaftet war. Dessen eingedenk zu sein, relativiert die Einschätzung der gegenwärtigen Problemsituation. Das heißt nicht, daß sie dadurch bagatellisiert würde. Je deut-

licher die Zusammenhänge sichtbar werden, in denen sie steht, desto
schärfer tritt ihre Besonderheit heraus. Darauf zu achten, kommt
der Orientierung zugute.

Ebensowenig allerdings wie diese geschichtliche Dimension kann
und soll in dem folgenden begrenzten Versuch, der Orientierungskrise zu begegnen, die ganze Tiefe von deren Ursachen ausdrücklich
zum Thema werden. Gewiß darf bei keiner Orientierungsanleitung
vergessen werden, daß man sich heute weithin nicht bloß *in*, sondern vor allem *mit* der Theologie nicht zurechtfindet. Das ruft nach
einem Beistand, der die beschränkten Möglichkeiten dieses Vorhabens übersteigt: nach einer gründlichen Erörterung über die Sache
der Theologie und zugleich einer elementaren Darlegung dessen, was
einen zum Theologen macht und bei der Sache der Theologie auch
bleiben läßt. Immerhin wird all dies auch dann mit angesprochen,
wenn eine Orientierungshilfe bescheidenerer Art angeboten wird.
Auf sie soll zunächst durch weiter ausholende Erwägungen hinge-
führt werden.

II. Spannungen im Umgang mit der Theologie

Wer mit der Theologie umgeht, stößt auf Schwierigkeiten sehr verschiedener Art. Sie lassen sich auf drei Spannungsverhältnisse zurückführen. Jedes von ihnen macht in seiner Weise die Theologie
zu einer spannungsgeladenen Wissenschaft. Den einen wird sie darum zu einem überaus spannenden Unternehmen, von dem sie nicht
mehr loskommen, den andern dagegen zu einer widersprüchlichen
Sache, mit der sie nicht zurechtkommen. Und oft genug bleibt beides
ineinander verzahnt: das Nicht-damit-Zurechtkommen und das
Nicht-davon-Loskommen.

1. Studium und Beruf: die Kirchlichkeit der Theologie

Der Schritt vom Studium in den Beruf kann auch in anderen Fällen
schwierig sein und oft eher einem Sprung gleichen, der Mut erfordert.
Für den Theologen jedoch kommen erschwerende Bedingungen hinzu, die eine Scheu vor der kirchlichen Praxis erzeugen, die ihn erwartet. Er befürchtet etwa, den Anforderungen nicht gewachsen zu
sein, die Sache der Theologie öffentlich zu vertreten. Oder er sieht
sich Gewissenskonflikten ausgesetzt, falls er auf etwas verpflichtet
wird, wozu er nicht mit voller Überzeugung stehen kann. Oder

ihn ängstet die Rollenerwartung, mit der Gemeinden und Kirchenleitungen seine Bewegungsfreiheit einengen. Oder ihm steht die Überbelastung durch einen All-round-Betrieb vor Augen, der zu theologischer Besinnung nicht Zeit läßt und vor Aufgaben stellt, für die das akademische Studium nicht vorbereitet hat, eher gar als Hindernis erscheint.

Was an solchen Befürchtungen berechtigt ist, wird allerdings durch Globalurteile leicht verfälscht. Von der Berufssituation des Pfarrers besitzt man oft nur ein Zerrbild. Man macht sich gewöhnlich nicht klar, daß die heutige kirchliche Praxis trotz ihrer Problematik einen Freiheitsraum gewährt, wie ihn sonst kaum ein Beruf bietet, – sofern man davon als freier Mensch notfalls auch einen konfliktsbereiten Gebrauch macht. Weicht man der Begegnung mit der Praxis aus, so bringt man sich um eine Quelle von Erfahrungen, die ein festgefahrenes Studium der Theologie beleben und in neue Bahnen leiten könnten.

Freilich ist auch vor einer Flucht in die Praxis zu warnen, mit der man die theologischen Reflexionen zu überspielen und zu verdrängen sucht. Die Hauptschwierigkeit, auch unter den Anforderungen des Berufs Theologe zu bleiben, erwächst weniger aus äußeren Zwängen zu einem Routinier- und Funktionärsdasein als aus der mangelnden Bereitschaft, im fortgesetzten Studium der Theologie zu verharren. Ist doch das, was man im technischen Sinne Theologiestudium nennt, nur die Anleitung zu anhaltendem Studium der Theologie im Beruf. Dem wird man nicht mit einem theologischen Spezialhobby neben dem Beruf gerecht, sondern nur mit jener inneren Lebendigkeit, welche Theologie und Lebenserfahrung einander durchdringen läßt. Sie gibt auch beim Theologen im akademischen Lehramt den Ausschlag dafür, daß Theologie in angemessener Weise als Beruf wahrgenommen wird.

Die Höherwertung der wissenschaftlichen Laufbahn verrät im übrigen ein schlechtes Theologieverständnis. Diejenige Ausübung des theologischen Berufs, in der er seinen umfassendsten Lebensbezug entfaltet, darf nicht durch den notwendigen Spezialdienst akademischer Theologie in Schatten gestellt werden. In jeder Gestalt aber hat der Beruf des Theologen daran sein Maß, ob hier zur Einheit kommt, was so leicht auseinanderzubrechen droht: das, was Gegenstand des Wissens und der Erkenntnis, und das, was Sache innerster Überzeugung und äußerster Lebenshingabe ist. Zur eigentümlichen Würde des Umgangs mit der Theologie gehört es, daß jene Einheit von Studium und Beruf in der Tat gefährdet ist. Man kann

mit seinem Leben daran scheitern. Wer jedoch von der Sache der
Theologie ergriffen ist, kann in ungewöhnlich lohnender Weise das
Leben dafür zum Einsatz bringen.

2. Sache und Methode: die Wissenschaftlichkeit der Theologie

Die Spannung zwischen Studium und Beruf ließ den Gesichtspunkt
der Kirchlichkeit in den Vordergrund treten. Zwar wirkte schon das
Problem der Wissenschaftlichkeit von Theologie mit hinein. Denn
es liegt nahe, die Frage sofort auf das Verhältnis von wissenschaftlichem Studium und kirchlichem Beruf zuzuspitzen. Doch würde das
Problem verkürzt, wenn man es nur in der kirchlichen Berufsaus-
übung des Theologen verwurzelt sähe, nicht im Wesen von Theologie
selbst. Die entscheidende Frage ist nicht, wie man mit wissenschaftlicher Theologie im kirchlichen Beruf zurechtkomme, sondern ob und
in welchem Sinne Theologie Wissenschaft sei. Die jetzt zu beden-
kende Spannung haftet darum dem Studium der Theologie als solchem an. Wissenschaftliches Verfahren und Sache der Theologie erscheinen als unvereinbar, ob man diese nun durch das Stichwort
„Kirchlichkeit" kennzeichnet oder dadurch, daß sie es mit Gott,
Offenbarung und Glauben zu tun habe, also jedenfalls mit etwas,
was sich mit Wissenschaft nicht zu vertragen scheint.

Extrem gegensätzliche Einstellungen treffen sich darum in der
Verneinung von Theologie überhaupt, die sich nach überkommenem
Sprachgebrauch als wissenschaftlich betriebene Theologie versteht.
Die einen behaupten, man zerstöre die Offenbarungswahrheiten,
wenn man das Urteil der Vernunft und Methoden wissenschaftlicher
Kritik zuläßt. Die andern betonen, es widerspreche dem Wesen von
Wissenschaft, Ergebnisse dogmatisch vorwegzunehmen und gegen
Kritik abzuschirmen. Die ersten verdächtigen die Arbeit der Theo-
logie als ungläubig und als Gefahr für das Christsein. Die anderen
diffamieren die Theologie als unlautere Apologetik, die redlichem
Denken widerspricht.

Zwischen diesen Extremen liegt das weite Feld des strittigen
theologischen Selbstverständnisses. Daß es dabei um denkende
Rechenschaft über den christlichen Glauben geht, ist die gemeinsame
Voraussetzung. Wie dieser Aufgabe gerecht zu werden sei, darüber
gehen die Meinungen weit auseinander. Dennoch dürfte auch über
gewisse Richtlinien dafür Verständnis zu erzielen sein. So z. B. darüber, daß die Frage der Wissenschaftlichkeit nicht im voraus zu
entscheiden ist, sondern im Vollzug theologischer Arbeit immer neu

bedacht werden muß. Denn alle wissenschaftliche Arbeit schlägt auf die methodologischen Probleme zurück, und diese wiederum sind nur auf Grund des Umgangs mit bestimmten wissenschaftlichen Aufgaben fruchtbar zu erörtern. Auch darüber sollte man sich in der Theologie einig sein: Ihre Wissenschaftlichkeit darf nicht von außen oktroyiert sein, sondern muß sich auf das Wesen des christlichen Glaubens selbst zurückführen lassen, wenn anders es diesem gemäß ist, sich nicht traditionalistisch seinem eigenen Lebensvollzug zu entziehen, vielmehr offen nach allen Seiten und selbstkritisch zugleich Rechenschaft über sich zu geben, und das heißt über seinen Grund, seinen Inhalt und seine Folgen.

In dieser Weise theologische Arbeit im einzelnen zu betreiben und immer wieder auch grundsätzlich zu reflektieren, erfordert die Geduld, beides miteinander reifen zu lassen. Nie sollte man unter der Last unerfüllbarer Forderungen und dem Druck ungeklärter Fragen den Sinn für das Nächstliegende verlieren. Der Sog ins Unendliche, welcher der Strenge wissenschaftlicher Methode eigen ist, und die nie aufzuarbeitende Masse wissenschaftlicher Überproduktion dürfen nicht davon abhalten, daß man sich begrenzten Aufgaben zuwendet und sich mit innerer Ruhe und gutem Gewissen auf Bestimmtes sammelt. Und solches Sichversenken in die theologische Arbeit darf nie dazu verleiten, sich vom Leben und von dem, was ihm dient, zu entfernen.

3. Einheit und Vielgestalt: die Geschichtlichkeit der Theologie

Zu den Problemkomplexen, die durch die Stichworte „Kirchlichkeit" und „Wissenschaftlichkeit" gekennzeichnet sind, tritt nun noch ein Spannungsverhältnis, das sich von der Erscheinungsweise von Theologie her unmittelbar aufdrängt. Dessen Pole: Einheit und Vielgestalt, weisen auf das Problem der Geschichtlichkeit.

a) Historisch einander ablösende Theologien

In der historischen Folge individueller theologischer Entwürfe und verschiedenartiger theologischer Typen tritt das Problem am greifbarsten zutage. Bereits innerhalb des Neuen Testaments treffen wir diesen Sachverhalt historischer Schichtung von Theologien an. Was macht solchen Fortgang und Wandel der Theologie erforderlich? Der Fortschrittsgedanke taugt schlecht als Schlüssel zur Theologiegeschichte. Weithin drängt sich eher der Eindruck einer Dekadenz auf, das Zurückbleiben hinter unerreichbaren theologischen Vorbildern. Dennoch sind diese nicht konservierbar oder repristinierbar. Auch die Orientierung an ihnen entbindet nicht von der eigenen theologischen Verantwortung. Sie ist im Hinblick auf die Situation und deren geschichtlichen Wandel jeweils neu und schöpferisch wahrzunehmen. Am Modell der immer wieder selbständig auszurichtenden Verkündigung stellt sich dies wohl am einleuchtendsten dar.

Damit stößt man freilich auf das Problem der Identität im Wandel. Wenn die Identität christlicher Theologie nicht getrennt vom Wandelbaren vorweisbar ist, vielmehr in dem sich Wandelnden selbst wirksam wird, nach welchen Kriterien ist dann über Wahrung und Verlust der Identität zu urteilen? Ist etwa eine möglichst konservative Abschirmung gegen die Unrast der Zeit sicheres Symptom der Identitätswahrung und fortschrittliches Sicheinlassen auf die sich ändernden Verhältnisse eindeutiges Anzeichen von Identitätsverlust? Oder darf man umgekehrt die bewahrende Bemühung von vornherein des Verrats am Christlichen bezichtigen, den progressiven Trend hingegen ohne weiteres als Ausweis lebendiger Christlichkeit ansehen? Im Gegensatz zu demagogischen Parolen hat sich die theologische Urteilsbildung an den differenzierenden Gesichtspunkt zu halten, daß die Einheit in Sachen der Theologie sich stets in Vielgestalt darbietet und die Vielgestalt als solche nicht notwendig der Einheit widerspricht.

b) Sachlich einander ausschließende Theologien

Dabei kann es freilich nicht sein Bewenden haben. Die theologische Verantwortung würde vergleichgültigt, spräche man allen theologischen Erscheinungen gleiches Recht in einem grenzenlos variablen geschichtlichen Kosmos zu. Es gibt offensichtlich unvereinbare Gegensätze zwischen gleichzeitigen theologischen Auffassungen. Gegenüber früher selbstverständlichen theologischen Zensuren wie „orthodox" oder „häretisch" sind wir zwar aus guten Gründen mißtrauisch geworden, obschon vielleicht zu wenig mißtrauisch gegenüber dem Lächerlichmachen des Orthodoxen und dem Kokettieren mit dem Häretischen. Die geschichtliche Bedingtheit darf man auch hier nicht außer acht lassen. Fundamentale Differenzen konfessioneller Art z. B. erben sich mit prägender Gewalt fort, sobald sie etabliert sind, und zwar dann besonders hartnäckig, wenn man den Entscheidungsvorgang gar nicht mehr zu realisieren vermag, der zu solchen Gegensätzen führte. Pauschale Verurteilungen oder gar Verdammungen, zumal als überkommene Vorurteile, fördern nicht die sachliche Klärung. Anderseits sehen wir heute die für definitiv gehaltenen

Konfessionsgegensätze so sehr in Bewegung geraten, daß die entscheidenden theologischen Fronten quer dazu zu verlaufen scheinen. Bereits ist wieder vor einem ökumenischen Enthusiasmus zu warnen, der neue konfessionelle Trennungen (etwa nach politischem Credo) zur Folge haben könnte. Überwinden lassen sich die konfessionellen Differenzen nur dann, wenn die zugrunde liegenden Fragestellungen selbst durch überlegene theologische Einsicht zurechtgerückt werden.

Entsprechendes gilt von theologischen Richtungs- und Schulgegensätzen. Wie hier jeweils geschichtliche und individuelle Bedingtheiten, die Bevorzugung von Partialaspekten und das Widereinander unvereinbarer Sachgegensätze ineinandergreifen, sollte im theologischen Gespräch mit hermeneutischer Sorgfalt berücksichtigt werden. Da tiefe theologische Verschiedenheiten auf unterschiedlichen Grunderfahrungen beruhen und die theologischen Aussagen zudem untereinander eng verknüpft sind, neigt man leicht zu dem Totalurteil, daß man entweder ganz oder gar nicht übereinstimme. Obwohl es in der Theologie letztlich um ein Einziges geht, ist dieses doch vielgliedrig und vielstimmig artikulierbar, weil unerschöpflicher Entfaltung bedürftig und fähig. Keine bestimmte Theologie ist autark und vermag allein alles Nötige zu sagen. Deshalb ist das Unisono keine angemessene Zielvorstellung für theologische Übereinstimmung. Nur dann werden die echten Gegensätze ohne Verzerrung oder Verharmlosung erlitten und durchgehalten, wenn man von theologischem Konsensus eine sachgemäße Vorstellung hat und aufrichtiges Verlangen nach ihm.

c) Methodisch miteinander konkurrierende Disziplinen

Die Spannung von Einheit und Vielgestalt der Theologie drängt sich nun aber nicht nur vom geschichtlichen Wandel und vom Streit um die rechte Theologie her auf. Durch das Studium der Theologie wird man primär mit der Aufteilung in verschiedene Disziplinen konfrontiert. Sie dominiert im Lehr- und Forschungsbetrieb so stark, daß darin das Ganze der Theologie gar nicht ausdrücklich begegnet, niemand dafür zuständig zu sein scheint und jeder selbst sehen muß, wie er das kaum Zusammenreimbare auf einen Nenner bringt. Die bisher erörterten Spannungsverhältnisse greifen hier verschärfend ein. Sie rücken damit aber auch unter einen Aspekt, der gesonderter Erwähnung und Besinnung bedarf.

Geht man von den fünf oder sechs Grunddisziplinen aus, wie sie sich in theologischen Vorlesungsverzeichnissen und Prüfungsordnungen finden, so scheint das Teilungsprinzip stofflicher Art zu sein. Altes Testament, Neues Testament und Kirchengeschichte reihen sich chronologisch aneinander als verschiedene Geschichtskomplexe, die je durch bestimmte Literaturdokumente – im Falle der Kirchengeschichte durch ganze Bibliotheken – repräsentiert sind. Zwar überlappen sich an den historischen Nahtstellen die Interessen und Zuständigkeiten. Dennoch sind die genannten Disziplinen aufs Ganze gesehen bereichsmäßig anscheinend so klar gegeneinander abgegrenzt, daß sie sich problemlos additiv aneinanderfügen. Daß sich demgegenüber in der systematischen und praktischen Theologie der Blick der Gegenwart zuwendet, kann freilich nur bei oberflächlicher Auffassung zu der Meinung verleiten, jene chronologische Disziplinenfolge setze sich einfach in die eigene Zeitgeschichte hinein fort, aufgefächert nach den Gesichtspunkten des Glaubens sowie des allgemein sittlichen und des kirchlichen Handelns. So sehr dabei auch die Empirie Berücksichtigung finden mag, kommt hier nun doch in anderer Weise als in jenen historischen Disziplinen der normative Aspekt ins Spiel.

Die Spannung, auf die man dabei stößt, tritt deutlicher ins Bewußtsein, wenn man sich klarmacht, daß das uns vertraute Disziplinenschema relativ jung ist. Zwar hat christliche Theologie – summarisch formuliert – seit jeher zwei Verfahrensweisen gekannt: ein exegetisches Entlanggehen am biblischen Text und ein an bestimmten Sachfragen orientiertes Vorgehen. Theologisch kam es allerdings konkurrenzlos auf dasselbe hinaus: auf eine dogmatisch gebundene Erörterung, ob diese nun exegetisch oder systematisch verfuhr. Erst in der Neuzeit emanzipierte sich die Arbeit an der Bibel von der Dogmatik, zunächst im Zeichen einer biblisch-theologischen Kritik an der herrschenden Schuldogmatik und an bestimmten kirchlichen Dogmen, dann im Zeichen historisch-kritischer Untersuchung der biblischen Überlieferung. Daraus entwickelte sich ein Methodendualismus, der sich zwar mit dem Neben- und Gegeneinander historischer und systematischer Disziplinen zu decken schien, jedoch faktisch damit nicht zur Deckung kam. Denn die biblisch-exegetischen Disziplinen konnten ebenso zum Anwalt dogmatischen Denkens werden wie die systematischen Disziplinen zum Anwalt historisch-kritischen Denkens. Nimmt man hinzu, daß das Verhältnis der Disziplinen zueinander nicht nur unter dem Methodengesichtspunkt komplizierter ist, als es den Anschein hat, sondern auch unter dem scheinbar so harmonischen Stoffgesichtspunkt konkurrierende Ansprüche erzeugen kann – man denke an den Rangstreit theologischer

Disziplinen –, so entsteht ein beunruhigender Eindruck: Die an sich auf Arbeitsteilung und gegenseitige Ergänzung angelegten Disziplinen wirken wie ein zersprungener Spiegel, in dem sich das Bild vom Ganzen der Theologie vielfältig bricht und eben deshalb kein Bild vom Ganzen der Theologie entsteht.

III. Versuch einer enzyklopädischen Orientierung

1. Die begrenzte Zielsetzung

Auf die zuletzt umrissene Problematik richtet sich der folgende Versuch einer Orientierungshilfe. Er beansprucht nicht, Fundamentaltheologie zu sein. Sie bestünde in einer umfassenden Besinnung auf das Wesen von Theologie, ihre Sache und Methode, ihre Sprache und Wahrheit. Er intendiert auch nur in einem eng begrenzten Sinne das, was man „theologische Enzyklopädie" nennt. Im Unterschied zu einer sogenannten Formalenzyklopädie, deren unerreichtes Vorbild Schleiermachers „Kurze Darstellung des theologischen Studiums" ist, wird auf eine explizite wissenschaftsmethodologische Grundlegung und die streng systematische Form verzichtet. Im Unterschied zu einer sogenannten Realenzyklopädie handelt es sich nur um Anstöße zum Nachdenken über die einzelnen Disziplinen, ohne daß eine ausgewogene Einführung in Methoden, Forschungsstand, Quellen und Literatur vermittelt werden könnte.

Die Disziplinen werden einzeln nacheinander vorgestellt. In solcher Beschränkung ist es dennoch eine außerordentlich anspruchsvolle Aufgabe. Die theologischen Prinzipienfragen, die zunächst angerissen wurden, werden zwar nicht direkt angegangen, begleiten aber unausweichlich das ganze Unternehmen. Die Disziplinen werden zwar je für sich erörtert, jedoch nicht in der Weise der Selbstdarstellung durch je einen Fachvertreter, sondern in einem durchlaufenden Besinnungsgang, den ein und derselbe Theologe wagt, der nach akademischem Maßstab in den meisten Disziplinen Dilettant ist. Darin kommt eine Solidarität mit denen zum Ausdruck, die unter der Orientierungskrise leiden, freilich eine, wenn man so will, egoistische, da mich selbst das Bedürfnis nach eigener gesamttheologischer Orientierung dazu motiviert. Anspruchsvoll ist die Aufgabe aber auch in der Hinsicht, daß sie gewissermaßen extrem widerständig gestellt ist. Die Anlage zwingt jeweils zur Aufmerksamkeit auf die einzelne Disziplin. Die Absicht dagegen zielt stän-

dig auf das Ganze der Theologie. Ob sich diese Ausrichtung im
Hin und Her der einzelnen Wegstrecken durchhalten läßt und zum
Ziele führt, soll bewußt erprobt werden.

2. Die Problematik der Disziplinenteilung

Da im folgenden von dem Tatbestand der verschiedenen Disziplinen
ausgegangen und er doch ständig auf das Ganze der Theologie hin
relativiert wird, sollen noch zwei Hinweise dazu anleiten, sich diesem Sachverhalt zu öffnen.

a) Zur Begründung der Disziplinen

Der Verzicht auf eine systematische Deduktion der Disziplinen aus
dem Wesen der Theologie soll weder einer gedankenlosen Verfesti-
gung des heute Üblichen Vorschub leisten noch jene grundsätzliche
Besinnung vergleichgültigen. An der Notwendigkeit der klassischen
Grunddisziplinen ist allerdings schwerlich zu zweifeln. Ist man sich
jedenfalls über das Verständnis von Theologie als christlicher Theologie einig, so läßt sich kaum bestreiten, daß darin dem Studium des
Alten und Neuen Testaments sowie der Kirchengeschichte ebenso
Raum gebührt wie den Fragen der Glaubenslehre, der Ethik und
der Existenzweise von Kirche. Wer davon nur ein einziges aus seinem Bildungskanon bewußt und grundsätzlich ausschließt, verzichtet darauf, Theologe zu sein.

Damit ist freilich in positiver Hinsicht noch wenig gesagt. Denn
was einfach zueinander addiert zu sein scheint, ist vornehmlich durch
drei Distinktionen überlagert und verstrebt, die sich weder decken
noch in ihren Gliedern mit bestimmten Disziplinen identisch sind.
Das Schema jener Grunddisziplinen läßt offen, wie sich dazu die
Unterscheidung zwischen Überlieferungsbezug und gegenwärtigem
Verantworten, zwischen historischer und systematischer Methode
sowie zwischen Glauben und Handeln verhält. Da es um theologische Disziplinen geht, ist anzunehmen, daß in jeder von ihnen,
wenn auch in sehr verschiedener Konstellation, alle diese Distinktionen eine Rolle spielen.

b) Zur Zusammengehörigkeit der Disziplinen

Schon im Arbeitsvollzug der einzelnen Disziplinen drängt sich,
selbst bei hochgradiger Spezialisierung, der Zusammenhang mit den
anderen auf. Das macht auch für den Fachtheologen ein gewisses
Maß an gesamttheologischer Bildung erforderlich und ruft nach

interdisziplinärer Zusammenarbeit. Liegen doch die brennenden Probleme oft gerade in Bereichen, in denen sich zwei oder mehr Disziplinen überschneiden oder für die keine von ihnen zuständig zu sein scheint. Darüber hinaus jedoch sind alle Disziplinen durch den hermeneutischen Prozeß zusammengehalten, der sich in jeder von ihnen und durch sie alle hindurch als theologischer Verstehensvorgang vollzieht. Darin liegt eine nicht auflösbare Spannung. Jede Disziplin ist nur ein Teil und fordert von dem, der sie ausübt, ein hohes Maß an gesamttheologischer Zurückhaltung, um durch solche Spezialisierung desto wirksamer den Teilbeitrag in das Ganze einzubringen. Anderseits entzünden sich am Aufgabenbereich jeder Disziplin Einsichten in das Ganze. Und nur so ist sie als theologische Disziplin verstanden.

3. *Das Verfahren*

a) Auswahl und Reihenfolge

Die Konzentration auf die theologischen Grunddisziplinen soll andere schon bestehende oder neu zu konstituierende theologische Fachgebiete nicht abwerten. Durch deren wenn auch z. T. nur flüchtige Erwähnung in größerem Zusammenhang soll die Beziehung zum Ganzen unterstrichen werden. Aus dem Fehlen besonderer Ausführungen über Fachgebiete wie Konfessionskunde, Missionswissenschaft oder Religionspädagogik darf also keinesfalls auf deren Geringschätzung geschlossen werden. Solcher Konzentration widerspricht es dagegen nicht, daß auch einige nichttheologische Fächer oder Wissenschaftsgruppen in die Überlegungen einbezogen werden. Dies soll der Profilierung der anfangs erwähnten Text-Kontext-Relation dienen und eben dadurch den Blick für das Ganze der Theologie schärfen.

Der konzentrischen Ausrichtung dient auch die gewählte Reihenfolge, über die von Fall zu Fall genauere Auskunft gegeben wird. Für die Vorschau mag der Hinweis genügen, daß theologische und nichttheologische Fächer nach einem Plane wechseln, in dem die Hauptbewegung vom Neuen Testament als dem Kern des Ganzen über Bereiche, die davon z. T. scheinbar weit entfernt sind, zu einer Gesamtbesinnung auf das Ganze der Theologie führt. Im einzelnen verläuft die Reihenfolge von der neutestamentlichen zur alttestamentlichen Wissenschaft, von da zur Religionswissenschaft und Philosophie, denen die Kirchengeschichte als universalste theologische Disziplin folgt. Sodann öffnet sich das weite Feld von Natur- und

Geisteswissenschaften sowie Humanwissenschaften. Damit tritt der Durchgang durch die Disziplinen in seine Schlußphase ein. Als ein Nachdenken über die theologische Gesamtverantwortung beginnt er mit der Praktischen Theologie und schreitet von dort über Dogmatik und Ethik weiter zur Fundamentaltheologie. Diese Anordnung ist grundsätzlich variabel und erhebt keinen anderen Anspruch als den, etwas von der lebendigen Bewegtheit theologischer Aufgabe erkennbar werden zu lassen.

b) Darstellungsweise

Die Darstellung verläuft nicht jedesmal nach demselben Schema, sondern muß sich der je verschiedenen Problemlage anpassen, die vor allem das Verhältnis der betreffenden Disziplin zum Ganzen der Theologie betrifft. Infolgedessen wiederholen sich aber bei den theologischen Fächern gewisse Fragestellungen: Inwiefern repräsentiert die Disziplin einen notwendigen Aspekt der Theologie? Warum muß sie als selbständige Disziplin behandelt werden? Und was macht sie zu einer theologischen Disziplin? Im übrigen lebt die Darstellung von dem Mut zum Fragmentarischen und der Freiheit zu eigener Akzentuierung. Sie will zu selbständigem Denken anregen und zu einem fruchtbaren Umgang mit der Theologie verhelfen.

Zweites Kapitel

Die Wissenschaft vom Neuen Testament

I. Der Quellgrund christlicher Theologie

Der Gang durch die theologischen Disziplinen beginnt bei der Wissenschaft vom Neuen Testament. Darin kommt deutlich zum Ausdruck, daß mit „Theologie" christliche Theologie gemeint ist. Das mag uns selbstverständlich dünken, da sich in unserem Lebensraum keine Alternative anbietet. Es gibt auch vielleicht überhaupt keine vollgültige Entsprechung zu dem, was vom Christentum her als Theologie bekannt ist. Wieweit andere Religionen Vergleichbares ausgebildet haben, mag jetzt freilich offen bleiben. Gesetzt den Fall, neben der christlichen stünde uns jüdische, islamische, buddhistische oder wie immer orientierte Theologie zur Wahl – so, wie man innerhalb der christlichen augenscheinlich zwischen evangelischer und katholischer Theologie wählen muß –, dann ergäbe sich doch immer dasselbe Problem: Mit welchem Recht hält man sich dabei an eine je bestimmte Gestalt religiöser Überlieferung? Und woraufhin läßt sich hier überhaupt eine Wahl treffen? Theologie in diesem Sinne meint offenbar nicht die Beschreibung einer einzelnen Religion von außen, sondern deren Selbstreflexion in eigener, von innen her erfolgender Denkbewegung. Zu deren Vollzug bedarf es einer lebensmäßigen Verwurzelung, die nicht beliebig austauschbar ist.

Was daraus für die Theologie an wissenschaftstheoretischen Problemen erwächst, sei nun aber zurückgestellt. Die Fundamentaltheologie, die dafür zuständig ist, soll absichtlich nicht am Anfang, sondern am Ende des Überblicks stehen. Die Erörterung von Methoden- und Prinzipienfragen erfordert, daß man mit dem Gegenstand bereits Umgang hat und von der Sache etwas versteht. Darum setzen wir beim Quellgrund christlicher Theologie ein, dem Neuen Testament. Doch so, daß wir uns dessen bewußt sind, was wir damit tun. Der Einstieg beim Neuen Testament läßt keinen Zweifel: Obwohl philosophische Theologie durchaus mit bedacht werden muß, ist in unserem Vorhaben eine solche Theologie gemeint, die aus der Lebenswirklichkeit von Religion erwächst. Und obwohl die Offenheit zur allgemeinen Religionswissenschaft hin gewahrt werden muß, ist doch im Unterschied zur Religionswissenschaft Theologie durch die Zentriertheit auf eine bestimmte Religion konstituiert – nun eben den christlichen Glauben. Ohne ihn wäre für uns Theologie buchstäblich bodenlos. Wären wir nicht in noch so vager Weise vom christlichen Wort angerührt, kämen wir nicht auf den Gedanken, nach Theologie auch nur zu fragen.

II. Die Einheit des Neuen Testaments

Der Verweis auf das Neue Testament als Quellgrund christlicher Theologie ist nicht so unproblematisch, wie man meinen sollte. Warum statt dessen nicht die Bibel? Deren gesamthafte Kanonizität ist doch gemeinchristliche Anschauung. Im Blick auf den komplizierten Prozeß der Kanonsbildung in der frühen Christenheit mag man zwar modifizieren: Zeitweilig kam darin dem Alten Testament sogar Priorität zu, während ihm dann vorübergehend von marcionitischer Seite zugunsten einer Sammlung christlicher Literatur die völlige Eliminierung drohte. In diesen Vorgängen des zweiten Jahrhunderts setzte sich jedoch für die gesamte folgende Kirchengeschichte ein Sachverhalt endgültig durch, der im Ursprung des Christentums selbst keimhaft angelegt ist: eine Spannung von Alt und Neu, die sich in anderer Weise auflöst, als daß nur chronologisch eines das andere ablöst. Sie gehört vielmehr bleibend zum Christlichen.

Wenn trotzdem zunächst das Neue Testament gesondert erwähnt wird, so wirkt sich darin eine wissenschaftsgeschichtliche Entwicklung aus, von der noch die Rede sein wird. Doch nicht allein von daher leitet sich seine Sonderstellung her. Nach Sprache und Inhalt sind die Bücher des Neuen Testaments so deutlich von denen des Alten unterschieden, daß über die Zuweisung zum einen oder anderen in keinem Falle ein Zweifel entstehen kann. Auch was die Geltung und Wirkungsgeschichte betrifft, besteht eine klare Verschiedenheit. In die eine Schriftensammlung teilen sich Juden und Christen, die andere gehört den Christen allein, und zwar ungeteilt und ausnahmslos allen. Damit erübrigt sich aber nicht die Frage, was denn für das Neue Testament konstitutiv sei und seine Einheit ausmache. Erweist es sich nicht etwa doch als Torso, wenn es für sich genommen wird, oder als in sich widersprüchlich, wenn man es als Quellgrund christlicher Theologie in Anspruch nimmt? Jedenfalls drängt sich die Frage nach seiner Einheit auf, sobald man nach seiner Geltung, seiner Gestalt und seinem Inhalt fragt.

1. Der Vorrang des Neuen Testaments

Die Gegebenheit des Neuen Testaments als Kanon, sein gottesdienstlicher und theologischer Gebrauch in der Kirchengeschichte und vollends die Emphase, mit der die Reformation die Schrift als das einzige theologische Erkenntnisprinzip gelten ließ, verdecken leicht die Frage nach dem angemessenen kanonischen Gebrauch. Von zwei Seiten aus sei sie ins Bewußtsein gehoben: von der Situationsveränderung her, die sich infolge der Entstehung des neutestamentlichen Kanons ergab, sowie im Blick auf den angemessenen Umgang mit ihm.

Dem christlichen Glauben war von Anfang an der Überlieferungsbezug wesentlich, wie er sich im Namen Jesus Christus verdichtete und in homologischen Formeln sowie in Erzählungs- und Spruchgut explizierte. Der fortschreitende Interpretationsvorgang, der sich durch Aneignung und Weitergabe vollziehen mußte, schlug sich zunächst als sprachliche Umformung oder Neuschöpfung in der Überlieferungsgestalt selbst nieder. Dieser produktiven Phase wurde durch den Gedanken des Kanonischen ein definitives Ende gesetzt. Die aneignende Rezeption mußte nun als ausdrückliche Interpretation neben den fixierten Text der Überlieferung treten. Daß dadurch der Geist zum Buchstaben erstarrte, sollte man nur dann kritisch zu behaupten wagen, wenn man zugleich die Gefahr der Verwilderung in Ungeist vor Augen hat und den unermeßlichen Gewinn dessen bedenkt, daß die Ursprünglichkeit des Geistes im Buchstaben verwahrt wird und so vernehmbar bleibt. Durch die Kanonisierung wurden zugleich verschiedene gesonderte Überlieferungsstränge zueinander gefügt, die ursprünglich sich selbst genügten und nicht auf gegenseitige Ergänzung angelegt waren. Man kann die Bereicherung kaum überschätzen, die damit der Überlieferung widerfuhr, muß aber auch sehen, daß sich dadurch eine Harmonisierung aufdrängte, die zugunsten einer Nivellierung auf den Durchschnitt den Blick vom Wesentlichen ablenken konnte.

So ruft der Umgang mit dem neutestamentlichen Kanon nach einer Präzisierung seiner Kanonizität. Eine formale und orientierungslose Auffassung seiner Autorität konnte zwar durch einen sogenannten „Kanon im Kanon" normiert werden, etwa durch die altkirchliche Glaubensregel, die Tertullian ausdrücklich zum gubernaculum interpretationis erklärte[1], oder durch die Rechtfertigungslehre, die als „Materialprinzip" das – dabei zwar mißverstandene –

---

[1] De praescr. haer. 9,3 (CSEL LXX,13).

reformatorische „Formalprinzip" regulieren sollte. Ob dies aber dem Sachverhalt des Neuen Testaments gerecht wird, ist fraglich. Und ebenso dies, wie denn das Neue Testament für alle theologischen Disziplinen maßgebend sein könne, was also „schriftgemäß" heiße, wenn es sich um gegenwärtige dogmatische oder ethische Aussagen handelt. Sollte etwa die neutestamentliche Wissenschaft oder eine umfassendere biblische Disziplin die theologische Gesamtaufgabe unmittelbar wahrzunehmen in der Lage sein? Wenn aber nicht unmittelbar, wie sind dann die theologischen Disziplinen sozusagen in die Disziplin des Kanonischen zu bringen?

2. Die Polaritätsstruktur des Neuen Testaments

Dem Neuen Testament kommt für die christliche Theologie darum der unbedingte Vorrang zu, weil es die maßgebende Überlieferung des Christlichen vermittelt. Diese Vermittlung jedoch stößt auf Schwierigkeiten, die mit der Gestalt des Neuen Testaments zusammenhängen. Angesichts dessen ist es jedoch keineswegs ratsam, dessen Gehalt etwa unabhängig von der Gestalt eruieren zu wollen. Vielmehr sollte man sich durch tieferes Eindringen in die Gestalt zur sachgemäßen Erfassung des Gehalts anleiten lassen. Von der literarischen Erscheinung des Neuen Testaments ausgehend, kann man eine Reihe von Beobachtungen sammeln, die zu inhaltlichen Bestimmungen führen und unter dem scheinbar formalen Gesichtspunkt der Polaritätsstruktur Sachzusammenhänge erkennen lassen. Das kann hier nur aufs knappste angedeutet werden.

a) Einheit und Vielfalt

Das Neue Testament ist ein Schriftenkorpus, dessen Kanonizität zwar den Anspruch auf Einheit erhebt. Es ist jedoch aus sehr verschiedenartigen literarischen Bestandteilen zusammengefügt, die sich einer Systematisierung widersetzen, und enthält auch theologisch stark divergierende Auffassungen. Dies hat Käsemann zu seiner provozierenden These veranlaßt, der neutestamentliche Kanon begründe als solcher nicht die Einheit der Kirche, sondern die Vielzahl der Konfessionen[1]. Bei diesem Urteil könnte freilich eine Vorstellung von Einheit leitend sein, die von vornherein das verfehlen muß, was die Schriften des Neuen Testaments trotz der unbestreit-

---

[1] *E. Käsemann,* Begründet der neutestamentliche Kanon die Einheit der Kirche? (1951/52) In: *ders.,* Exegetische Versuche und Besinnungen I, 1960, 214–223.

baren Vielfalt zur Einheit verbindet. Zweifellos ist das Neue Testament weder literarisch noch sprachlich noch theologisch eine Einheit. Geschichtlich jedoch verrät es einen engen Zusammenhang, der durch den Fortgang eines Geschehens bestimmt ist, das von Jesus Christus ausgeht und auf ihn bezogen bleibt. Nicht bloß die Berufung auf diesen Namen, sondern auch spezifische Aussagen über ihn, die seine Erscheinung als Offenbarung Gottes proklamieren, und zwar als Evangelium, und in denen Phänomene wie Glaube, Geist und Kirche ursächlich mit ihm verknüpft werden, markieren diesen Zusammenhang. Wenn von geschichtlichem Zusammenhang gesprochen wird, muß freilich zugleich betont werden, wie überaus lückenhaft unsere Einsicht in dessen genetischen Verlauf ist. Und zur Art dieses Zusammenhangs gehört es überdies, daß er in einem sprachschöpferischen Geschehen seinen Fortgang nimmt, in dem die Vielstimmigkeit der Zeugen zur Einheit des Bezeugten gehört.

b) Text und Geschehen

Das lenkt die Aufmerksamkeit auf folgendes: Das Neue Testament ist ein Buch, dessen Schwerpunkt außerhalb seiner selbst liegt, nämlich in einem Geschehen, dem die schriftliche Fixierung nur subsidiär zugeordnet ist. Das entscheidende Ereignis, von dem alle neutestamentlichen Schriften herkommen und auf das sie bezogen sind, ist die Erscheinung Jesu von Nazareth. In ihr vollzieht sich die Kehre vom Alten zum Neuen Testament. Jedoch berichten diese Schriften nicht einfach von ihm als einem historischen Ereignis. Sie sind vielmehr verschiedenartige Stationen und Urkunden eines Verkündigungsprozesses, aus dem sie hervorgegangen sind und auf den sie weiter einwirken wollen. Das Neue Testament transzendiert sich als Buch in ein Geschehen hinein, dessen verschiedene Dimensionen einen einzigen Wirklichkeitszusammenhang bilden. Es ist textgewordenes Wortgeschehen, das darauf zielt, daß aus dem Text wieder lebendiges Wort hervorgeht. Deshalb ist es in so hohem Maße situationsbezogen und voller Erzählung und will in neue Situationen eingehen und wieder Erzählbares hervorbringen.

c) Christus und Leib Christi

Durch alle Verschiedenheiten der neutestamentlichen Autoren und ihrer Thematik hindurch macht sich der eine Lebensvorgang geltend, dessen Lebensgrund Jesus Christus und dessen Lebensorgan und Lebensäußerung die Kirche ist als die Gemeinde derer, die an Jesus Christus glauben. Paulus hat die Polarität in der Einheit dieser

Lebenswirklichkeit durch die Bezeichnung der Kirche als Leib Christi besonders prägnant zum Ausdruck gebracht. Er meint damit einen Wirklichkeitszusammenhang, für den Jesus Christus nicht etwas Vergangenes ist, sondern gegenwärtig und schlechterdings bestimmend. Dieser Wirklichkeitszusammenhang hat seinerseits nicht eine historisch begrenzte Bedeutung. Er kündigt die Erfüllung der Geschichte an und ist von der Gewißheit durchdrungen, bis zum Ende der Geschichte zu währen. Die Polarität von Christus und Leib Christi klingt in der alten Zweiteilung der kanonischen Schriften des Neuen Testaments in ‚euangelion' und ‚apostolos' an. Soll dies nicht etwa eine Teilung sein, sondern als Ausdruck des darin bezeugten einen Lebensvorganges erfaßt werden, so muß man sich durch den Polaritätsgesichtspunkt noch tiefer in den Sachverhalt des Neuen Testaments hineingeleiten lassen.

d) „Jesus" und „Christus"

Der Name Jesus Christus selbst repräsentiert die grundlegende Polarität, welche die Erscheinung dieser Person ausmacht und die zu bezeugen Inbegriff christlicher Verkündigung ist. Der Eigenname einer historischen Person und der Würdetitel, der ihre Sendung aussagt, nennen miteinander dasjenige Geschehen, welches Jesus Christus den Grund des Glaubens und den lebendigen Herrn seines Leibes sein läßt. Kraft dieses Geschehens ist er für die Seinen da und durch die Seinen für die Welt. Dieser in dem Namen begriffene polare Sachverhalt wirft, historisch gesehen, die Frage auf, die das Schlüsselproblem des gesamten Neuen Testamentes ist, nämlich wie der Verkündiger, als der Jesus unter seinen Zeitgenossen wirkte, der Verkündigte wurde, der die Menschen aller Zeiten zu seinen Zeitgenossen macht. Das Zeugnis des Neuen Testaments stellt diese Kehre als eine Wende dar, deren Radikalität nicht zu übertreffen ist: Der, dessen irdisches Leben im Tod am Kreuz erlosch und sich erfüllte, wird als der bekannt und geglaubt, den Gott von den Toten auferweckt und zu sich erhöht hat. In der weiterschreitenden theologischen Reflexion dieser Botschaft wurde – das begann schon im Urchristentum und kam in der alten Kirche zu dogmatischem Abschluß – das Geheimnis des Nacheinanders von Tod und Leben durch das Geheimnis des untrennbaren Beieinanders von Gott und Mensch in *einer* Person erläutert und vertieft. Es gibt zu denken, daß Jesus Christus als die Mitte des Neuen Testaments nur in solcher Polarität von Verkündiger und Verkündigtem, von Erniedrigtem und Erhöhtem, von Gekreuzigtem und Auferstandenem, von vere Deus und vere homo ausgesagt werden kann. Das ist deshalb so, weil von dieser Person ihr Amt nicht zu trennen ist und darum nicht die Zusammengehörigkeit mit dem Leibe Christi.

e) Perfectum praesens und praesens futurum

Der Gesichtspunkt der Polarität bestimmt auch die Gestalt, die das Thema der Eschatologie annimmt, das sich durch das ganze Neue Testament hindurchzieht. Nicht die gewöhnliche temporale Unterscheidung zwischen jetzt und dann, zwischen Praesens und Futurum ist dabei das Ausschlaggebende, eher schon die zwischen dem „schon jetzt" und „noch nicht", in strengster Fassung jedoch die zwischen einer perfektischen Eschatologie, die als Christologie die herkömmliche apokalyptische Eschatologie sprengt, und einer futurischen Eschatologie, die mit jener zur Polarität der Glaubensgegenwart verbunden ist. Auf die Erfüllung der Verheißung, das schon eingetretene Eschaton, den endgültig errungenen Sieg weisen die Erscheinungen Jesu, das Ereignis seiner Auferstehung, das Wirken des Geistes. Die Verheißung der Erfüllung, das Harren auf das Eschaton unter den Leiden dieser Zeit und der Kampf in der Gewißheit dessen, was erst offenbar werden wird, werden durch das Kreuz betont, kennzeichnen die Existenz von Kirche in der Welt und entsprechen der Konzentration des Christseins auf Wort und Glauben. Doch sind diese beiden Pole so unlösbar aufeinander bezogen, daß gerade in der Gegenwart des Geistes die Ausrichtung auf die Zukunft und unter dem Zeichen des Kreuzes die Wirklichkeit des Auferstehungslebens mächtig werden.

f) Gesetz und Evangelium

Auch wenn man schließlich die Wirklichkeit von Kirche näher bedenkt, wie sie im Neuen Testament gesehen wird und zu Gesicht kommt, trifft man auf Polaritätsstrukturen, die nicht den Charakter starrer Zweiheiten haben, sondern Ausdruck eines Geschehens sind, das auf Versöhnung gerichtet ist, ob es nun um die Vereinung von Juden und Heiden geht oder um die Gerechtsprechung der Sünder, um das Verhältnis von Indikativ und Imperativ, von Glaube und Liebe oder um die Beziehung von Sammlung zur Gemeinde und Sendung in die Welt. In der paulinischen Unterscheidung von Buchstabe und Geist, von Gesetz und Evangelium ist ein Reflexionsansatz gegeben, die Vielschichtigkeit dieser Polaritäten auf ihren gesamttheologischen Nenner zu beziehen.

3. Der Sachgrund der Polaritätsstruktur

Was hat es damit auf sich, daß sich dasjenige, was das Neue Testament zur Einheit verbindet und darum wohl auch die Sache der Theologie ausmacht, in Polaritäten darstellt? Diese Fragestellung samt den Beobachtungen, auf denen sie beruht, bedürfte einer weit ausholenden Untersuchung, die hier nicht zu leisten ist. Der Hinweis darauf soll eine doppelte Funktion versehen: das Nachdenken über die Einheit des Neuen Testaments anregen sowie die Relativität der Disziplingrenzen illustrieren. Eine so systematisch orientierte und ins Grundsätzliche vorstoßende Frage empfindet der Neutestamentler weithin als etwas, was seine Zuständigkeit überschreitet. Anderseits ist es nicht unbedenklich, den sich aufdrängenden hermeneutischen Prozeß vorzeitig abzubrechen, auch wenn er offensichtlich dazu nötigt, über die eng verstandenen Fachgrenzen hinaus auf das Ganze der Theologie hin zu fragen. Je länger dieser Frage gerade unter der Kontrolle neutestamentlichen Fachwissens standgehalten wird, desto mehr sind einer rein spekulativen Behandlung des Problems die Zügel angelegt.

Die Antwort ist, wie mir scheint, in folgender Richtung zu suchen. Die Polaritätsstruktur des Neuen Testaments hat offenbar mit seinem umfassenden Lebensbezug zu tun. Ist Leben als solches polar bestimmt – man denke an Geburt und Tod, Zeugen und Empfangen, Subjekt und Objekt, Passivität und Aktivität, Lebenserfüllung und Lebensversagen und dergleichen mehr –, so muß sich die Aufmerksamkeit der ausschlaggebenden und zurechtbringenden Polarität zuwenden, sobald es um das wahre Leben geht, und zwar nicht in bloß theoretischer Diskussion, sondern in einem entsprechenden Verkündigungs- und Lebensprozeß. Deshalb ist für die Theologie das Problem der Fundamentalunterscheidung so wichtig, wie sie als Unterscheidung zwischen Gott und Welt am weitesten gespannt und darum am meisten der Präzisierung bedürftig ist.

III. Die neutestamentliche Wissenschaft als selbständige Disziplin

Da es sich bei dieser ersten Disziplin um den Einstieg in den Quellgrund der Theologie überhaupt handelte, lag der Schwerpunkt in Beobachtungen zum Sachverhalt des Neuen Testaments. Dabei war zwar schon die Existenz einer speziellen Wissenschaft vom Neuen Testament im Blick. Ihr Wesen und ihre Problematik blieben aber noch weitgehend im Hintergrund.

1. Das Aufkommen historischer Wissenschaft vom Neuen Testament

Die Verselbständigung einer neutestamentlichen Wissenschaft ergab sich aus dem historisch-kritischen Umgang mit dem Neuen Testament. Ansätze zu historischer Erklärung einzelner Sachverhalte hatte es selbstverständlich immer schon gegeben. Neu war nun, daß schlechterdings alles, auch und gerade die Glaubensaussagen, als zeit- und umweltbedingt aufgefaßt und untersucht wurden. Deshalb konstituierte sich die neutestamentliche Wissenschaft in Emanzipation von der Dogmatik: und zwar von den grundsätzlichen Auflagen und Verboten, wie sie sich als hermeneutica sacra aus dem dogmatischen Schriftprinzip und dessen Zuspitzung zur Lehre von der Verbalinspiration ergaben, sowie dann von bestimmten einzelnen dogmatischen Auffassungen und deren Anspruch auf Schriftgemäßheit. Ein solcher Aufstand neutestamentlicher Wissenschaft gegen die herrschende Dogmatik konnte sich sogar mit einem gewissen Recht gegen sie auf deren eigenes theoretisches Schriftprinzip berufen, das es nun in Freiheit zu setzen und zu praktizieren galt. Was mit antidogmatischem Affekt geschah, war freilich selbst in vielen Wandlungen mannigfach dogmatisch bestimmt und interessiert: ob man nun hinter den historischen Schalen einen zeitlos bleibenden Kern erhoffte oder mittels der historischen Kritik eine zeitgemäße Anpassung der Dogmatik erstrebte. Hervorragendes Beispiel dafür ist der Versuch, die kirchliche Christologie durch Rückgang auf den historischen Jesus zu eliminieren. Daß mit dieser Emanzipation von der Dogmatik zugleich die Herauslösung aus dem Ganzen einer biblisch-exegetischen Disziplin erfolgte, hatte wohl für die alttestamentliche Wissenschaft noch einschneidendere Folgen, obschon auch für die neutestamentliche Wissenschaft dadurch die Frage des primären Kontextes akut wurde, der sich nun – nicht ohne gegenseitige Konkurrenz – in das Judentum und den Hellenismus verlagerte.

2. Die Infrastruktur neutestamentlicher Wissenschaft

Mit der Verselbständigung ging eine so weitgehende Spezialisierung einher, daß nur noch der Fachmann einigermaßen auf dem laufenden und sogar er bloß in Teilkomplexen wirklich Experte sein kann. Weit stärker als mit anderen theologischen Disziplinen ist vielfach der Kontakt mit außertheologischen Forschungszweigen: verschiedenen Bereichen der Philologie und Geschichtswissenschaft, von der

Linguistik bis zur Numismatik, von der Technik der Text- und Literarkritik bis zu religionsgeschichtlicher Komparatistik. Im Verlauf der Forschungsgeschichte bildeten sich verschiedene Teildisziplinen heraus. Sie modifizieren sich von Zeit zu Zeit, teils nach Wandlungen in methodischer Hinsicht, teils nach Unterrichtsbedürfnissen. Schematisierend könnte man fünf Arbeitsgebiete unterscheiden: 1) Die Textkritik, die aus der Handschriftenüberlieferung die Textgeschichte und einen möglichst authentischen Text zu rekonstruieren hat, da wir das Original ja nicht mehr besitzen. 2) Den weiten Komplex einer als Literaturgeschichte verstandenen Einleitungswissenschaft. Dazu gehören u. a. die Literarkritik, die den definitiven Text gegebenenfalls durch Quellenscheidung auf seine Genesis hin analysiert, oder die Formgeschichte, die mittels der Gattungsforschung den vorausliegenden mündlichen Traditionsprozeß erhellt und deshalb primär an kleinen Einheiten orientiert ist, während die redaktionsgeschichtliche Forschung die Aufmerksamkeit auf Komposition und Gesamtkonzeption richtet. 3) Die historische Kontextuntersuchung als neutestamentliche Zeitgeschichte, welche vor allem auch die religionsgeschichtliche Umwelt berücksichtigt und die Geschichte des Urchristentums selbst zu rekonstruieren sucht. 4) Die Exegese einzelner Texte und Komplexe in Hinsicht auf Situationsbezug, Sprachgestalt und Aussagegehalt. 5) Die Zusammenhangsinterpretation im Blick auf das gesamte Neue Testament, die man herkömmlich als „Theologie des Neuen Testaments" bezeichnet. Eine dogmatikähnliche Sachsystematik erscheint dafür fragwürdig. Aber auch die Auflösung in eine Theologiegeschichte des Urchristentums ist nicht unproblematisch, sofern dabei die Frage nach der Einheit unbedacht bleibt. Entscheidend wäre es, einen solchen Zugang zum Ganzen zu gewinnen, der die historische Differenziertheit für eine sachlich relevante Zusammenschau fruchtbar zu machen vermag.

3. Gewinn und Grenzen historischer Arbeit am Neuen Testament

Die neutestamentliche Wissenschaft befindet sich dadurch in einer einzigartigen Situation, daß ihre Basis – ein Buch von einigen hundert Seiten und ein fragmentarischer Geschichtskomplex von rund hundert Jahren – extrem schmal ist, aber unverhältnismäßig differenziert, von einer ungeheuren Wirkungsgeschichte und entsprechend umkämpft. Dieser Boden ist in unvergleichlicher Weise von der Forschung zerfurcht und treibt immer neue Hypothesen hervor.

Zugleich aber vollzieht sich die Bemühung darum in einem so zentralen religiösen Kräftefeld, daß sie naturgemäß so oder so tendenzhaft und emotional besetzt ist. In Anbetracht dessen zeichnen sich hier Gewinn und Grenzen historischer Arbeit überhaupt scharf ab.

a) Definitiv lösbare und unerschöpfliche Aufgaben

Die selbstkritische Einschätzung wissenschaftlicher Ergebnisse ist hier besonders dringend, wenn auch schwierig. Es gibt – soweit man davon überhaupt reden kann – definitiv lösbare Aufgaben, etwa auf dem Gebiet der Textkritik oder der Quellenscheidung. Doch sind sie spärlich, verglichen mit dem weiten Feld vorläufiger Lösungsversuche, die ständiger Revision unterliegen. Darüber hinaus gibt es aber diejenigen Interpretationsaufgaben, die infolge der sich wandelnden Perspektive und dank der Unerschöpflichkeit der Sachgehalte zu andauernder Verstehensbemühung herausfordern. Von der Aufgabe der Textauslegung kann man grundsätzlich nicht erwarten, sie ein für allemal lösen zu können.

b) Verfremdung

Wenn die Meinungen in der neutestamentlichen Forschung vielfach diametral auseinandergehen und periodenweise turbulenten Wandlungen unterliegen, so werden dabei traditionelle Urteile immer wieder in Zweifel gezogen: etwa in Fragen der Verfasserschaft, der Historizität von Berichten, der religionsgeschichtlichen Beziehungen und dergleichen. Besonders einschneidend wurde die kritische Analyse der überlieferten Schemata vom Christusgeschehen selbst sowie vom Verlauf der Geschichte des Urchristentums. Die verfremdende Wirkung ist ambivalent. Sie zerstört Vorurteile, läßt aber auch Sachverhalte überraschend besser verstehen und erzwingt die Distanz zu gewohnten Denkformen. Freilich bleiben bereits traditionell gewordene wissenschaftliche Urteile ebenfalls nicht verschont. Mit der Einführung neuer Fragestellungen aus anderen Bereichen – heute etwa soziologischer oder linguistischer Methoden – werden auch in bezug auf den gewohnten Stand der Forschung Verfremdungseffekte erzielt. Das Instrumentarium historischer Kritik läßt sich jedoch bekanntlich ebenfalls ausgesprochen konservativen Interessen dienstbar machen. Die Gefahr einer hochgezüchteten, aber steril gewordenen wissenschaftlichen Technik ist gerade in dieser Disziplin nicht zu unterschätzen. Ihr korrespondiert dann die Gefahr einer Resignation, die sich von dem wissenschaftlichen Umgang mit den Texten oder gar von diesen selbst nicht mehr viel verspricht.

c) Erfahrungsvermittlung

Die Fruchtbarkeit des wissenschaftlichen Aufwandes in bezug auf das Neue Testament hängt daran, daß die Bemühung um die historische Konkretion nach Möglichkeit zu jenen Lebensvorgängen durchstößt, von denen diese Texte zeugen und denen man sie verdankt. In dem Maße, wie dies geschieht, wird es unumgänglich, die eigene Erfahrung einzubringen und kritisch aufs Spiel zu setzen. Das eröffnet diejenige Horizonterweiterung, die der eigentliche Gewinn aller historischen Arbeit ist, und zugleich jene Konzentration, deren die neutestamentliche Wissenschaft bedarf, wenn sie ihrer theologischen Aufgabe gerecht werden soll.

IV. Die Wissenschaft vom Neuen Testament als theologische Disziplin

Dieser Problemaspekt scheint sich angesichts dessen zu erübrigen, daß es die neutestamentliche Wissenschaft mit dem Quellgrund christlicher Theologie zu tun hat. Dennoch müssen schon hier einige Gesichtspunkte erwähnt werden, die uns in ähnlicher Weise immer wieder begegnen.

1. Der theologische Gegenstand

Selbstverständlich ist es primär der Gegenstandsbereich, der diese Disziplin zu einer theologischen macht. Die Sache der Theologie ist so sehr mit der des Neuen Testaments verschmolzen, daß die Beschäftigung mit ihm notwendig in die Theologie treibt. Das Material als solches garantiert freilich nicht seine theologische Behandlung. Man kann mit anderen Interessen an es herantreten, etwa dem an der späthellenistischen Religionsgeschichte. Wird jedoch der Konzentration auf diese Textsammlung, die durch die Bezeichnung „Neues Testament", durch die Ausgrenzung als Kanon und durch die wirkungsgeschichtliche Relevanz geprägt ist, eine besondere Disziplin gewidmet, so ist schon vom Stoff her die theologische Fragestellung die eigentlich sachgemäße.

2. Die theologische Fragestellung

Die Fragehinsicht ist vom eigenen Lebensverhältnis zur Sache nie ablösbar. Ist darum das innere Ja zur Sache des Neuen Testaments Bedingung neutestamentlicher Wissenschaft? Schleiermacher hat sich dazu treffend folgendermaßen geäußert: „Eine fortgesetzte Beschäftigung mit dem neutestamentischen Kanon, welche nicht durch eigenes Interesse am Christentum motiviert wäre, könnte nur gegen denselben gerichtet sein. Denn die rein philologische und historische Ausbeute, die der Kanon verspricht, ist nicht reich genug, um zu einem solchen zu reizen. Aber auch die Untersuchungen der Gegner sind sehr förderlich geworden und werden es auch in Zukunft werden."[1] Eine wissenschaftlich ergiebige Beschäftigung mit dem Neuen Testament in antitheologischem Interesse ist also zwar denkbar, jedoch nur in bestimmten Grenzen. Gewiß kann man, ohne Muslim zu sein, den Koran historisch zutreffend interpretieren, obwohl kaum ohne ein eigenes Lebensverhältnis zum Religiösen überhaupt. Wenn jedoch die theologische Fragestellung darin besteht, den Sachzusammenhang des christlichen Glaubens in gegenseitiger kritischer Durchdringung von überlieferter und gegenwärtiger Erfahrung zu reflektieren, dann kann die neutestamentliche Wissenschaft in Anbetracht dieser Weite des hermeneutischen Horizonts nicht fruchtbar sein, wenn sie sich vom Ganzen der Theologie ablöst.

3. Das theologische Verständnis

Je tiefer man in die Sachinterpretation eindringt, desto stärker wirkt sich das eigene Verhältnis zur Sache aus. Darum verrät sich an der Art, wie einer das Neue Testament exegesiert, was für ein Theologe er ist. Welche Texte auch immer etwa Schlatter oder Bultmann interpretierten, immer verrät sich ihre Theologie. Das ist nicht illegitim. Doch setzt es voraus, daß man im Umgang mit diesen Texten hellhörig auf Ungewohntes achtet, um das eigene theologische Denken durch Erkenntnisse zu fördern, die sich an ihm kritisch auswirken. Umgekehrt fördern theologische Gleichgültigkeit und Blässe kaum das Aufmerken auf die Eigenart eines Textes. Je strenger darum ein Theologe Selbstdisziplin üben muß und je mehr er sie in historischer Arbeit auch tatsächlich aufbringt, desto stärker wird in ihm die Sehne gespannt, die zu gesamttheologischer Verantwortung treibt.

---

[1] Kurze Darstellung des theologischen Studiums (s. u. S. 179), 2. Aufl. § 147.

Drittes Kapitel

Die Wissenschaft vom Alten Testament

I. Die Umstrittenheit christlicher Rezeption des Alten Testaments

So unbestritten die Theologie ihre christliche Orientierung vom Neuen Testament her empfängt, so umstritten ist die Frage, wie sich ihre Christlichkeit auch in derjenigen Disziplin geltend macht, deren Gegenstand das Alte Testament ist. Auf das Ganze der Kirchengeschichte gesehen, blieb zwar der Ruf nach Ausscheidung des Alten Testaments aus der christlichen Theologie äußerst peripher. Die Entscheidung der alten Kirche gegen Marcion war so durchschlagend, daß erst im zwanzigsten Jahrhundert, gleichsam im Schutz einer historischen Monographie über ihn, jene Forderung in differenzierter Form durch die bekannte These Adolf von Harnacks wieder aufgegriffen wurde: „Das AT im 2. Jahrhundert zu verwerfen, war ein Fehler, den die große Kirche mit Recht abgelehnt hat; es im 16. Jahrhundert beizubehalten, war ein Schicksal, dem sich die Reformation noch nicht zu entziehen vermochte; es aber seit dem 19. Jahrhundert als kanonische Urkunde im Protestantismus noch zu konservieren, ist die Folge einer religiösen und kirchlichen Lähmung ... Hier reinen Tisch zu machen und der Wahrheit in Bekenntnis und Unterricht die Ehre zu geben, das ist die Großtat, die heute – fast schon zu spät – vom Protestantismus verlangt wird."[1]

Obwohl seit der Aufklärung der Boden dafür vorbereitet war, blieb dieser Parole seitens der Theologie nennenswerte Gefolgschaft versagt. Die Flutwelle rassisch-weltanschaulicher Verunglimpfung des Alten Testaments, die gleichzeitig im Steigen begriffen war und in Deutschland vorübergehend größte Breitenwirkung hatte, war der liberalen Denkart Harnacks tief zuwider und behinderte eine differenzierte Diskussion seiner These. Jenen durch politischen Druck geförderten massiven antisemitischen und neuheidnischen Angriffen auf das Alte Testament mußte christlicherseits mit so entschiedenem Widerstand begegnet werden, daß dies eher dazu verleitete, die unbestreitbar vorhandenen Probleme zu verdrängen. Zudem erlebte die alttestamentliche Forschung gleichzeitig einen Aufschwung,

---

[1] *A. v. Harnack*, Marcion. Das Evangelium vom fremden Gott, (1921) [2]1924, Neudruck 1960, 217.222.

der ihr im Konzert der theologischen Disziplinen sogar zeitweise eine Führungsrolle verlieh. Entsprechende Einflüsse sind neuerdings vor allem in der systematischen Theologie wirksam geworden: als Anregung zu geschichtstheologischen Entwürfen oder als Rechtfertigung revolutionstheologischer Parolen.

So kommt zwar dem Gedanken, die Theologie solle sich des Alten Testaments rigoros entledigen, in Geschichte und Gegenwart keine erhebliche Bedeutung zu. Doch läßt sich umgekehrt auch nicht behaupten, daß eine problemlose christliche Rezeption des Alten Testaments vorherrsche. Selbst solange dies der Fall zu sein schien, in der Zeit ungebrochener Herrschaft kirchlicher Tradition, verrieten methodische Probleme, welche Schwierigkeiten es hier zu überwinden galt. Und dies erst recht, als sich die alttestamentliche Wissenschaft im Zuge historisch-kritischer Arbeitsweise als selbständige Disziplin konstituierte.

II. Die alttestamentliche Wissenschaft als selbständige Disziplin

Von einer selbständigen alttestamentlichen Disziplin kann erst seit knapp zweihundert Jahren die Rede sein. Die Tragweite dieser Neuerung muß auf dem Hintergrund des herkömmlichen christlichen Umgangs mit dem Alten Testament erwogen werden.

1. Das christliche Verhältnis zum Alten Testament

Das Alte Testament, wenn auch nicht unter dieser Bezeichnung, ist Juden und Christen gemeinsam. Daß in abgeleiteter Weise auch der Islam auf diese Überlieferung Anspruch erhebt, ist zwar religionsgeschichtlich bedeutsam und verbreitet noch einmal erheblich die ungeheure Wirkungsgeschichte der Schriftensammlung, die aus dem Volke Israel hervorgegangen ist. Doch fällt diese Beziehung theologisch ungleich weniger ins Gewicht als die Verbundenheit von Juden und Christen durch dieselben heiligen Texte. Wer hat das größere Recht auf sie? Wie so oft ist auch hier das Gemeinsame Gegenstand des Streits. Streng genommen, schied man sich schon an der Frage der maßgebenden Textgestalt. Den Christen galt die aus dem Diasporajudentum hervorgegangene griechische Übersetzung als der inspirierte Wortlaut, die sogenannte Septuaginta. Entsprechend war der Umfang ihres Kanons weiter und umfaßte auch die Apokryphen. Das Judentum dagegen machte unter dem Eindruck seiner politischen Katastrophe und in Abgrenzung gegen das Christentum die Öffnung zur hellenistischen Umwelt hin rückgängig und zog sich ausschließlich auf den hebräischen Urtext und auf eine engere Umgrenzung des Kanonischen zurück. Erst durch die Reformation und den gleichzeitigen humanistischen Einfluß fand diese Kanonsauffassung in das Christentum Eingang, so daß nun jene Differenz innerchristlich kontroverstheologische Bedeutung erhielt. Wichtiger freilich als die Frage nach dem letztgültigen Text war die nach dem letztgültigen Sinn.

Für das Urchristentum spielte bei der Profilierung gegenüber dem Judentum und bei der Herauslösung der Kirche aus der Synagoge der Schriftbeweis eine entscheidende Rolle. Er gehört zur Urform christlicher Theologie. Aber auch als die Beziehung zum Judentum, die der Kirchengeschichte ständig wie ein Schatten folgt, an Aktualität verlor, blieb der Weissagungsbeweis für das christliche Verständnis der Bibel und das eigene Selbstverständnis zentral. Die Aufgabe eines christlichen Umgangs mit dem Alten Testament prägte die theologische Denkweise in starkem Maße. Besonders in hermeneutischer Hinsicht wirkte das Problem der Auslegung des Alten Testaments, eben weil hier die Schwierigkeiten so offensichtlich sind, als ein ständiger Stachel, der die methodische und theologische Reflexion wachrief und wachhielt. Das trieb in überaus fruchtbare Fragestellungen, konnte aber auch zu krampfhafter Apologetik verführen, wenn nicht gar zu einer Art frommen Betrugs.

a) Zwiespältigkeit

Das christliche Verhältnis zum Alten Testament ist von Anfang an zwiespältig. Obwohl dank dem Hervorgehen des Christentums aus dem Judentum und dank der Vorausbahnung des Weges in den Hellenismus durch das Diasporajudentum das Alte Testament selbstverständliche Vorgegebenheit und zunächst die einzige heilige Schrift der Christen war, kam doch von vornherein nicht ihm allein Autorität zu. Die Schrift und der lebendige Herr gehörten untrennbar zusammen. Diese Zusammengehörigkeit entbehrte aber nicht des Gegensatzes. Die Antithesen der Bergpredigt „Ihr habt gehört, daß zu den Alten gesagt ist – Ich aber sage euch", die paulinische Antithetik von Mose und Christus, die Außerkraftsetzung des Kultgesetzes, die Ablösung der Erwählungsgewißheit von der Zugehörigkeit zum jüdischen Volksverband – das sind die auffallendsten Symptome des Gegensatzes von Neuem und Altem. Daß Jesus jedoch als der Christus bekannt wird und die an ihn Glaubenden sich als das wahre Israel wissen, daß das urchristliche Schrifttum durchsetzt ist von wörtlicher Zitierung des Alten Testaments und unzähligen Anklängen an dessen Sprache und Vorstellungswelt, – das unterstreicht den unauflöslichen Zusammenhang. Aber gerade auch dann, wenn im Schema von Verheißung und Erfüllung der Hauptakzent auf die Kontinuität fällt, ist doch der antithetische Unterton darin nicht zu überhören: Das Vorläufige ist überholt, das Endgültige gekommen.

Wie stellt sich nun aber dieser Zusammenhang in den Texten selbst dar? Das Alte Testament im Neuen – das ist ein unbestreitbares Faktum. Obwohl es sehr verschiedene Aspekte hat, erfährt doch von daher der Zusammenhang entschiedene Bejahung. Doch wie steht es mit dem Neuen Testament im Alten? In der Umkehrbarkeit dieser Zusammenhangsbejahung besteht doch die Probe auf das Recht christlicher Einverleibung des Alten Testaments, und zwar nicht nur seiner Anführung im einzelnen, sondern auch seiner Gesamtrezeption als eines Teils des christlichen Kanons heiliger Schriften. Die Inanspruchnahme des Alten Testaments muß an ihm selbst Anhalt haben, wenn sie sich nicht zuungunsten des Christentums auswirken soll.

b) Harmonisierende Methoden

Augustin hat das Problem und seine Lösung auf die Formel gebracht: Novum testamentum in vetere latet, vetus testamentum in novo patet[1]. Wie vollzieht sich dieses Offenbarwerden des Verborgenen, das Erwachen eines Geistes, der, nicht ohne weiteres erkennbar, im alten Buchstaben schlummert? Die Meinung ist die: Das sei in der Erscheinung Jesu Christi als der Erfüllung und dem intendierten Sinn des Alten Testaments geschehen. Dadurch sei – mit 2. Kor 3 zu reden, wo Paulus midraschartig wiederum auf Ex 34 Bezug nimmt – die Decke beseitigt, die bei der synagogalen Lesung auf dem Alten Testament liegt. Wie ist diese Behauptung nun aber exegetisch an den Texten des Alten Testamentes zu bewahrheiten? Dafür bieten sich drei Verfahrensweisen an. In der Auslegungs-

---

[1] Das in dieser Fassung in der Literatur stets ohne Quellenangabe tradierte Zitat ist wohl, wie mein Kollege *H.-D. Altendorf* vermutet, eine Umformung aus Quaestionum in Heptateuchum lib. II, 73 (CC SL 33, 1958, 106): Multum et solide significatur ad uetus testamentum timorem potius pertinere sicut ad nouum dilectionem, quamquam et in uetere nouum lateat et in nouo uetus pateat.

geschichte begegnen sie freilich selten rein je für sich, sondern meist in verschiedenartiger Mischung.

Das selektive Verfahren hält sich allein an solche Aussagen, die auf dem Niveau des Neuen Testaments zu liegen scheinen. Bis zu einem gewissen Grade hat man stets diejenigen Texte bevorzugt, von denen man sich unmittelbar angesprochen fühlte und die in ihrem buchstäblichen Verständnis ohne weiteres übernehmbar waren. Der Gedanke einer religiösen Evolution kam freilich erst in der Neuzeit auf und hat selbst dann nie ernsthaft zu dem Versuch geführt, das Alte Testament auf einen christlich direkt akzeptablen Kernbestand zu reduzieren. Ein solches Unternehmen wäre auch offensichtlich undurchführbar.

Das allegorische Verfahren deutet hingegen alles ins Christliche um, was sich dem Christlichen nicht fügt, und zwar mit dem Anspruch, damit die einzig wahre Meinung des Textes an den Tag zu bringen, die der Heilige Geist als Autor der Heiligen Schrift beabsichtigt habe. Groteske Beispiele solchen Verfahrens bietet schon im zweiten Jahrhundert der sogenannte Barnabasbrief. Etwa das Verbot, Schweinefleisch zu essen, meine, man solle sich nicht mit Menschen einlassen, die Schweinen ähnlich sind, nämlich im Überfluß den Herrn vergessen und sich erst im Mangel seiner erinnern[1]. Diese Methode ist zu willkürlich, als daß sich die Kirche darauf hätte stützen können, so gern sie sich ihrer in Verbindung mit der typologischen Methode zu erbaulicher Ausschmückung im einzelnen bediente.

Die typologische Auslegung läßt den historischen Textsinn grundsätzlich bestehen, beruft sich aber darauf, daß in der heilsgeschichtlichen Bewegung von der Verheißung auf die Erfüllung hin auch die historischen Ereignisse ihrerseits künftige Sachverhalte vorausdarstellen. Mit allegorischen Mitteln angereichert, hat diese Theorie eines doppelten Schriftsinns, des buchstäblich-historischen und des geistlichen, die traditionelle Auslegung des Alten Testaments beherrscht. Der Ausbau zum vierfachen Schriftsinn erfolgte dann durch die dreifache Auffächerung geistlicher Deutung auf die dogmatischen Glaubensinhalte, auf die lebensmäßige Aneignung sowie auf die eschatologische Wirklichkeit hin. Dabei blieb allerdings umstritten, in welchem Ausmaß bereits der literale Sinn eines Textes als Weissagung auf Christus oder, besonders in den Psalmen, als Rede Christi selbst aufzufassen sei.

---

[1] Barn 10,3.

Diese Methoden beruhen auf der Voraussetzung vollkommener Konkordanz beider Testamente infolge ihrer Herkunft von demselben Autor. Ohne den Besitz des Neuen Testaments als hermeneutischer Richtschnur ist dies aber nicht erkennbar und das Alte Testament exegetisch dem jüdischen Verständnis gar nicht streitig zu machen, ebensowenig freilich durch die bloße Forderung der Anerkennung solcher Vorgabe.

2. *Die Problemverschärfung durch die historisch-kritische Interpretation*

a) Distanzierung vom Christentum

Die Verselbständigung biblischer Theologie gegenüber der Dogmatik mußte im Zeichen historischer Methode die Aufteilung in zwei Disziplinen zur Folge haben und sich auf das Verhältnis zum Alten Testament ungleich gravierender auswirken. Gewiß nötigt die historisch-kritische Arbeit auch am Neuen Testament dazu, vertraute Vorstellungen vom Christlichen zu revidieren. Aber diese Texte halten einen auf jeden Fall im christlichen Geschichts- und Sprachraum fest. Historisch-kritische Arbeit am Alten Testament hingegen versetzt unausweichlich in einen anderen als den spezifisch christlichen Geschichts- und Sprachraum. Weicht die dogmatisch gebundene hermeneutica sacra dem Grundsatz, daß die Heilige Schrift wie jedes andere Buch zu lesen sei, dann entfällt die Auslegungsvorschrift, alles als Äußerung eines einzigen Autors zu harmonisieren, wenn der historische Sachverhalt eindeutig dagegen spricht. Es entfällt auch das Recht, spätere Texte, in diesem Falle also die neutestamentlichen, als Interpretationsnorm zu verwenden. Die Verfremdung gegenüber der traditionellen kirchlichen Deutung läuft in diesem Fall auf die Zumutung hinaus, mit dem Alten Testament als einem nichtchristlichen Buch ernst zu machen. Nun liegt es dem Theologen durchaus nicht fern, sich um der Theologie willen intensiv mit außerchristlicher Literatur zu beschäftigen. Im Falle des Alten Testaments jedoch ist die Zumutung der Distanzierung vom Christlichen deshalb so schwerwiegend, weil sie den zentralen Quellbereich theologischer Erkenntnis betrifft, die biblische Überlieferung selbst. Fällt damit nicht die Wissenschaft vom Alten Testament automatisch aus der Zahl der theologischen Kerndisziplinen heraus? Und wird nicht seine kanonische Bedeutung nun eben doch hinfällig, wenn sie nur noch allenfalls in der Dogmatik vertreten wird, jedoch in der alttestamentlichen Disziplin selbst außer Kraft zu sein scheint?

b) Distanzierung vom Judentum

Der Eindruck, die christliche Inanspruchnahme des Alten Testaments gerate damit gegenüber dessen jüdischem Verständnis hoffnungslos ins Hintertreffen, ist freilich voreilig. Die historisch-kritische Methode kommt keineswegs ohne weiteres der orthodoxen jüdischen Auffassung zugute. Auch diese liest die Schriftensammlung von einem Gesamtverständnis aus, das jünger ist als das darin enthaltene Schrifttum, nämlich vom rabbinischen Toraverständnis aus. Die Kontinuität der leiblichen Abstammung, die sich in diesem Fall von der Kontinuität der Überlieferung nicht trennen läßt und die zweifellos ein primäres Anrecht des Judentums an diesem Buch sichert, garantiert keineswegs, daß der genuine Zusammenhang des Ganzen gewahrt ist.

3. Die historische Arbeit am Alten Testament

Die Frage spitzt sich somit darauf zu, ob von der historischen Arbeit am Alten Testament überhaupt etwas anderes erwartet werden kann als dessen historische Distanzierung oder ob sich auf diesem Wege doch ein Ansatzpunkt für die alttestamentliche Wissenschaft als theologische Disziplin bietet.

a) Zur Infrastruktur alttestamentlicher Wissenschaft

Die innerdisziplinäre Verzweigung neutestamentlicher Wissenschaft findet hier mutatis mutandis ihre Entsprechung. Daß, verglichen mit dem Neuen Testament, der Umfang des Alten ein Dreifaches und der Zeitraum seiner Entstehung etwa das Zehnfache ausmacht, verstärkt hier noch die Nötigung zur Spezialisierung. Die Einbettung in die Geschichte des Vorderen Orients verleiht der alttestamentlichen Wissenschaft leicht den Charakter einer Spezialdisziplin der philosophischen Fakultät, der Orientalistik. Was man herkömmlich als Theologie des Alten Testaments bezeichnet, stellt methodisch vor weit schwierigere Probleme als das entsprechende neutestamentliche Fach. Stellt sich dort das Problem, ob über eine urchristliche Theologie*geschichte* hinauszugelangen sei, so verschärft es sich hier zu der Frage, ob man sich etwa mit einer bloßen israelitischen *Religions*geschichte begnügen müsse. Denn schon die Anwendung des Begriffs Theologie auf Erscheinungen des Alten Testaments, um damit die darin zum Ausdruck kommenden Vorstellungs- und Denkweisen selbst zu kennzeichnen, erscheint im Unterschied zum Sachverhalt innerhalb des Neuen Testaments als Anachronismus. Leitet sich jedoch der Terminus Theologie in diesem Zusammenhang von der *Fragestellung* her, unter der das Alte Testament erörtert wird, so verrät sich daran ein christliches Interesse. Denn weder eine rein religionsgeschichtliche Untersuchung noch eine jüdische Besinnung auf das Ganze dieses Schriftenkorpus würde ihre Aufgabe als *Theologie* des Alten Testaments formulieren. Besteht hier aber ein Recht zu solcher Fragestellung?

b) Die Relevanz der Geschichte im Alten Testament

Auf keinen Fall darf das theologische Interesse am Alten Testament der Strenge des historischen Fragens Abbruch tun. Der Gesichtspunkt, unter dem sich die Wissenschaft vom Alten Testament gegebenenfalls als theologische Disziplin begründen ließe, darf nicht auf Kosten einer widerspenstigen Vielfalt der Erscheinungen Bestimmtes nach eigener Wahl bevorzugen. Auch darf nicht die dem Alten Testament eigentümliche Ausrichtung auf konkrete Lebensvollzüge unter traditionelle Lehrtopoi gezwungen werden. Das unumgängliche Problem des Gesamtzusammenhangs läßt sich schon gar nicht durch eine philosophische Konstruktion von außen her lösen. All das würde gerade abschwächen, was für das Alte Testament unzweifelhaft charakteristisch ist: seinen eminenten Geschichtsbezug. Daß es randvoll von Geschichte ist, war auch der traditionell dogmatischen Sicht nicht verborgen. Die historisch-kritische Forschung hat hier jedoch – stärker noch als etwa bei den Evangelien – den geschichtlichen Vorgang bewußt gemacht, der zur Formung geschichtlicher Überlieferungen geführt hat. Die traditionsgeschichtliche Analyse des Pentateuchs ist dafür ein einzigartiges Beispiel. Geschichtskonstruktionen innerhalb der Überlieferungsschichten werden durch die historische Kritik als solche erkannt, zugleich aber als Niederschlag eines sich darin ausdrückenden und zugleich verbergenden ungemein lebendigen Überlieferungsgeschehens verstehbar. Darin liegt ein Hinweis darauf, wie das, was den theologischen Charakter der Wissenschaft vom Alten Testament nur zu destruieren scheint, selbst zu einer Überwindung der Aporie beitragen könnte.

III. Die Einheit des Alten Testaments

Weit schwieriger als beim Neuen Testament stellt sich die Frage nach der Einheit beim Alten Testament. Das erklärt sich nicht allein aus der ungleich größeren Mannigfaltigkeit historischer Umstände, literarischer Formen, religiöser Vorstellungen und Aussagen. Der tiefere Grund zeigt sich am Kanonsproblem.

1. Das Problem seines Abgeschlossenseins

Man erliegt leicht der Täuschung, als lasse sich das chronologische Nacheinander des alttestamentlichen und des neutestamentlichen Schriftenkorpus von beider literarischer Genesis auch auf deren Kanonisierung übertragen, so daß es so scheint, als sei das abgeschlossene Alte Testament das Vorbild für ein entsprechendes Zum-Abschluß-Bringen des Neuen Testaments. Man muß jedoch differenzieren. Die Sammlung der Schriften, die nun zum Alten Testament vereint sind, erfolgte stufenweise. Zunächst vollzog sich die Kanonisierung des Pentateuchs, um einiges später die des zweiten Kanonteils unter dem Stichwort „Propheten", während ein dritter Komplex, der vor allem die Psalmen sowie weisheitliches und apokalyptisches Schrifttum enthielt, in der neutestamentlichen Zeit noch offen war. Das Problem ist, welcher innere Grund überhaupt einen definitiven Abschluß legitimierte und warum diese Schriftensammlung nicht weiter im Wachsen blieb.

Im Falle des Neuen Testaments lag es anders. Der Glaube an Jesus Christus trug in sich selbst den Charakter des Definitiven. Zwar ging von dem Christusereignis ein lebendiger Strom mannigfaltigen Glaubenszeugnisses aus, der aber schließlich gegen die Gefahr der Traditionsverwilderung dadurch geschützt werden mußte, daß die schriftlichen Zeugnisse einer in weiterem Sinne grundlegenden Phase gesammelt und kanonisiert wurden. Warum dabei die Grenzen gerade *so* gezogen wurden, gibt zu mancherlei kritischen Fragen Anlaß. Der Tatsache eines solchen Abschlusses jedoch läßt sich in Anbetracht des Erschienenseins Jesu Christi die innere Sachgemäßheit kaum absprechen.

Beim Alten Testament fehlt eine entsprechende innere Sachnotwendigkeit. Daß das Judentum an der Wende vom ersten zum zweiten Jahrhundert für dieses Schriftenkorpus die Kanonsgrenzen definitiv und relativ eng zog, war in entscheidendem Maße eine Reaktion auf das Christentum, der nicht wenig von dem eigenen weisheitlichen und apokalyptischen Schrifttum geopfert wurde. Indem das Moment des Endgültigen im christlichen Glauben durch das Judentum aufgegriffen wurde – wenn auch im Gegenzug dazu –, konnte dies freilich nur in einer Richtung bestärken, die bereits eingeschlagen, über deren Ausschließlichkeit aber bislang noch nicht entschieden war. Nun erst wurde die Konzentration auf die Tora und die Annahme des Endes der Prophetie radikal gefaßt und damit der Kanonsabschluß im Zeichen des Gesetzes vollzogen, dem eine definitive Kodifizierung sozusagen natürlich ist. Die nun ebenfalls für das frühe Christentum – obschon in weiter gezogener Grenze – zum Abschluß kommende Kanonisierung des Alten Testaments stand dagegen unter einem ganz anderen Zeichen: nämlich der Beendigung der alttestamentlichen Traditionsbildung angesichts des Christusereignisses als deren Vollendung. Läßt sich diese Strittigkeit im Verständnis der abschließenden Kanonisierung des Alten Testaments an dem prüfen, was den inneren Zusammenhang dieses Schriftenkorpus ausmacht?

2. Die Frage seines Zusammenhangs

Kann man – wie im Neuen Testament Jesus Christus Ursprung und Mitte ist – auch für das Alte Testament so etwas angeben wie ein „Prinzip" oder eine „Mitte"? Darin sind beide Testamente überraschend strukturgleich, daß sie der Niederschlag eines andauernden Überlieferungsprozesses sind, gewissermaßen Überlieferung von Überlieferung. Beide dokumentieren einen Sachverhalt, zu dessen Wesen es gehört, daß sich die Kontinuität der Tradition nur im Eingehen auf neue Geschichts- und Sprachsituationen wahren läßt. Ist dieser Prozeß im Neuen Testament durch den Glauben an Jesus Christus bestimmt, so im Alten Testament durch die Zusammengehörigkeit von Jahwe und Israel, dem Gott Israels und dem Volk Jahwes. Dieses Gegenüber, Miteinander und Widereinander von Jahwe und Israel ist der rote Faden des Alten Testaments, der von Erfahrung zu Überlieferung und von Überlieferung zu neuer Erfahrung treibt und so wieder zu neuer Interpretation der Überlieferung. Prophetisch prägt und formt dieser Traditions- und Interpretationsprozeß den Fortgang der Geschichte bis in die Schau ihrer Vollendung hinein. Und zugleich wird in einer Art rückwärts gewandter Prophetie immer weitergreifend bereits Geschehenes einbezogen und durchdrungen: über die Vätergeschichte zurück bis hin zur Urgeschichte.

Der Fortgang dieser Verflechtung von Geschichte und Überlieferung läßt sich nicht als eindeutige Entwicklung auffassen: ob nun als zunehmende Läuterung zum Christlichen hin oder als Abstieg von der Höhe des Prophetischen zu Gesetzlichkeit oder Apokalyptik. Trotzdem sind Symptome eines unumkehrbaren Gefälles unverkennbar. Der Kontrast zum Neuen Testament macht das deutlich. Während hier die Erscheinung Jesu Christi als endgültige Offenbarung alles enthält, wenn sie auch als solche erst erfaßt und expliziert werden muß, ist die Beziehung von Jahwe und Israel von der Art, daß die Frage, wer Jahwe in Wahrheit ist und wer Israel in Wahrheit ist, weitertreibt zu einem Transzendieren ihrer realisierten Beziehung. Darum verschärfen sich im Fortgang des Überlieferungsgeschehens die aporetischen Züge, die Widerspruchserfahrungen, die über sich hinausweisen, neue Perspektiven eröffnen und gerade darin Verheißungscharakter haben. Ein partikuläres Erwählungsverständnis steht in Spannung mit der Tendenz ins Universale. Israel als politisches Gebilde und als Religionsgemeinde geraten zunehmend in Widerspruch. Die Kultfrömmigkeit ist zwar mit der auf Wort und Glaube konzentrierten prophetischen Frömmigkeit eng verflochten und steht zu ihr doch in einem ungeklärten Verhältnis. Der einzelne kommt einerseits religiös nur als Glied des Volkes in Betracht und ist doch anderseits als er selbst verantwortliche Person vor Gott. Die Art, wie Weltbezug und Gottesbezug einander durchdringen, tendiert einerseits auf eine Vermischung, welche in die Nachbarschaft zum Heidnisch-Religiösen treibt, anderseits auf eine Unterscheidung, die aber ebensowenig Klarheit gewinnt wie das Verhältnis von Leiden und Gottesgewißheit, von Gericht und Gnade, von Gesetz und Verheißung. Wenn es nach Paulus dem Alten Testament an Klarheit mangelt und hier um das Verhältnis der von Mose herkommenden Gesetzesüberlieferung und der von Abraham herkommenden Glaubensüberlieferung gerungen wird, so trifft sich diese Kennzeichnung überraschend mit historisch-kritischer Analyse. Und auch das entspricht historischer Beobachtung, daß die Fragen, wer Jahwe und wer Israel in Wahrheit sind, durch das Bekenntnis, wer Jesus Christus ist, miteinander beantwortet werden sollen.

3. „Altes Testament" – „Neues Testament"

Man muß sich dessen bewußt sein, daß die Identifikation von altem und neuem Bund mit je einem Traditionskomplex Mißverständnisse erzeugt. Man könnte sagen: Das Alte Testament ist mehr als der alte Bund, das Neue Testament ist weniger als der neue Bund. Behält man dies im Auge, so könnte man sich das Verhältnis beider zueinander noch einmal an diesen Namen verdeutlichen. Altes Testament ist die christliche Bezeichnung eines nichtchristlichen Buches. Damit soll gerade nicht die Verwandlung in ein christliches Buch vollzogen, sondern das Verhältnis präzisiert werden, in dem es zum Neuen Testament, von diesem her gesehen, steht. Doch soll es damit nicht in eine ihm selbst fremde Relation gestellt werden. Das kommt darin zum Ausdruck, daß die hier verwandte Begrifflichkeit selbst alttestamentlichen Ursprungs ist. Nur deshalb kann das Alte Testament christlicherseits so bezeichnet werden, weil „Neues Testament" die alttestamentliche Bezeichnung dieses urchristlichen Buches ist. Schon im Alten Testament klingt die Wende von dem bestehenden zu einem künftigen Bunde an, der den bestehenden zum alten macht[1]. Zu diesem sprachlichen Anhalt kommt der sachliche: Die widerspruchsvollen Spannungen im Alten Testament weisen über sich hinaus auf ein Neues, wo das unklar Ineinanderliegende befreiend unterschieden und versöhnt ist. Damit bringt das Alte Testament etwas zur Sprache, was nicht als bloße historische Vorgestalt des Neuen in Betracht kommt. Vielmehr muß es als dessen andauernde sachliche Vorgestalt präsent sein, wenn anders das Neue in seiner spezifischen und bleibenden Neuheit gewahrt werden soll. Weil das Neue Testament keineswegs ohne weiteres als das alles neu machende und nie veraltende zur Geltung kommt, ist das Alte Testament durch das Neue keineswegs veraltet.

IV. Die alttestamentliche Wissenschaft als theologische Disziplin

Bei rechter Einsicht in das Verhältnis beider Testamente zueinander kann man sich von einem dogmatischen Dirigismus gegenüber der alttestamentlichen Wissenschaft nichts versprechen. Die Zwiespältigkeit christlichen Verhältnisses zum Alten Testament ist in einer Zwiespältigkeit des Alten Testaments selbst begründet, die wiederum auf die Zwiespältigkeit des menschlichen Verhältnisses überhaupt zu der Gnade und Wahrheit, wie sie in Jesus Christus erschienen sind, verweist. Diesem unerhört komplexen und beziehungsreichen Sachverhalt muß im offenen Umgang mit den Texten des Alten Testaments mit einem Höchstmaß an Sensibilität für deren Verhältnis zum christlichen Glauben Raum gegeben werden. Sich dabei immer neu durch Entdeckungen überraschen zu lassen, ist fruchtbarer als der Besitz einer erschöpfenden dogmatischen Formel für das, was es hier zu entdecken gilt. Trotzdem seien wenigstens die Richtungen angegeben, die besondere Aufmerksamkeit erfordern.

---

[1] Jer 31,31 ff.

1. Biblische Geschichte

Daß im Alten Testament das Gottesverhältnis so stark in den Geschichtsbezug integriert ist, darf nicht dazu verführen, den Komplex biblischer Geschichte zu isolieren und ihn mit einem ihm fremden Heiligenschein zu umgeben. Vielmehr ist einmal der geschichtlichen Bedingtheit voll Rechnung zu tragen, die das alttestamentliche Reden von Gott so unsystematisch und widerspruchsvoll sein läßt wie das geschichtliche Leben selbst, doch so, daß sich in dem allen immer wieder die Grundsituation des Seins vor Gott anmeldet. Ferner ist auf die geschichtsdurchdringende Macht des Gottesverhältnisses zu achten, die eben deshalb, weil es um das konkrete Leben geht, nicht konservierbar ist und eine direkte Übernahme vergangener Lebensäußerung verbietet. Schließlich und vor allem ist die geschichtstranszendierende Tendenz des Gottesverhältnisses zu bedenken. Sie kommt schon in dem Angewiesensein des Geschehens auf das Wort zum Ausdruck und verweist in die eschatologische Dimension. Dafür ist die biblische Geschichte selbst ein schlechterdings unentbehrliches Zeugnis.

2. Biblische Sprache

Man muß auf den eigentümlichen Sprachgeist der Bibel achthaben. Ohne den alttestamentlichen Sprachhintergrund bleibt das Neue Testament unverständlich, dieses Dokument eines Übersetzens vom Hebräischen in das Griechische, das durch die Septuaginta zwar vorbereitet ist, aber erst kraft der Sache des Neuen Testaments eine neue Welt eröffnet. Dazu kommt, daß sich elementare Kategorien des Redens von Gott erst vom Alten Testament her erschließen. Auch wenn sie im Kontext des Neuen Testaments eine andere Akzentuierung erfahren, so will dieser Vorgang doch nachvollzogen sein. Dies ist um so fruchtbarer, als das Eindringen in die religiöse Sprache des Alten Testaments, die nicht eine abstrakte Begriffssprache ist, dazu nötigt, den Situations- und Geschichtsbezug zu berücksichtigen, und dadurch eine Begegnung mit der Sprache des Glaubens in ihrer Leibhaftigkeit gewährt.

3. Biblische Wahrheit

Das Studium des Alten Testaments hat deshalb in hervorragender Weise mit der biblischen Wahrheit zu tun, weil es das theologische

Denken in die Kehre vom Alten zum Neuen einführt und einübt. Nicht etwa so, daß man erst Jude werden müßte, um Christ zu werden. Vielmehr deshalb, weil das Alte Testament grundmenschlich ist, gerade indem es innerhalb der Welt der Religionen in einzigartiger Weise von Gott redet und in diesem Reden von Gott der Widersprüchlichkeit des Lebens Raum gibt. Ohne diesen Hintergrund droht das Wunder der Versöhnung der Welt mit Gott, die das Neue Testament verkündigt, blaß und billig zu werden.

Viertes Kapitel

Religionswissenschaft

I. Der Problemhorizont der Religionswissenschaft

Der Religionswissenschaft scheint der Rang einer exegetischen Hilfsdisziplin zugewiesen zu sein, wenn sie in unmittelbarem Anschluß
an die beiden biblischen Fächer erörtert wird. In der Tat begegnen
wir innerhalb des Alten wie des Neuen Testaments einer Fülle von
Fremdreligionen, etwa den kanaanäischen Kulten als Kontrahenten
Israels oder den hellenistischen Kulten als Partnern des Urchristentums. Die Verehrung des wahren Gottes steht notwendig im Kampf
mit den falschen Göttern, das Evangelium im Streit mit allen übrigen Heilsbotschaften. Ohne den polemischen Kontakt mit der Welt
der Religionen ist biblischer, christlicher Glaube nicht aussagbar.
Und auch dies liegt in den biblischen Texten offen zutage: Der
Jahwe- wie der Christusglaube ist gegenüber Fremdeinflüssen an-
fällig. Die entscheidenden Auseinandersetzungen verlagern sich deshalb in sein Inneres als Kampf um die Reinheit des Glaubens. Er
kann sich gar nicht explizieren, ohne in die Strittigkeit verschiedener
Auffassungen zu geraten.

So weit war man sich selbstverständlich stets des Eingebettetseins
der Bibel in die religiöse Umwelt bewußt. Darüber geht jedoch erheblich hinaus, was an der Jahrhundertwende die sogenannte Religionsgeschichtliche Schule durch bahnbrechende Forschungen auf dem
Gebiete alt- und neutestamentlicher Wissenschaft erkennen ließ und
was als religionsgeschichtliche Methode seither zu einem allgemein
anerkannten Instrument historischer Bibelwissenschaft geworden ist.
Die Abhängigkeit von religiösen Umwelteinflüssen und von allgemeinen Formen und Gesetzen religiösen Lebens betrifft – so wurde
nun deutlich – auch das, was bisher als Offenbarung und deshalb als
aller geschichtlichen Abhängigkeit und Analogie entzogen galt, also
den Kern des Biblischen selbst. Besondere Aufmerksamkeit kam dabei solchen Aspekten zu, die, zumal auf dem Hintergrund des damals herrschenden Christentumsverständnisses, als schockierend
empfunden wurden, wie dem mythischen Charakter zentraler biblischer Vorstellungen vornehmlich in der Urgeschichte und in der
Christologie oder irrationalen Zügen im kultischen Leben oder der
Eschatologie zumal in ihrer befremdenden apokalyptischen Aus-

prägung. Auf seine Entstehung gesehen erscheint das Christentum, religionsgeschichtlich betrachtet, als eine synkretistische Religion.

Selbst wenn die Religionswissenschaft zunächst nur über die biblischen Fächer auf die Theologie einwirkte, wären die Folgen auch für die anderen Disziplinen beträchtlich. Am spürbarsten ist die Auswirkung auf die Dogmatik, deren für unbedingt gültig gehaltenes biblisches Fundament sich nun bis ins Innerste hinein als geschichtlich bedingt erweist. Zugleich öffnet sich aber der Blick für die weltweite Gegenwartsbedeutung der Fremdreligionen. Ihnen gegenüber kann sich christliche Theologie nicht mehr unangefochten in der Position missionarischer Überlegenheit wissen. Die Herausforderung durch die anderen Religionen läßt sich auch nicht dadurch abschwächen, daß man die ebenfalls weltweite Erscheinung des Säkularismus als Anzeichen eines ohnehin nahenden Religionszerfalls deutet. Diese Diagnose und ein entsprechendes theologisches Spekulieren auf die Religionsbaisse dürften sich als trügerisch erweisen. Wie es auch mit dem Phänomen der Religionslosigkeit stehen mag, der Theologe würde die Konfrontation mit der heutigen Welt nicht ernstnehmen, würde er der gegenwärtigen Welt der Religionen ausweichen. Der Anteil der Christen sämtlicher Denominationen an der Weltbevölkerung liegt nicht unerheblich unter dreißig Prozent und befindet sich infolge des regional unterschiedlichen Wachstums der Menschheit mit Sicherheit weiter im Sinken. Bedenkt man dies, so könnte einem sogar die ökumenische Bewegung – ob ohne oder mit Rom – trotz ihrer Weite als Ausdruck eines christlichen Provinzialismus erscheinen.

Der Anspruch der Religionswissenschaft greift jedoch weiter. Es handelt sich nicht bloß um einen Zuwachs von Phänomenen, die in den Gesichtskreis des Theologen treten und beachtet sein wollen. Die religionswissenschaftliche Fragestellung als solche fügt sich der Theologie nicht einfach ein. Sie tritt mehr und mehr zu ihr in Konkurrenz. Das Christentum selbst und mit ihm auch die Theologie werden nun zum *Objekt* religionswissenschaftlicher Betrachtung. Durch die Religionswissenschaft wird die Theologie nicht einfach um eine weitere Disziplin vermehrt oder durch eine außertheologische Nachbardisziplin ergänzt, vielmehr überhaupt in Frage gestellt. Weil sich der Problemhorizont so weit erstreckt, muß im Interesse der Urteilsbildung auf große Zusammenhänge angespielt werden.

II. *Das Christentum und die Religionen*

1. *Wandlungen in der Begegnung des Christentums mit anderen Religionen*

Die großen kirchen- und weltgeschichtlichen Veränderungen spiegeln sich in den Wandlungen wider, welche die Begegnung des Christentums mit anderen Religionen durchlaufen hat. Wieweit diese auf die Umstände und wieweit auf ein Umdenken zurückzuführen sind, läßt sich in einer Grobskizze nur andeutungsweise berücksichtigen.

a) Urchristentum

Das Heraustreten aus dem palästinensischen Judentum in die Welt der hellenistischen Antike entschied über die weitere Entwicklungsrichtung der Kirchengeschichte. Dieser Vorgang will von daher verstanden sein, daß sich das weltmissionarische Motiv aus dem Evangelium selbst ergibt. Es gründet – formal beschrieben – in einer neuen religiösen Wirklichkeit, die das allgemeine Strukturschema damaliger Religionen sprengt. Die Gewißheit, daß durch Jesus Christus der Unterschied von Juden und Nichtjuden seine religiöse Bedeutung verloren hat, entmachtet gerade diejenigen Merkmale des Religiösen, auf die sich der Gegensatz von Juden und Nichtjuden konzentrierte: die Lokalisierung des Heiligen und Profanen in fixierten Bereichen sowie die Absicherung gegenüber dem Göttlichen durch bestimmte kultische Akte. Dank der Art, wie der Christusglaube die Wirklichkeit des Heiligen erfährt und bezeugt, bedeutet das Hinzutreten der Christenheit zu den bestehenden Religionen mehr als nur das Aufkommen einer weiteren Religion, nämlich zugleich eine religiöse Religionskritik, die an die Wurzel aller Religionen rührt.

b) Frühkatholische Kirche

Dennoch etablierte sich das Christentum selbst als Religion mit geschichtlich höchst dauerhaften Lebensformen und Institutionen. Zusammen mit scharfer Abgrenzung gegen mächtige religiöse Zeiterscheinungen wie den Kaiserkult, die Gnosis, den Manichäismus und den Neuplatonismus vollzog sich dabei eine intensive Integration religiöser Anleihen teils bei der heidnischen Umwelt, teils bei der alttestamentlich-jüdischen Tradition. Aus der Spätantike ging das Christentum konkurrenzlos als privilegierte Religion hervor, der in politischer und kultureller Hinsicht die führende Rolle zufiel. In der missionarischen Begegnung mit den Religionen der germanischen und slawischen Völker erwiesen sich diese von vornherein als unterlegen, so daß das Christentum von daher nicht durch die Existenz anderer Religionen angefochten war.

c) Mittelalter und Anfänge der Neuzeit

Hingegen erstand im Islam erstmals wieder ein ernsthafter Konkurrent, an den weite Gebiete des christianisierten Imperium Romanum verlorengingen. Nicht bloß politisch, auch kulturell war er während des ganzen Mittelalters der Gegenpart des christlichen Abendlandes, an dem man die Konfrontation gegensätzlicher Weltreligionen erfuhr. Das beförderte eine verstärkte rationale Durchdringung christlicher Glaubenslehre in apologetischer Absicht, aber auch Tendenzen zu einer aufgeklärten Religionsharmonisierung, deren früheste Ansätze in die geistige Atmosphäre am Hofe des Staufenkaisers Friedrich II. zurückreichen. Von da bis zum Sieg des Toleranzgedankens in der Aufklärung führt allerdings ein langer Weg. Die Erweiterung des geographischen und ethnischen Gesichtsfeldes seit der Entdeckung Amerikas und des Seeweges nach Indien und Ostasien wirkte sich auf das Verhältnis zu den anderen Religionen zwiespältig aus: einerseits erwachte ein neuer Drang zur Mission, andererseits wurde das religiös Vertraute durch Einblick in ganz andersartige Erscheinungen seiner Selbstverständlichkeit beraubt und relativiert.

d) Die letzten zwei Jahrhunderte

Daß erst im neunzehnten Jahrhundert ein eigentlich religionsgeschichtliches Interesse erwachte, beruht auf dem Zusammentreffen zweier Hauptfaktoren: der globalen Expansion des Abendlandes, bei der Kolonisation und Mission Hand in Hand gingen, sowie der Ausbildung historischer Denkweise in strengem Sinne. Nun erst traten die Phänomene primitiver Religionen, aber auch eine so bedeutende Hochreligion wie der Buddhismus schärfer ins Bewußtsein und wurden zum Gegenstand einfühlender Beschäftigung. Zugleich aber verschob sich die Problemperspektive. Der Säkularismus, wie er mit der Technisierung einhergeht, stürzte auch die außerchristlichen Religionen in eine Krise. Teils strömen nun Quasireligionen in Gestalt von Nationalismen und Kommunismen in das Vakuum, teils gehen aus dem Schoß der angestammten Religionen Neubildungen hervor. Die Religionswissenschaft wächst damit über die bescheidene

Rolle einer theologischen Hilfsdisziplin in apologetischer und missionarischer Abzweckung weit hinaus und gewinnt brisante Aktualität im Hinblick auf die politische und geistige Kräftekonstellation der Gegenwart.

2. Wandlungen im Gebrauch des Wortes „Religion"

Die Auseinandersetzung mit dem Religionsproblem war für das Christentum stets ein Test seines Selbstverständnisses. Sie zeichnet sich daran ab, wie sich die Verwendung des Wortes „Religion" ändert. Diese Linie sei anhand charakteristischer Stichwörter ebenfalls punktiert.

a) Die wahre Religion

Der antike Sprachgebrauch von religio gabelt sich in die beiden Hauptbedeutungen: „Religiosität" als innere Einstellung frommer Scheu und „Kult" als institutionalisierte Form der Gottesverehrung. Was sich bei der zögernden Übernahme in den christlichen Sprachgebrauch fundamental änderte, war dies, daß das Phänomen Religion in den Horizont der Wahrheitsfrage rückte. „Vera religio" begegnet erstmals bei Augustin [1]. Allerdings kommt dem Religionsbegriff für lange Zeit so wenig Dringlichkeit für die Reflexion auf nichtchristliche Religionen zu, daß religio für eine spezialisierte innerchristliche Verwendung frei war: im mittelalterlich-katholischen Sprachraum als Bezeichnung des Lebens nach einer Ordensregel, also des in verschiedenen Ausprägungen organisierten Standes der Vollkommenheit; im konfessionellen Zeitalter sodann als Oberbegriff der streitenden Religionsparteien. Aber schon unter humanistischem Einfluß bediente man sich verstärkt wieder des Allgemeinbegriffs religio und entsprechend der Rede von der religio christiana. Sie stellt im orthodoxen Verständnis nach wie vor die vera religio dar, während alle anderen Religionen samt den Mißbildungen des Christlichen selbst unter den Begriff der religio falsa fallen.

b) Die natürliche Religion

Der Begriff der wahren Religion konnte nun freilich auf zweierlei Weise zum Hebel der Kritik am orthodoxen Verständnis werden: entweder so, daß gegen das Übergewicht der Lehre das fromme Leben als wahre Religion beschworen, Religion also gegen Theologie scharf abgehoben wurde; oder so, daß entgegen der Autorität der

---

[1] De civ. Dei X, 3, 47 (CC SL XLVII, 276). De vera religione lib. unus (CC SL XXXII, 169–260).

Offenbarung Religion zu ihrer Wahrheit fand, indem sie an allgemeinen Vernunftwahrheiten gemessen und auf sie gegründet wurde. Dies versprach auch eine Überwindung des unseligen Zwiespalts zwischen den geschichtlich orientierten Religionen zugunsten der einen in der Natur des Menschen verankerten und ihr einzig gemäßen Religion. Diese beiden traditionskritischen Usurpationen des Begriffs wahrer Religion – grobschlächtig formuliert: die pietistische und die rationalistische Variante – lassen jedoch in ihrer Konsequenz die Rede von wahrer Religion fraglich werden.

c) Die positive Religion

Schleiermacher durchschaute die natürliche Theologie der Aufklärung als ein blasses Abstraktionsgebilde, dem der Charakter von Religion überhaupt abgehe, während allein die geschichtlich bestimmte sogenannte positive Religion so zu heißen verdiene. Indem nun aber nicht mehr ein absoluter Offenbarungsanspruch allein *einer* Religion das Prädikat der Wahrheit verleiht, sondern sich ein weiter Offenbarungsbegriff mit der Wirklichkeit geschichtlichen Lebens selbst verbindet, wird in Sachen der Religion das Verhältnis von Geschichtlichkeit und Wahrheit zum brennenden Problem. Schleiermacher verbindet beides unter dem Aspekt des Lebensbezugs. Die Ausrichtung auf die Ganzheit des Menschen, die der Begriff des Gefühls intendiert, wird zum Kriterium des wesenhaft Religiösen – in Unterscheidung von Metaphysik und Moral – und liefert zugleich ein ordnendes Maß für die Mannigfaltigkeit der Religionstypen, so daß hier die Wahrheitsfrage mit dem Religionsbegriff in behutsamer Weise verbunden bleibt. Hegel, ebenfalls an der Positivität der Religionen orientiert, verbindet hingegen Geschichtlichkeit und Wahrheit unter dem Aspekt des universalgeschichtlichen Entwicklungsganges der Idee der Religion. Durch Aufhebung aus dem Medium der Vorstellung in den spekulativen Begriff kommt Religion in Vollendung ihres eigenen geschichtlichen Gefälles erst philosophisch zur Wahrheit. Relativ selbständig gegenüber dem weiteren Fortgang religionsphilosophischer Bemühung hat seither die historische Religionsforschung als Frucht der Orientierung an der positiven Religion, aber weithin unter Suspendierung der Wahrheitsfrage, einen ungeheuren Aufschwung genommen.

d) Religion als Negativität

In Kombination Schleiermacherscher und Hegelscher Motive hat Feuerbach die Wahrheitsfrage in der Weise festgehalten, daß er die

Religion psychologistisch als „nichts anderes als" die Selbstoffen-
barung des Menschen zu entlarven versuchte, die in objektivierende
Vorstellung projiziert ist. Von hier leitet sich die weitere Religionskritik her, die das Wesen der Religion als Negativität bestimmt. In
marxistischer Version ist Religion die ideologische Rechtfertigung
bürgerlicher Gesellschaft, „Opium des Volkes". In der Version
Nietzsches bewirkt Religion die innere Vergewaltigung und Ver-
krüppelung des Menschen. In der Version Freuds wird die Religion
als illusionäre Objektivation und Kompensation unbefriedigter
Wünsche und unbewältigter Ängste interpretiert. Mit all dem kann
sich die positivistisch-soziologische Einordnung der Religion als des
Kindheitsstadiums der Menschheit verbinden, das nach dem Durchgang durch das metaphysische Stadium im wissenschaftlichen Stadium endgültig überwunden ist. Theologischerseits hat man sich, im
Gegenzug zu den vielfältigen Bemühungen einer Fundierung auf Begriff und Phänomen der Religion, schließlich auch die Religionskritik zunutze gemacht und ihr durch einen theologisch begründeten
Begriff der Religion als wesenhafter Negativität zu entsprechen
versucht: Der frühe Karl Barth interpretiert, beeinflußt vom religiösen Sozialismus, Religion als die Ursünde des Menschen, der
die Offenbarung in Christus entgegengesetzt wird. Dietrich Bon-
hoeffer deutet, jedenfalls nach der oberflächlichen Auffassung, die
heraufziehende Religionslosigkeit als der innersten Intention biblischer Wahrheit im Grunde konform. Diese extremen Beispiele unterstreichen die theologische Dringlichkeit des Themas Religion.

III. Problemaspekte der Religionswissenschaft

In anderer Weise, aber durchaus nicht weniger als die Theologie,
stellt die Religionswissenschaft vor schwierige Fragen wissenschaftstheoretischer Art: wie es mit ihrem Selbstverständnis als Wissenschaft und mit ihrer enzyklopädischen Ganzheit steht.

1. Methodenfragen

Schon die Definition ihres Gegenstandes bereitet große Schwierigkeiten, wie die unübersehbare Vielzahl von Formulierungsangeboten
und noch mehr die häufige Resignation in dieser Hinsicht bezeugt.
Auch wenn man von vornherein darauf verzichtet, eine normative

Idee von Religion aufzustellen, und sich mit einem möglichst offenen Allgemeinbegriff begnügen möchte, ist es umstritten, durch welche konstitutiven Gesichtspunkte der Begriff Religion einzugrenzen sei, um für alle in Betracht kommenden Phänomene Raum zu bieten und doch nicht die Gesamterscheinung ins Unbestimmte zerfließen zu lassen. Gehört z. B. der Gottesbegriff als notwendig hinzu oder der Sprachmodus des Mythischen, oder ist die Ausrichtung auf das Ganze des Lebens und der Wirklichkeit hinreichendes Kennzeichen? Genügt es, sich an unbestrittene Erscheinungen der Religionsgeschichte zu halten, oder hat die Definition von Religion auch kryptoreligiöse Erscheinungen zu berücksichtigen, die sich selbst gegebenenfalls antireligiös verstehen? Aber wie sind dann Generalisierungen zu vermeiden, denen das geschichtliche Profil dessen zum Opfer fällt, was bisher als Religion angesprochen wurde?

Eng mit diesen Fragen berührt sich der kategoriale Problemaspekt der Religionswissenschaft. Darf man, wie es vielfach naiv geschieht und auch kaum grundsätzlich vermeidbar ist, Ausdrücke christlicher Tradition wie „Glaube" oder „Kirche" ohne weiteres zu religionswissenschaftlichen Grundbegriffen verallgemeinern? Oder ist eine entsprechende Ausweitung von Termini der Primitivreligionen wie „Tabu", „Mana" oder „Totem" vor interpretatorischen Verzerrungen geschützt? Welches Recht und welche Gefahr liegen in einem Übergewicht archaischer Phänomene innerhalb der Religionswissenschaft? Wie steht es mit der Verwendbarkeit allgemeiner historiographischer Kategorien wie etwa des Begriffs der Entwicklung oder auch eines bereits von der Säkularisierung her geprägten Religionsbegriffs, der sich jedenfalls von dem vorneuzeitlichen Religionsverständnis weit entfernt hat, wenn nicht gar von einem genuinen Verstehen des religiösen Sachverhalts überhaupt? Das methodische Ideal wäre die Verbindung ausgedehnter vergleichender Sprachwissenschaft mit der Religionswissenschaft. Das wäre überdies das beste Mittel gegen die Gefahr ideologischer Überwucherung religionswissenschaftlicher Arbeit.

Dennoch bleibt ein schwer zu lösender grundsätzlicher Problemknoten. Sollte die Auffassung prinzipieller Religionskritik die unumgängliche Methode wissenschaftlichen Umgangs mit Religion sein? Zweifellos kann sie für bestimmte Aspekte die Augen schärfen. Die Distanzierung zumal von eigener religiöser Bindung kann zuweilen die Beobachtung fremder religiöser Phänomene fördern. Das verleiht aber nicht einer religionsfeindlichen Einstellung den Vorzug. Ein fruchtbares Studium der Religionen ist im Gegenteil auf ein Lebensverhältnis zur Sache und auf liebevolle Einfühlung angewiesen. Nun ist aber die intensive Zuwendung zur Religionswissenschaft zumeist ambivalenter Ausdruck der Entfremdung von und der Sehnsucht nach dem Religiösen. Das Sich-Auskennen in vielen Religionen hat oft die Kehrseite, daß man selbst nicht mehr ganz oder überhaupt nicht mehr in einer bestimmten Religion zu Hause ist. Indem die Welt der Religionen zum Gegenstand der Betrachtung wird, hat sich überdies bereits die Restriktion des Religiösen auf einen speziellen Sektor menschlicher Lebensäußerung vollzogen und somit auf einen Religionsbegriff, der selbst schon das Produkt der Säkularisierung des Religiösen und seiner Absonderung vom Lebensganzen ist. Anstatt in religiöser Haltung das Ganze der Wirklichkeit zu bedenken, wird kraft einer nichtreligiösen Einstellung zur Wirklichkeit das Religiöse untersucht und in das Ganze der Wirklichkeit – vielleicht durchaus respektvoll – eingeordnet.

Mit diesen Erwägungen soll weder eine bestimmte Problemlösung noch der Eindruck einer ausweglosen Aporie suggeriert werden. Es sollen nur Fragen bewußt gemacht werden, die der Religionswissenschaft wesenhaft zugehören.

2. Arbeitsbereiche

Eine Gesamtstrukturierung der Religionswissenschaft ist deshalb ein fragliches Unternehmen, weil dabei zwei Möglichkeiten miteinander konkurrieren: die Zentrierung auf Erscheinung und Wesen von Religion, oder aber das Interesse an einem andersartigen Sachhorizont, innerhalb dessen Religion nur als Nebenaspekt auftaucht. Die verschiedenen Zweige der Religionswissenschaft lassen sich zwar nicht einfach entsprechend verteilen, tendieren aber in verschiedener Stärke in die eine oder andere Richtung.

Die eindeutig zur ersten Gruppe gehörende Kerndisziplin von Religionswissenschaft bildet die *Religionsgeschichte*. Sie ist unentbehrliche Basis aller anderen religionswissenschaftlichen Disziplinen. Ohne die Kenntnis dessen, wie sich religiöses Leben geschichtlich entfaltet und gestaltet hat, würden alle anderen religionswissenschaftlichen Fragehinsichten gegenstandslos. Religion läßt sich nicht konstruieren und erfinden, sondern nur als vorgegeben interpretieren und kritisch untersuchen. Stärker als irgendein anderer Bereich menschlichen Lebens ist sie auf Tradition angewiesen. Auch die Erforschung gegenwärtiger religiöser Erscheinungen führt notwendig in die geschichtliche Dimension, wie ja sogar empirische Feldforschung als Instrument indirekter Erhellung von Religionsgeschichte dienen kann.

Die *Religionsphänomenologie* gehört selbstverständlich ebenfalls zu den zentral auf Religion hin ausgerichteten Disziplinen. Sie ist auf die Breite historischen Materials angewiesen, geht aber nicht genetisch vor, sondern sucht durch Aufweis struktureller Gemeinsamkeiten und Differenzen bei fundamentalen religiösen Phänomenen die Gesamterscheinung von Religion schärfer zu bestimmen, um wiederum die Einzelinterpretation durch verständnisvollere Sinnerfassung und sachgemäßere Kategorien zu fördern.

Obwohl die *Religionsphilosophie* gleichfalls ihr Thema ausschließlich von der Religion empfängt, nämlich deren Verhältnis zum Wahrheitsbewußtsein im ganzen zu reflektieren, so ist doch ihre Zugehörigkeit zur Religionswissenschaft im strengen Sinne nicht unumstritten. Ihre Aufgabe ist sehr verschieden verstanden worden. Im einen Extrem ist sie eine philosophische Disziplin, in der die Gottesfrage selbst zur Erörterung kommt, im andern Extrem eine theologische Disziplin, in der die Mannigfaltigkeit der Religionen eine christliche Deutung erfährt. Ob nun auf eine dieser Weisen oder in einer anderen Konzeption wie etwa der linguistic analysis, – auf jeden Fall weist die Religionsphilosophie so oder so in umfassendere Verstehenshorizonte, die von der Frage nach der Wirklichkeit im ganzen bestimmt sind und in denen darum auch die Religion bedacht sein will. Ob sich freilich die Religionswissenschaft ohne Schaden der religionsphilosophischen Fragestellung entledigen kann, darf füglich bezweifelt werden.

Zu denjenigen Arbeitszweigen, an denen die Ambivalenz primären oder sekundären Interesses an der Religion besonders deutlich in Erscheinung tritt, gehören *Religionspsychologie* und Religionssoziologie. Die erstere kann entweder als Teil der Religionswissenschaft an einer psychologischen Aufhellung religiöser Phänomene interessiert sein oder auch als Teil der Psychologie, insbesondere der Tiefenpsychologie, in erster Linie diagnostischen und therapeutischen Aufgaben dienen, für die das Religiöse nur im pathologischen Kontext von Belang ist. Ebenso kann die *Religionssoziologie* entweder ihren Schwerpunkt in der Erforschung der religiösen Gemeinschaftsbildung und der Wechselwirkung zwischen Religion und Gesellschaft haben oder aber im Kontext allgemeinerer soziologischer Untersuchungen, die nur unter anderem auch religiösen Faktoren Beachtung widmen. Natürlich ergeben sich daraus keine scharfen Alternativen. Die gleitenden Übergänge zeigen aber, wie schwierig und

wohl auch wie abwegig es wäre, ein strenges und umfassendes
enzyklopädisches Programm der Religionswissenschaft zu entwerfen. Das läßt sich schließlich noch an der *Religionspädagogik* erhel-
len. Sie hat nur dann eine sinnvolle Funktion, wenn sie auf eine
bestimmte Religion ausgerichtet ist, es sei denn, sie werde als bloße
Information über Religionen insgesamt verstanden. Dann aber
wäre sie nur eine Spezialabteilung von Didaktik oder allenfalls eine
Theorie antireligiöser Propaganda.

IV. Religionswissenschaft und Theologie

1. Partizipation der Theologie an der Religionswissenschaft

Die eingangs bereits erwähnten Gesichtspunkte – die religionsgeschichtliche Verflechtung des christlichen Glaubens schon an seinem Ursprung sowie die gegenwärtige Konfrontation mit der Welt
der Religionen – markieren die Pole, zwischen denen das Thema
Religion theologisch universale Bedeutung gewinnt und sich vielfach variiert. Es gibt keine theologische Disziplin, in der es nicht
höchst erregend akut würde. Für die biblischen Fächer wurde es
schon angedeutet und auch im Hinblick auf die Kirchengeschichte.
Daß Gleiches für die systematischen Disziplinen gilt: fundamentaltheologisch für die Frage nach dem wesenhaft Christlichen und seinem Sitz im Leben, dogmatisch für die Artikulation christlicher
Glaubensaussagen, ethisch im Blick auf die Relevanz des Gottesverhältnisses für die Ausrichtung des Handelns und praktisch-theo-
logisch für die Funktionen und Lebensformen von Kirche, das läßt
sich statt durch Einzelbeispiele allein schon assoziativ durch die un-
ausweichliche Verstrickung der Theologie in Fragen der Religionsphilosophie, Religionssoziologie, Religionspsychologie und Religionspädagogik bewußt machen. Wenn der Themenbereich der Religionswissenschaft in theologischen Fakultäten zuweilen institutionell
mit der Missionswissenschaft verkoppelt ist, so könnte dies als eine
Verengung erscheinen, es sei denn, man erfasse die Aufgabe der Missionswissenschaft in einem Sinne theologisch umfassend, daß sie es
mit einem Sachverhalt zu tun hat, der ebenfalls in allen Disziplinen
präsent ist.

Wenn die Theologie aus dem ungeheuren Anschauungsunterricht
religiöser Erfahrung in der Religionsgeschichte Gewinn schöpfen
will, sich aber auch durch die angriffigen Probleme religiöser Wirk-

lichkeit anfechten zu lassen bereit ist, dann muß sie die methodische Selbständigkeit aller Zweige der Religionswissenschaft bejahen und sich so unbefangen wie möglich auf die Wahrnehmung der Sachverhalte und auf das, was sie zu denken geben, einlassen. Eine von vornherein nach theologischen Bedürfnissen und Direktiven gesteuerte Religionswissenschaft oder eine entsprechende Siebung ihres Ertrags unter dem Gesichtspunkt, was theologisch genehm und bequem erscheint, beraubt die Theologie des entscheidenden Erkenntniszuwachses und wirkt sich zu ihrem Schaden aus.

Allerdings stellt sich hier sofort wie bei allem interdisziplinären Austausch – ob mit außertheologischen Grenzgebieten oder in der innertheologischen Fächerkommunikation – die Schwierigkeit ein, wie Partizipation an der Arbeit anderer verantwortbar ist. Was sich ein Theologe von den weiten Bereichen religionswissenschaftlicher Forschung aneignen kann, ist normalerweise quantitativ sehr bescheiden und erreicht selten wirkliche Sachkompetenz. Anderseits ist es offensichtlich gefährlich, zufällige Ergebnisse, Behauptungen oder Hypothesen unkritisch als fertige Einbaustücke theologisch zu verwenden. Dagegen schützt am ehesten, daß man an irgendeinem Punkt im Umgang mit religionswissenschaftlicher Arbeit eigene Erfahrung sammelt, auch wenn dabei die meist unzureichende oder fehlende Sprachkenntnis eine nicht zu unterschätzende Behinderung darstellt. Im übrigen hängt für die Verarbeitung religionswissenschaftlichen Materials – sei es der Farbigkeit geschichtlicher Anschauung, sei es der Dürre gegenwärtiger statistischer Erhebungen – Entscheidendes davon ab, ob einem dabei gesamttheologische Urteilsfähigkeit die erforderliche Umsicht und Besonnenheit verleiht. Das zeigt sich daran, ob man bereit ist, sich durch die religionswissenschaftlichen Sachverhalte zu selbstkritischer theologischer Grundlagenbesinnung herausfordern zu lassen, aber auch theologischerseits an der Reflexion auf die methodologischen Probleme der Religionswissenschaft kritisch teilzunehmen. Durch die disziplinentrennenden Etiketten darf man sich nicht darüber täuschen lassen, wie sehr im konkreten wissenschaftlichen Arbeitsgang und Denkvollzug die Zuständigkeitsfrage relativiert wird.

2. Auflösung der Theologie in Religionswissenschaft?

Schon im letzten Jahrhundert wurde die Forderung vertreten, die seither in immer neuen Attacken vorgebracht wurde, die Theologie müsse sich in Religionswissenschaft transformieren, habe jedenfalls nur in dieser Gestalt einen Platz im Kreise der Wissenschaften an der Universität. Ernst Troeltsch, der Systematiker der Religions-geschichtlichen Schule, hat sich überraschend scharf gegen die Um-wandlung der theologischen in religionswissenschaftliche Fakultäten ausgesprochen. So sehr er darauf besteht, daß aus der religions-geschichtlichen Sicht in der systematischen Theologie Konsequenzen gezogen werden und die traditionelle dogmatische Methode einer radikalen Kritik zu unterwerfen sei, bleibt nach ihm doch die ent-scheidende Differenz, daß die Theologie mit *normativen* religions-wissenschaftlichen Erkenntnissen zu tun habe. Deshalb wäre es ein Unding, „eine Fakultät zu konstruieren, die die normative religiöse Wahrheit offiziell noch nicht kennt, sondern sucht wie die Nordpol-forscher den Nordpol". „Denn die Religion hat keinen Sinn und ist nicht Religion, wenn man ihre Wahrheit und ihren Gehalt als etwas in gänzlicher Ferne Liegendes und mutmaßlich noch völlig Unbekann-tes behandelt, wenn man in ihr lauter ewig diskutable Probleme und nicht gegebene Kräfte und göttliche Wirkungen sieht."[1] Ob das Problem damit schon hinreichend beantwortet ist, sei dahingestellt. Sein fundamentaltheologisches Gewicht widerspricht jedenfalls der Erwartung, eine Antwort schon seitens der Religionswissenschaft dekretieren zu können, deren wissenschaftstheoretischer Status doch selbst, wie wir sahen, mit erheblichen Schwierigkeiten verknüpft ist.

So viel ist freilich jetzt schon klar: Die Theologie würde nicht nur ihren spezifischen Gegenstand und ihre Einheit verlieren, wenn sie sich in Religionswissenschaft verwandelte, sondern auch gerade so ihr Existenzrecht an den Universitäten einbüßen. Denn der Fachbereich einer allgemeinen Religionswissenschaft oder auch enger gezogen: einer vornehmlich das Christentum religionswissenschaftlich erfor-schenden Disziplin würde bestenfalls ein Winkeldasein führen, wenn ihm die Mitverantwortung für die Sache des christlichen Glaubens und für die Ausbildung zum kirchlichen Dienst grundsätzlich ab-gesprochen würde.

3. Theologie der Religionen?

Die Parole der Umwandlung der Theologie in Religionswissen-schaft kann auch umschlagen in die Forderung der Verwandlung der Religionswissenschaft in Theologie. Hinter dem Schlagwort einer Theologie der Religionen kann sich, wie hinter jeder Formel einer

---

[1] *E. Troeltsch*, Die Absolutheit des Christentums und die Religions-geschichte, (1902) ³1929, VI.

Genitiv-Theologie, sehr Verschiedenartiges verbergen: in diesem Fall entweder der berechtigte Wunsch, das Phänomen der Religion in seiner Gesamtheit theologisch zu reflektieren und nicht etwa unbedacht zu übergehen, oder aber die zweifellos bedenkenswerte Frage, ob nicht die Theologie allererst vom Phänomen der Religion her ihre Gegenstandsbestimmung vollziehen kann, so daß eine Theologie der Religionen als theologische Fundamentaldisziplin zu postulieren wäre. Pannenberg vertritt heute diese Auffassung mit der These, daß gerade durch eine solche religionswissenschaftliche Fundierung die Theologie wieder den Charakter der Wissenschaft von Gott gewinnt[1]. Damit wird allerdings das heutige Selbstverständnis von Religionswissenschaft in einer Weise korrigiert, daß sowohl die Religionswissenschaft als auch die Theologie zu kritischen Gegenfragen herausgefordert sind. Es könnte sein, daß sie beide paradoxerweise in der gemeinsamen Bejahung ihrer tiefen Differenz einander fruchtbarer begegnen als durch jene Horizontverschmelzung.

---

[1] *W. Pannenberg*, Wissenschaftstheorie und Theologie, 1973, 316 f. 361 ff.

Fünftes Kapitel

Philosophie

I. Die Partnerschaft von Theologie und Philosophie

Verglichen mit der Theologie, ist die Religionswissenschaft eine sehr junge Erscheinung. Die Philosophie hingegen übertrifft an Alter die Theologie. Darüber hinaus stellt sie seit deren Anfängen einen integrierenden Faktor der Theologiegeschichte dar. Diese Partnerschaft von Theologie und Philosophie weist viele Modifikationen auf. Deren Skala erstreckt sich von innigster Durchdringung bis zu äußerster Feindschaft: von einer Philosophie, die sich selbst als Theologie ausgibt, bis zu einer solchen, die sich aus dem Gegensatz zur Theologie heraus versteht; von einer Theologie, die sich in Philosophie aufzulösen scheint, bis zu einer solchen, die sich von jeder Berührung mit ihr zu befreien trachtet. Dazwischen liegen in zahlreichen Kombinationen und Abstufungen die Versuche, beide in der Weise zu unterscheiden, daß sie in einer kommunikativen Beziehung zueinander bleiben.

1. Partnerschaft in geschichtlicher Hinsicht

Die zeitliche Priorität der Philosophie und die beständige Partnerschaft von Theologie und Philosophie kennzeichnen den Sachverhalt freilich nur im Hinblick auf christliche Theologie. Der Ursprung und die klassische Zeit griechischer Philosophie liegen ihr voraus und haben, vermittelt durch die hellenistische Philosophie, einen so prägenden Einfluß ausgeübt, daß christliche Theologie schon seit ihrer frühesten Ausformung einen expliziten oder impliziten Bezug zur Philosophie in sich trägt und ohne diesen gar nicht sein kann. Diese Feststellung bedarf jedoch einer doppelten Erläuterung. Sie betrifft das Wort „Theologie" und den Ursprung christlicher Theologie.

a) Die philosophische Herkunft des Wortes „Theologie"
„Theologie" ist eine philosophische Wortprägung. Sie taucht erstmals bei Platon auf[1] und meint hier wie zunächst auch noch überwiegend in der Folgezeit „Mythologie", also nicht eine philosophi-

---

[1] Pol. B 379a5 f.

sche, sondern die von der Philosophie kritisch betrachtete religiöse
Rede vom Göttlichen. Daneben verläuft zwar durch die antike
Philosophie, beginnend mit Aristoteles, auch eine Linie des Sprachgebrauchs, auf der der Begriff des „Theologischen" für die philosophische Gotteslehre in Anspruch genommen wird[1]. Doch hat sich
dieser Gebrauch erst in der späthellenistischen Philosophie, bereits
unter Rückwirkung vom Christentum her, in stärkerem Umfang
durchgesetzt. An diesem begriffsgeschichtlichen Sachverhalt ist vor
allem folgendes bemerkenswert: Die Religion des Griechentums hat
nicht in dem uns geläufigen Sinne Theologie hervorgebracht, nämlich eine denkende Rechenschaft der Religion über sich selbst. Was
an religiöser Rede von außen her und mit religionskritischem Unterton als „Theologie" bezeichnet wurde, dann aber auch sich selbst so
nannte, verblieb im Element des Mythisch-Kultischen und stellte sich
nicht von sich aus der Reflexion auf die Wahrheitsfrage. Anderseits
blieb die griechische Philosophie zwar aufs ganze gesehen trotz der
religionskritischen Impulse den äußeren Religionsformen gegenüber
loyal und auch in einem gewissen inneren Zusammenhang mit dem
Geist der überlieferten Religiosität. Jedoch vermochte die Philosophie das Göttliche nicht so zu denken, daß – analog dem Selbstverständnis christlicher Theologie – eine Übereinstimmung mit der
Religion selbst gelang. Die beiden Linien in dem antiken Sprachgebrauch sowie in der antiken Lebenswirklichkeit überhaupt, nämlich die mythische und die philosophische Theologie, klafften auseinander und sind nie zu einer wirksamen Versöhnung gelangt. Von
daher hat die Philosophie zwar die Gottesfrage in sich aufgenommen, ohne jedoch selbst unmittelbar in bestimmter Religion verwurzelt und für sie mitverantwortlich zu sein.

b) Die Rolle der Philosophie bei der Konstituierung christlicher
   Theologie

Der Ursprung christlicher Theologie deckt sich nicht mit der christlichen Rezeption dieser Vokabel. Ihr gegenüber war das frühe
Christentum bezeichnenderweise äußerst zurückhaltend, weil sie so
eng mit dem heidnisch-religiösen Verständnis verbunden war. Dagegen konnte man verhältnismäßig unbefangen den Ausdruck „Philosophie" in Anspruch nehmen, wenn auch mit der kritischen Akzentuierung „wahre Philosophie". Die griechisch sprechende Christenheit übernahm das Wort „Theologie" erst im Zuge der allgemeinen
Beerbung der überwundenen heidnischen Religion, jedoch beschränkt

---

[1] Met. E 1026a34, K 1064b3.

auf die Rede vom Wesen Gottes in Unterscheidung von der „oiko-
nomia" als der Rede von seinem heilsgeschichtlichen Handeln. In
der abendländischen Christenheit hingegen hielt das Mißtrauen
gegen das Wort Theologie noch lange an, schlug dann aber in der
Scholastik in die uns vertraute Bedeutungsausweitung um, wonach
„Theologie" das systematisch reflektierte Ganze christlicher Lehre
meint. Dabei war sowohl die auf Aristoteles zurückgehende Idee
einer „episteme theologike" als auch die ebenfalls an ihn anknüpfen-
de intensive Indienstnahme der Philosophie für die Ausgestaltung
von Theologie von wesentlichem Einfluß. Freilich, Theologie als
denkende Rechenschaft über den christlichen Glauben hatte es unabhängig von der Bezeichnungsfrage schon seit Paulus gegeben. Was
dazu befähigte und antrieb, war die Eigenart christlichen Glaubens
selbst, obschon auch jene frühesten Anfänge von hellenistischer Philosophie nicht ganz unberührt waren. Die altkirchliche Dogmengeschichte demonstriert eindrücklich, welchen Beitrag die mit der
Gnosis und den Apologeten einsetzende intensivere Auseinandersetzung mit dem philosophischen Denken zur weiteren Ausformung
und Konsolidierung christlicher Theologie geleistet hat.

c) Wandlungen der Partnerschaft

Die Partnerschaft von Theologie und Philosophie bleibt auch während der wechselvollen Geschichte bestehen, die beide miteinander
durchlaufen haben. Am nächsten liegt es, dabei an wechselseitige
Einflüsse aufeinander zu denken. Unter ihnen drängen sich zwar
philosophische Einwirkungen auf die Theologie in erster Linie auf.
Doch auch an umgekehrter Beeinflussung fehlt es nicht. Zu beachten
ist ferner ihre geschichtliche Schicksalsverflochtenheit. Obwohl ihre
gegenseitigen Beziehungen im gleichen Zeitpunkt sehr verschieden-
artig sein können, läßt sich doch im großen eine Entwicklung beobachten, in der beide Partner sowohl einander korrespondieren als
auch miteinander ihrer Zeit entsprechen. In der Zeit der alten Kirche
dominierte eher die Tendenz auf Verschmelzung von Theologie und
Philosophie, ohne daß es freilich je zur Aufhebung des Unterschiedes
kam. Für die Scholastik dagegen wurde die wachsende Unterscheidung bestimmend, ohne daß jedoch die Beziehung abbrach. Selbst
die tief einschneidende Wende, die für die Theologie durch die Reformation und für die Philosophie durch den Geist der Neuzeit eine
Art Neugeburt und eine gegenseitige Verselbständigung brachte,
hat trotz theologischen Tendenzen auf schärfste Diastase und trotz
philosophischem Gefälle zu antitheologischer Haltung die Beziehun-

gen nicht auflösen können, die von der Geschichte wie von der Sache selbst her äußerst eng geknüpft waren. Auch ohne daß man bestimmte Abhängigkeiten der einen Größe von der andern dafür haftbar machen könnte, befinden sich beide, ob einander solidarisch oder feindlich gesonnen, in der Gemeinsamkeit des Zeitgeschicks. Bildungshöhepunkte kommen meist beiden zugute. Beide erfahren Gewinn und Nachteil etwa einer weitgehenden Einheitlichkeit und Konstanz der Denkformen oder eines geistigen Pluralismus. Und auch am Verhältnis zur Wissenschaft entstehen für beide analoge Probleme.

2. Partnerschaft in sachlicher Hinsicht

Worauf beruht die enge Partnerschaft? Haben beide dasselbe Thema, das unterschiedlich zur Sprache kommt, weil sie verschieden vorgehen und nicht aus denselben Quellen schöpfen? Was man dafür an geläufigen Antworten geltend machen kann, erweist sich als zwar nicht falsch, aber auch nicht ausreichend: etwa daß eine Berührung in der Gottesfrage bestehe oder in der universalen Sinnfrage und damit in der Frage nach dem Menschen im Hinblick auf das Ganze der Wirklichkeit; sowie daß die Unterscheidung als eine solche der Instanzen von Vernunft und Offenbarung zu bestimmen sei und die Differenz dementsprechend als die von kritischer und autoritätsgebundener Einstellung. Der Versuch solcher Verhältnisbestimmung stößt auf mancherlei Schwierigkeiten, die aber ihrerseits dem Nachdenken über Gemeinsamkeit und Verschiedenheit weiterführende Anstöße geben.

a) Die Verhältnisbestimmung als Aufgabe

Das Verhältnis von Theologie und Philosophie läßt sich über sehr allgemeine und unbestimmte Züge hinaus nicht neutral und definitiv formulieren. Das liegt an der Relativität und Interdependenz der beteiligten Faktoren. Beiden ist gemeinsam, daß ihr Wesen in ihrem Vollzug zur Klärung und zur Bestimmung drängt. Was Philosophie sei, ist eine philosophische Frage fundamentaler Art, über die philosophierend entschieden wird. Desgleichen ist die Frage, was Theologie sei, fundamentaltheologischer Art. An ihrer Beantwortung zeichnet sich das jeweilige Selbstverständnis von Theologie ab. *Die* Philosophie gibt es ebenso wie *die* Theologie nur in der Bewegung und Strittigkeit des Ringens um die rechte Selbstbestimmung. Damit gerät aber die Verhältnisbestimmung erst recht unter das Gesetz der

Perspektive. Das Selbstverständnis von Philosophie verrät sich an der damit verbundenen Bestimmung des Verhältnisses zur Theologie. Auch umgekehrt – und hier noch gesteigert – expliziert sich geradezu das theologische Selbstverständnis dadurch, wie es sich zur Philosophie in Beziehung setzt. Im Verständnis, das der eine Partner vom andern hat, überlagern sich in beiden Fällen allgemeine und besondere Züge der eigenen Wesensbestimmung sowie die ihr entsprechende Einschätzung des Partners, die von dessen eigenem Selbstverständnis weit abweichen kann. Diese verschlungene hermeneutische Situation im Verhältnis von Theologie und Philosophie beruht darauf, daß hier Berührung und Differenz in bezug auf die Sache untrennbar ineinandergreifen. Darum wird die Verhältnisbestimmung für beide zu einer besonders fruchtbaren Herausforderung, sich auf die eigene Sache zu besinnen.

b) Das Interesse an der Unterscheidung

Trotz der Abgrenzungsprobleme ist das Interesse an der Unterscheidung etwas, was Philosophie und Theologie verbindet. Doch an der grundverschiedenen Ausrichtung dieses Interesses tritt zugleich die Sachdifferenz zutage.

Seitens der Philosophie wird selbstverständlich ganz überwiegend auf ein bloßes Entgegensetzen Wert gelegt, das die eigene Selbständigkeit und Überlegenheit unterstreicht, ohne daß dabei normalerweise ein positives Interesse an der Existenz von Theologie im Spiele ist. Sofern der Theologie ein spezifisch philosophisches Interesse zukommt, wird sie als ein Teilgebiet in die Philosophie einbezogen, damit aber gegen die „theologische" Theologie polemisch abgehoben, die als solche philosophisch nicht rezipierbar ist.

Seitens dieser „theologischen" Theologie hingegen besteht ein sachbedingtes Interesse an der Existenz von Philosophie. Selbst in der Zeit absoluter kultureller Vorherrschaft des Christentums und des faktischen Erlöschens selbständiger Philosophie nahm sich die Theologie der Philosophie an als einer von ihr selbst zu unterscheidenden und neben ihr sinnvollen Aufgabe. Aber auch als der Zustand kirchlich domestizierter Philosophie infolge von deren Emanzipation endete und sich wieder die Möglichkeit eines scharfen Antagonismus ergab, konnte die Theologie sogar an einer ihr feindlichen Philosophie keineswegs uninteressiert sein, unbeschadet des kritischen Verhältnisses zu ihr.

In solcher Verschiedenheit des Verhaltens zueinander kommt zum Ausdruck, daß die Philosophie auf ein einheitliches Wirklichkeitsverständnis hin tendiert, dem auch die Theologie nach Maßgabe des philosophischen Urteils eingeordnet wird. Für die Theologie hingegen ist das Wirklichkeitsverständnis dem christlichen Glauben gemäß von einer Fundamentalunterscheidung bestimmt, die der Philosophie das Recht auf Selbständigkeit neben der Theologie zuerkennt, ohne dadurch die Einstellung zur Philosophie aus der gesamttheologischen Verantwortung zu entlassen. Von der Theologie her gesehen aktualisiert sich am Verhältnis zur Philosophie die im Verständnis des Evangeliums verankerte Unterscheidung zweier „Reiche", ob man sie nun mit der Scholastik im Sinne von Natur und Gnade oder mit der reformatorischen Theologie im Sinne von Gesetz und Evangelium interpretiert. Darin ist ein Sachverhalt wirksam, der sich philosophischer Aneignung entzieht.

c) Das differente Verhältnis zur Geschichte
Der Hinweis auf den innersten Kern der Differenz trifft sich mit einer, wie es scheint, mehr auf das Äußere gehenden Beobachtung. Die Verschiedenheit von Theologie und Philosophie wird an ihrem Verhältnis zur Geschichte deutlich. Nicht daß man den Sachverhalt etwa ohne weiteres antithetisch mit Formeln wie „ewiges Gotteswort" und „vergängliches Menschenwort" oder „Gottesgelehrtheit" und „Menschenweisheit" oder „geschichtliche Offenbarung" und „zeitlose Vernunftwahrheit" hinreichend beschreiben könnte. Was daran zutreffend ist, läßt sich nur auf dem gemeinsamen Boden einer Geschichtlichkeit bestimmen, in der unbedingte Wahrheit zur Sprache drängt. Innerhalb dieses Rahmens liegt jedoch ein charakteristischer Unterschied offen zutage. Theologie ist auf eine ganz bestimmte Überlieferung bezogen und hat an der Verantwortung für den Fortgang dieses Überlieferungsgeschehens teil. Sie versteht dies freilich nicht als willkürlichen Partikularismus, sondern als Folge dessen, daß der Glaube seinen bleibenden Grund in Jesus Christus und die Geschichte in ihm ihre endgültige Bestimmung hat. Philosophisch erscheint dies als ein Absolutheitsanspruch, der mit der Offenheit der Wahrheitssuche unvereinbar ist. Theologisch kann man sich mit dieser Charakterisierung nicht zufrieden geben, ohne auf die Verschiedenheit im Wahrheitsverständnis selbst hinzuweisen und sie zu explizieren. Sie hängt mit einer weiteren Differenz zusammen. Theologie ist ihrerseits nur mittelbar Ausdruck der von ihr vertretenen Wahrheit, nämlich als explizite Reflexion auf das, was sich in Verkündigung und Gebet als dem Grundgeschehen von Kirche und christlicher Existenz ereignet. Philosophie hingegen beansprucht als

solche diejenige Gestalt zu sein, in der die Wahrheit zu ihrer höchst-
möglichen Präsenz gelangt. Was sich in Sachen der Theologie auf
ihre eigene Bemühung und auf das Wortgeschehen, dem sie dient,
verteilt, das ist in der Philosophie ununterscheidbar eines. Sie hat
darum, was ihr Verhältnis zur Theologie betrifft, durchaus nicht
allein an dieser ihr Gegenüber, vielmehr auch und in gewisser Weise
primär an der gelebten Wirklichkeit christlicher Wahrheit selbst.

II. Philosophie und Geschichte

Der Gesichtspunkt der engen Partnerschaft tritt nur unter dem Blick-
winkel des Theologen so sehr in den Vordergrund. Vom Standort
des Philosophen aus ist davon zwar gegebenenfalls auch betont,
dann freilich meist in polemischer Absicht die Rede. Weithin spielt
aber für die Philosophie der Bezug zur Theologie keine Rolle. Da
sich das Interesse der Theologie an der Philosophie jedoch keineswegs danach richtet, ob diese, wie auch immer, ausdrücklich auf die
Theologie hin ausgerichtet ist, läßt sich die Bedeutung der Philosophie für die Theologie erst dann voll ermessen, wenn man sich
vorbehaltlos, ohne Einschaltung eines theologischen Filters, auf die
Eigenart der Philosophie einläßt. Daß sich dafür primär der Geschichtsbezug als Zugang eignet, entspricht der in dieser Hinsicht
schon festgestellten Differenz beider, aber auch der Art, wie sich
Philosophie von sich aus zunächst darbietet.

1. Das Studium der Philosophiegeschichte

Die Frage, was Philosophie sei, lenkt die Aufmerksamkeit deshalb
zunächst auf die Geschichte, weil eben sie von Philosophie Kunde
gibt. Deren Erscheinung verbindet sich vornehmlich mit überragen-
den Denkern sowie mit philosophischen Richtungen, die sich entweder nach Schulhäuptern nennen oder nach ontologischen oder
methodischen Prinzipien wie Idealismus, Nominalismus, Positivismus, Strukturalismus und dergleichen. An solchen Namen oder Fir-
mierungen haftet die Erinnerung an einen Komplex von Lehraussagen, der mehr oder weniger Systemcharakter trägt und sich vornehmlich durch bestimmte Grundbegriffe dem Gedächtnis einprägt.
Das ist für den Außenstehenden der vorherrschende Eindruck von
Philosophie: eine Fülle von Denkern, Denkweisen und Gedanken,
die untereinander wirkungsgeschichtlich verflochten sind. So prä-

sentiert sich Philosophie als etwas historisch Gegebenes. Das Studium der Philosophie wird zum Studium der Philosophiegeschichte.

Der Einwand legt sich nahe, eben dadurch werde der Zugang zur Philosophie versperrt. Die Aufnahme einer Menge philosophiegeschichtlichen Memorierstoffs in das Gedächtnis ist nicht bloß mühsam, sondern scheint der Abzweckung auf philosophierendes Denken sogar eher hinderlich zu sein. Wie man sich aber auch des vermeintlichen historischen Ballasts entledigen mag, stets erzeugt man dadurch erst recht neue Schwierigkeiten. Je mehr man zugunsten eines Schwerpunkts auf allgemeines Überblickswissen verzichtet, wird man dessen gewahr, daß die Tendenz zum Minimalismus den Umgang mit der Philosophiegeschichte erst recht unergiebig macht. Das Ignorieren historischer Zusammenhänge erschwert oder verhindert gar die Vertiefung an einer einzelnen Stelle und läßt bereits deren Auswahl fragwürdig sein. Plädiert man für eine bevorzugte Beschäftigung mit zeitgenössischer Philosophie, so hat man zwar darin recht, daß deren völlige Vernachlässigung Symptom eines antiquarischen Verhältnisses zur Philosophie sein könnte, das ihrem Wesen widerspricht. Man täuscht sich aber, wenn man die Korrektur auf Kosten der Geschichte vollziehen zu können meint. Dadurch beraubt man sich der kritischen Distanz zur eigenen Gegenwart. Die Horizontverengung auf das jeweils Moderne gefährdet durch die Verführung zu unmittelbarer Übernahme die geistige Selbständigkeit, während die Zumutung, geschichtlichen Abstand wahrzunehmen und zu verarbeiten, die innere Aktivität außerordentlich zu steigern vermag und für die gegenwärtige Problemsituation desto sensibler macht. Der Wunsch, sich dem jeweils Aktuellen zu verschreiben, birgt die Gefahr in sich, um der Jagd nach dem Zeitgemäßen willen zu jener Unzeitgemäßheit untauglich zu werden, die gegebenenfalls der eigenen Zeit voraus ist. Den dafür erforderlichen langen Atem gewinnt man nur durch das Studium bewährter und dauerhafter Texte.

2. Die Geschichtlichkeit des Philosophierens

Auf das Studium der Philosophiegeschichte kann man allerdings nicht Nachdruck legen, ohne dem Problem konfrontiert zu werden, ob nicht die Einsicht in die Geschichtlichkeit des Philosophierens diesem selbst bedrohlich wird. Hat man dabei die Erkenntnis im Auge, daß Philosophie nicht einfach in einer bestimmten Lehre besteht, die man von anderen übernehmen könnte oder für andere produziert, sondern in dem je eigenen Vollzug philosophierenden Denkens, so bestärkt die Begegnung mit der Philosophiegeschichte freilich gerade in dieser Auffassung. Nur dann ist der Umgang mit philosophischen Texten diesen gemäß, wenn man sich durch sie zur eigenen Bewegung des Nachdenkens und Weiterdenkens anleiten läßt. Philosophiegeschichte wird nur philosophierend recht betrieben. Sie widersetzt sich schon durch die „Anarchie philosophischer Systeme"[1] dem Versuch, sie wie einen Steinbruch auszubeuten, um eine Philosophie zu entlehnen oder eklektisch zusammenzustückeln. Doch eben die verwirrende und widerspruchsvolle Vielfalt philosophischer Positionen und Ansprüche erweckt den Eindruck, die Philosophiegeschichte als solche widerlege, daß man von Philosophie Erkenntnis und Wahrheit erwarten könne. Anstatt sich nun aber dadurch zur Resignation treiben zu lassen, muß man sich fragen, was denn in Anbetracht der Geschichtlichkeit des Menschen unter Wahrheit zu verstehen sei und was die Geschichte des Denkens mit dem Fortgang von Wahrheitserkenntnis zu tun habe. Auch unter solcher kritischen Zuspitzung entläßt also die Philosophiegeschichte nicht aus dem Philosophieren, treibt vielmehr um so schärfer zu ihm an.

Obwohl mit der Geschichtlichkeit des Philosophierens ein Gesichtspunkt zur Sprache kommt, der am historischen Quellort der Philosophie noch nicht zum Gegenstand der Reflexion geworden war, ist doch gerade die Tatsache dieses ihres Ursprungs im Griechentum ein ausdrücklicher Beleg ihrer Geschichtlichkeit. Philosophie tritt nicht beliebig überall in der Geschichte auf. Zwar mag man in einem weiten und unbestimmten historiographischen Sprachgebrauch das Nachdenken auch in anderen Kulturkreisen über letzte Lebensfragen so bezeichnen und etwa von chinesischer und indischer Philosophie sprechen. Hegel hat sie aber wohl mit Recht am Anfang seiner Vorlesungen über die Geschichte der Philosophie als „nur ein Vorläufiges" erwähnt, „von dem wir nur sprechen, um davon Rechenschaft zu geben, warum wir uns nicht weitläufiger damit beschäftigen"[2]. Was an dem griechischen Aufbruch zu philosophierendem Denken eigentümlich ist, läßt sich der Grundhaltung nach als das Staunen bestimmen, das sich nicht autoritäts- oder wunderglläubig mit fertigen Antworten zufrieden gibt, sondern einen Mut zum radikalen Fragen auf das Ganze hin verleiht, der das eigene Nichtwissen eingesteht, aber auch die eigene rationale Einsicht als einzige überführende Instanz anerkennt und deshalb Mut zur Freiheit ist. Weil

---

[1] W. *Dilthey*, Ges.Schr. VIII, 75.78.
[2] Jub.Ausg. 17, 151.

diesem Geist, ist Philosophie in ihrer gesamten weiteren Geschichte diesem ihrem Ursprung im Griechentum verpflichtet geblieben. Darein immer wieder einzukehren, stellt eine unumgängliche Grundschulung und unerschöpfliche Quelle der Erneuerung des Philosophierens dar. Die Kontinuität kraft der Beziehung auf den Ursprung steht tiefgreifenden Wandlungen des Philosophierens nicht im Wege, wie sie am einschneidendsten durch die großen geschichtlichen Situationsveränderungen infolge der Begegnung mit dem Christentum sowie des Eintritts in die Neuzeit erfolgt sind. Unter beiden Einflüssen hat sich in verschiedener Hinsicht das Bewußtsein der Geschichtlichkeit des Philosophierens aufgedrängt und dabei die Frage, was Philosophie sei, verschärft – bis hin zu der extremen Möglichkeit, ob sie etwa gar an ihr Ende gekommen sei.

III. Philosophie und Wissenschaft

Die radikale Infragestellung von Philosophie erwuchs freilich nicht allein aus dem Problem der Geschichtlichkeit und aus der ihm entspringenden Erfahrung von Relativität – unter diesem Aspekt modifizierte sich nur die Herausforderung zur Philosophie. Entscheidend war, wie sich in der Situation der Neuzeit damit das Problem der Wissenschaftlichkeit verband, die sich in steigendem Maße zur Forderung der Exaktheit mathematisierbarer Erfahrung verdichtete. In Hinsicht auf die heutige Krise des Verständnisses von Philosophie ist darum die Frage ihres Verhältnisses zur Wissenschaft von ausschlaggebender Bedeutung.

1. Die Philosophie als Inbegriff von Wissenschaft

Die Wortbildung philo-sophia bezeichnet ursprünglich das theoretische Interesse überhaupt ohne Beschränkung auf Weisheitslehre in Unterscheidung von Wissenslehre. Den Unterschied von sapientia und scientia darf man hier nicht von vornherein einmengen. Wenn auch Platon Philosophie eng gefaßt hat als die Disziplin, die sich den Ideen als dem wahrhaft Wirklichen widmet – entsprechend dem, was Aristoteles „erste Philosophie" genannt hat –, so hat sich doch der weite aristotelische Sprachgebrauch für lange durchgesetzt, wonach Philosophie Wissenschaft überhaupt ist. Trotz gewissen Ansätzen ist es weder in der Antike noch im Mittelalter zu einer wirklichen Herauslösung und Verselbständigung von Einzelwissenschaften aus dem Gesamtverständnis von Philosophie als der Ganzheit der Weltorientierung gekommen. Die Verklammerung war durch die philosophischen Grunddisziplinen vollzogen: die Logik als Lehre von den Grundregeln der Sprache und des Denkens, die Metaphysik oder Ontologie als Lehre von den Grundprinzipien des Seienden sowie die Ethik als Lehre von den Grundlagen und Grundsätzen des Handelns.

2. *Die Emanzipation der Einzelwissenschaften von der Philosophie*

Das Verhältnis von Philosophie und Einzelwissenschaften wurde erst in der Neuzeit zum Problem. Über der Emanzipation der Philosophie selbst samt den Einzelwissenschaften von der Vormundschaft der Theologie – man denke etwa an Giordano Bruno oder Galilei – wird leicht übersehen, daß sich ein anderer Emanzipationsprozeß damit verband: die Verselbständigung der Einzelwissenschaften gegenüber der Philosophie. Der Kampf gegen die Vorherrschaft des Aristotelismus im Wissenschaftsbetrieb war dabei nur die geschichtlich bedingte erste Stufe, über die hinaus der Weg in die Emanzipation von der Philosophie überhaupt führte. Anstatt der Verankerung in einer auf das Letzte und Ganze gehenden spekulativen Erkenntnis wurde die begrenzte, aber zu weiteren Entdeckungen hin offene Erfahrung zum methodischen Prinzip, in erster Linie und in bahnbrechender Weise in den Naturwissenschaften, aber auch mutatis mutandis in den auf das spezifisch Menschliche konzentrierten Geschichtswissenschaften. Die intensiven und mit zunehmender Beschleunigung einander ablösenden philosophischen Bemühungen der Neuzeit sind weitgehend durch den Versuch bestimmt, den emanzipierten Wissenschaften gegenüber die philosophische Fragestellung zur Geltung zu bringen, die es nicht mit dem einzelnen Seienden, sondern mit dem Seienden als solchem und im ganzen zu tun hat. Dies geschah und geschieht weithin in jener Zweigleisigkeit, die das erfahrungswissenschaftliche Vorgehen spekulativ ergänzt, neben die Naturwissenschaften eine Naturphilosophie stellt, neben die Historie eine Geschichtsphilosophie, neben die Jurisprudenz eine Rechtsphilosophie, neben die experimentelle Psychologie eine philosophische Psychologie, neben die Linguistik eine Sprachphilosophie. Aber ob und wie dabei die eine für die andere von Bedeutung sein kann, die philosophische Bemühung die empirische fördert und die empirische in der philosophischen Berücksichtigung findet, erweist sich als ein dornenvolles Problem. Der Haupttrend scheint dahin zu gehen, daß immer mehr von dem, was einst in die Zuständigkeit der Philosophie zu fallen schien, zum Kompetenzbereich einer Einzelwissenschaft wird. Auch die Ethik und sogar die Logik sind auf diese Weise spezialistisch geworden. Den Kern dieser in die Krise geratenen Beziehung von Philosophie und Wissenschaft bildet die Frage der Metaphysik. Ist sie, wie dies die großen philosophischen Systeme des achtzehnten und beginnenden neunzehnten Jahrhunderts noch überwiegend vertraten, in modernisierter Gestalt zur grundlegenden Wissenschaftslehre auszubauen? Oder ist ihr Ende gekommen, indem ihre Sätze, gemessen an einem strengen Sinnkriterium, sogar als sinnlos zu bezeichnen sind? Oder ist sie paradoxerweise als der undurchschaute Hintergrund der technischen Denkweise der Neuzeit nun erst in bedenklicher Weise virulent geworden?

3. Das Problem der Wissenschaftlichkeit der Philosophie

Das Verhältnis zur Wissenschaft ist für die Philosophie zur Schicksalsfrage geworden. Sie weiß sich selbst dazu angehalten, alle Wirklichkeitserkenntnis zumindest potentiell einzubeziehen, und darf sich deshalb auch nicht etwa unter Außerachtlassung der Naturwissenschaften in einem geisteswissenschaftlichen Reduit verschanzen. Abgesehen von der bildungsmäßigen Bewältigung solcher Aufgabe macht besonders zu schaffen, daß die Philosophie ihr Daseinsrecht einzubüßen scheint, wenn sie nicht auch ihrerseits für die Wissenschaften selbst relevant wird. Angesichts dieser Schwierigkeiten gehen die Tendenzen diametral auseinander. Philosophie verzichtet entweder von sich aus auf den Anspruch, selber Wissenschaft zu sein, und bescheidet sich mit der ergänzenden Rolle einer Weltanschauungslehre, welche die traditionellen philosophischen Grundprobleme, insbesondere das des Sinnganzen und der Transzendenz, in sich aufnimmt. Oder die Philosophie wird auf Wissenschaftstheorie und Sprachanalyse reduziert, wobei sie ihre eigene Wissenschaftlichkeit mit dem Verzicht auf die kritische Befragung des herrschenden Wissenschaftsverständnisses zu bezahlen und den Zusammenhang mit ihrer eigenen Denkgeschichte zu verlieren droht. Allerdings dürfte faktisch gerade durch den philosophisch so fraglich scheinenden Pluralismus des Denkens die Chance geboten sein, daß gegen Vereinseitigung, Engführung und Verkümmerung philosophischer Thematik Gegenbewegungen entstehen, die in umfassender Weise auf die Grundlagenprobleme Bezug nehmen, wie sie in den Einzelwissenschaften selbst aufbrechen. Man darf sich aber keinen Illusionen darüber hingeben, daß die Situation der Philosophie auf absehbare Zeit überaus schwierig und strittig sein wird.

IV. Der Gebrauch der Philosophie in der Theologie

Die skizzierte Situation wirkt sich auf den Umgang des Theologen mit der Philosophie aufs ganze gesehen außerordentlich erschwerend aus. Zwar sind im Verhältnis sowohl zur Geschichte wie zur Wissenschaft gemeinsame Gefährdungen in den Blick gekommen, die durch das Bewußtsein verbindender Aufgaben eine Annäherung aneinander zur Folge haben können und z. T. auch tatsächlich bewirkt haben. Solche Entwicklungen sollte man nicht als rein taktischer Art abtun. Die vorherrschende Tendenz gegenwärtiger Philosophie deutet freilich eher auf eine Verschärfung des Gegensatzes zu einer Entfremdung, welche die Möglichkeit eines Gesprächs beeinträchtigt, wenn nicht überhaupt hoffnungslos macht. Man muß sich aber darüber im klaren sein, daß auch innerhalb der heutigen Philosophie die Verständigungsaporien, verstärkt durch den Pluralismus und das Spezialistentum, beträchtlich sind. Wieviel mehr trifft dies den Theologen, der nun einmal in den seltensten Fällen zugleich Fachphilosoph im vollen Sinne sein kann. Trotz allem wäre die Theologie schlecht beraten, würde sie ihr bisheriges Partnerverhältnis zur Philosophie zugunsten aktuellerer Erscheinungen vernachlässigen oder ganz aufgeben. Die angedeuteten Schwierigkeiten, die an der Philosophie in Erscheinung treten, sind Situationssymptome, denen die Theologie nur zu ihrem eigenen Schaden ausweicht.

1. Philosophierender Umgang mit Philosophie

Ein Theologe muß in gewisser Weise auch Philosoph sein. Er darf sich nicht mit einer bloß memorierenden oder imitierenden Übernahme begnügen. Blinde Abhängigkeit von bestimmter Philosophie ist kaum die Folge eines zu gründlichen Philosophiestudiums, eher ein Anzeichen des Gegenteils. Die Beschäftigung mit Philosophie sollte den Theologen auf jeden Fall vor einer unguten und unkontrollierten Abhängigkeit bewahren. Darum hat er sich auch von einer prinzipiell antithetischen Einstellung freizuhalten, die sich nicht auf ein philosophierendes Denken einzulassen bereit ist. Gerade auch dann, wenn es auf kritische Auseinandersetzung mit der

Philosophie ankommt, bedarf es primär innerphilosophischer Kritik. Es ist dringend davor zu warnen, vorschnell die Sache der Theologie als solche gegen die Philosophie in die Waagschale zu werfen, anstatt sich mit Geduld an dem Ringen um die Vernünftigkeit der Vernunft zu beteiligen. Stellt man die erwähnten Schwierigkeiten in Rechnung, wie sie für den Theologen aus der gegenwärtigen Situation für den Umgang mit der Philosophie erwachsen, so wird es sich, unbeschadet der diesbezüglichen Aufgaben einer Studienreform, immer noch am meisten empfehlen, der Vertiefung in klassische philosophische Texte den Vorrang zu geben. So kann man sich am ehesten die Fähigkeit erwerben, sich mit andersartiger Philosophie auseinanderzusetzen, und wird insbesondere dann nicht im Stich gelassen, wenn es gilt, sich in neuer und verwirrender Problemsituation ein nüchternes Urteilsvermögen zu wahren.

2. Disziplinierung des Denkens

Versucht man die Funktion auf eine Formel zu bringen, die dem Umgang mit der Philosophie in der Theologie zukommt, so genügt der Gesichtspunkt eines rein formalen und instrumentalen Gebrauchs philosophischer Vernunft zweifellos nicht. Gewiß ist auf die unentbehrliche Disziplinierung des Denkens in formaler Hinsicht Gewicht zu legen, wenn Theologie die Aufgabe reflektierenden Denkens ernst nimmt. Hierher gehört vor allem ein sorgfältiger Umgang mit der Sprache, der Begriffsbildung und Gedankenverknüpfung, sowie ein selbstkritisches Methodenbewußtsein. Doch durchdringen der formale und der materiale Aspekt des Denkens einander aufs engste. Das Denken des Theologen muß auch gerade in der Hinsicht diszipliniert werden, daß es um die Treffsicherheit in der Begegnung mit dem allgemein zumutbaren Wahrheitsbewußtsein bemüht ist. Die Vorstellung von einem dabei zu eruierenden allgemeingültigen philosophischen Unterbau der Theologie enthält zwar auch einen richtigen Gesichtspunkt, vereinfacht aber die Problematik der Verständigungsmöglichkeit über Fragen von letzter Tragweite in unzulässiger Weise und verschleiert die hier nie zu eliminierende Strittigkeit. Dennoch ist es für verantwortende Rechenschaft über den Glauben im Gespräch mit den Stimmen des Zweifels und Unglaubens, wie sie auch in dem Theologen selbst laut werden, unerläßlich, von der Vernunft den strengen Gebrauch zu machen, der weder ihre Auslieferung an den Unglauben noch die Verwechslung mit dem Glauben zuläßt, – denn gerade auch das muß aller-

erst deutlich werden, worin Glaube und Vernunft toto coelo voneinander verschieden sind. In beider Hinsicht kommt deshalb dem
Gebrauch der Philosophie in der Theologie in Auseinandersetzung
mit dem Gewohnten auch immer ein theologiekritisches Moment
zu.

3. Konfrontation mit dem Geist der Zeit

Wenn Philosophie von Hegel mit Recht als „ihre Zeit in Gedanken
gefaßt" bestimmt worden ist[1], dann muß der Theologie an der
Konfrontation mit der Wirklichkeit in deren jeweils prononcierte-
ster Interpretation gelegen sein, um der fides quaerens intellectum
gegebenenfalls unter den widerständigsten Bedingungen Raum zu
geben. Sollte die Philosophie in ihrer faktischen Erscheinung dieser
ihrer Aufgabe nicht genügen, so könnte sich Theologie nicht von
der Mitverantwortung in dieser Hinsicht dispensieren. Sollte aber
die Philosophie in ihrer faktischen Erscheinung allzu eilfertig und
undistanziert ihre Zeit repräsentieren – sei es, daß das auf die
Gottesfrage hin ausgerichtete Menschenverständnis verzerrt erfaßt
ist, sei es, daß es überhaupt verdeckt und dem Vergessen anheim gegeben wird –, so könnte Theologie erst recht nicht umhin, damit
auch philosophisch in Streit zu geraten. Solange freilich Philosophie
mit ihrer eigenen Herkunft im Gesprächskontakt bleibt – und ohne
dies würde sie ohnehin ihren Charakter als Philosophie preisgeben –,
behält die Theologie an ihr einen Partner, mit dem im Gespräch
zu sein, auf jeden Fall, so oder so, zur Förderung der Wahrheit
dienen muß.

---

[1] Jub. Ausg. 7, 35.

Sechstes Kapitel

Kirchengeschichte

I. Die Verlegenheit gegenüber der Kirchengeschichte

Daß die nahezu zweitausendjährige Kirchengeschichte – ein historischer Komplex von einzigartiger Weite und Vielschichtigkeit – Gegenstand wissenschaftlicher Erforschung und Darstellung sein muß, ist selbstverständlich. Was dies freilich neben den biblischen und systematisch-praktischen Disziplinen in theologischer Hinsicht notwendig sein läßt, ist nicht ohne weiteres ersichtlich. In der theologischen Verlegenheit gegenüber dem Fach der Kirchenhistorie verrät sich eine tiefe Verlegenheit angesichts der Geschichte der Kirche selbst. In dieses Bild scheint sich die Tatsache zu fügen, daß von den Theologen gewöhnlich noch am ehesten der Kirchenhistoriker allgemeine wissenschaftliche Reputation genießt und daß zuweilen solche, die mit der Theologie nicht zurechtkommen, hier ein neutrales Refugium suchen.

Zunächst sind es freilich Schwierigkeiten vorwiegend äußerer Art, die das Verhältnis zur Kirchengeschichte belasten. Die unübersehbare Fülle des Stoffs entmutigt. Mit eigenem Quellenstudium und der Berücksichtigung des neuesten Standes der Forschung kommt man hier nicht weit. Selbst die professionellen Kirchenhistoriker kapitulieren mehr und mehr vor der Zumutung, für den Gesamtverlauf zuständig zu sein, und beschränken sich auf Teilgebiete. Der Studierende neigt begreiflicherweise von vornherein zur Resignation und behilft sich mit einem mageren Kompendium. Je trockener und spröder die auf Namen, Daten und Fakten reduzierte Materie wird, desto mühsamer und hoffnungsloser wird freilich der Versuch, sie sich anzueignen. Das Unbehagen steigert sich infolge einer ohnehin antihistorischen Einstellung, die das unmittelbare Gegenwartsinteresse und die praktische Verwertbarkeit als optisches Filter vorschaltet, so daß man kaum etwas als belangvoll empfindet und sich allenfalls nur Vorurteile bestätigen läßt. In dem Maße, wie sich die geschichtlichen Konturen verwischen, verbreitet sich der langweilende Eindruck, im Grunde sei alles gleichartig und entsprechend gleichgültig. Goethes Verse sind einem dann aus dem Herzen gesprochen:

„Sag', was enthält die Kirchengeschichte?
Sie wird mir in Gedanken zunichte;
Es gibt unendlich viel zu lesen,
Was ist denn aber das alles gewesen?"
Zwei Gegner sind es, die sich boxen,
Die Arianer und die Orthodoxen.
Durch viele Säkla dasselbe geschicht,
Es dauert bis an das Jüngste Gericht [1].

Und auch jenes andere Dictum Goethes macht man sich mit billigem Behagen zu eigen: „Es ist die ganze Kirchengeschichte Mischmasch von Irrtum und Gewalt." [2] Die Kirchengeschichte als Skandalgeschichte wird zu einem beliebten Arsenal einer Kirchen- und Christentumskritik, die in doppelter Hinsicht auf historische Unkenntnis spekuliert: durch vermeintliche Enthüllungen verblüfft und dadurch zugleich den tendenziösen Umgang mit dem Material verschleiert. Pamphlete solcher Art fordern wider Willen zu intensiverem Studium der Kirchengeschichte auf.

Dem widerstreben nun aber vielfach Hemmungen theologischer Art. Je nach kirchlichem Standort werden bestimmte Bereiche und Aspekte dem kritischen Urteil entzogen. Oder man empfindet die gesamte Kirchengeschichte bis auf wenige Ausnahmen als eine Geschichte des Abfalls von der ursprünglichen Reinheit und Einheit der Kirche. Das kann zwar Interesse in polemischer Absicht wecken. Doch stillt der Anblick von Deformation nicht das Verlangen nach der Norm. Er bestärkt nur in dem grundsätzlichen Mißtrauen, daß die Verwickelung in die Welt das wesenhaft Christliche beeinträchtige. Dessen Vergeschichtlichung erscheint unausweichlich als Quelle der Verweltlichung.

Damit trifft die Frage nach der Kirchengeschichte allerdings ein theologisches Kernproblem. Dessen verschiedene Deutungen entsprechen typischen Möglichkeiten christlichen Grundverständnisses, die sich in der Geschichte der Kirchengeschichtsauffassung Ausdruck verschafft haben. Die Besinnung auf das Verständnis von Kirchengeschichte gerät darum notwendig in deren eigene Bewegung hinein.

---

[1] Sprüche Nr. 176; in: *Goethes* Werke, Hamb. Ausg. Bd. 1, hrsg. v. *E. Trunz*, ⁹1969, 333 f.
[2] Sprüche Nr. 178, ebda. 334.

II. Konfessionelle Kirchengeschichtsauffassung

Die Bezeichnung „konfessionell" ist hier in weitem Sinne gemeint: nicht wie üblich beschränkt auf die Konfessionskirchen, wie sie seit dem sechzehnten Jahrhundert bestehen, sondern, diese Bedeutung allerdings einschließend, gerade auch auf diejenigen Auffassungen mit ausgedehnt, die sich mit konfessionskritischer Tendenz zum Christentum bekennen und dies im Hinblick auf die Kirchengeschichte in ihrer Weise ebenfalls konfessorisch zum Ausdruck bringen.

1. Die klassische katholische Kirchengeschichtsauffassung

Euseb von Cäsarea verfaßte zur Zeit der konstantinischen Wende die berühmte „historia ekklesiastike". Der tiefe kirchengeschichtliche Umbruch jener Zeit hat dazu provoziert und sich sogar in den verschiedenen Etappen der Entstehungsgeschichte dieses Werkes abgezeichnet. Von der lukanischen Apostelgeschichte abgesehen, ist es das erste Unternehmen dieser Art. Bis zum Ende des Mittelalters blieb es auch für die ersten drei Jahrhunderte die maßgebende Darstellung, die durch spätere Historiographen nur exzerpiert und für die weiteren Jahrhunderte ergänzt wurde. Und auch dafür war Euseb wegweisend. Obschon unter den Bedingungen der frühkatholischen Kirche, hatte er doch den klassischen Typ katholischer Kirchengeschichtsauffassung überhaupt geschaffen. Drei Grundzüge seien aufs knappste hervorgehoben.

a) Fortsetzung der Inkarnation
Die Kirche ist – in Fortsetzung der Inkarnation – eine übernatürliche Wirklichkeit in Welt und Geschichte. Durch die apostolische Sukzession ist sie ihrer Kontinuität nach identifizierbar und gesichert. Der entsprechende Nachweis für die großen Bischofssitze ist darum ein Hauptanliegen der Darstellung.

b) Umspült von geschichtlichem Wandel
So real die Kirche in der Geschichte existiert, ist sie doch ihrem Wesen nach aller geschichtlichen Veränderung entzogen und überlegen. Weder als Institution noch hinsichtlich ihres Dogmas unterliegt sie einem Wandel. Was über sie geschichtlich zu berichten ist, bezieht sich allein auf die Vorgänge, die sich um sie herum abspielen und von außen her auf sie eindringen: die Verfolgungen, denen die Märtyrer widerstehen, und die Häresien, gegen deren Neuerungen

die kirchlichen Lehrer die alte unveränderliche Wahrheit zur Geltung bringen.

c) Eschatologischer Kampfplatz

Nicht menschliche Aktionen bestimmen darum letztlich die Geschichte. In ihr vollzieht sich vielmehr ein Kampf zwischen göttlichen und satanischen Mächten. Darum kann eine nuancierende Beurteilung nicht erwartet werden. Und über den Ausgang der Geschichte kann kein Zweifel sein. Der Sieg der Kirche unter Konstantin gewinnt eschatologische Dignität und läßt das Telos der Kirchengeschichte überhaupt sichtbar werden.

Diese Charakterisierung des Typischen darf freilich zweierlei nicht vergessen lassen: die trotz allem hohe historische Qualität des Werkes Eusebs sowie eine Modifikation gerade auch des Typischen bei der Fortbildung zum römisch-katholischen Kirchengeschichtsverständnis. In ihm garantiert letztlich das Papsttum die kirchliche Identität. Und der Traditionsbegriff nimmt den Entwicklungsgedanken in sich auf. Mit dieser Einschränkung bleibt jedoch die Grundstruktur im wesentlichen die gleiche.

2. Die altprotestantische Kirchengeschichtsauffassung

Der Gegensatz, in den die Reformation zur römischen Kirche trat, erstreckte sich notwendig auch auf das Verständnis der Kirchengeschichte. Der dogmatische Anspruch der Papstkirche implizierte eine historische Behauptung: als Institution reiche sie ihrer Substanz nach in ungebrochener Kontinuität auf Petrus zurück als durch Jesus Christus selbst gestiftet. Das nötigte zunächst zu einer Auseinandersetzung über die Auslegung von Matth 16. Indem jedoch das Papsttum für antichristlich erklärt wurde, bedurfte es zu seiner Bekämpfung auch kirchengeschichtlicher Argumentation: wann dessen universaler Primatanspruch entstanden sei und wodurch sich die Verfälschung kirchlicher Lehre vollzogen habe. Luther hatte sich deshalb anläßlich der Leipziger Disputation zu kirchengeschichtlichen Studien veranlaßt gesehen. Und auf dem Höhepunkt der konfessionellen Auseinandersetzungen entstand das großangelegte Werk der Magdeburger Centurien, eine durch den Lutheraner Matthias Flacius Illyricus inspirierte und geleitete Teamarbeit, die den nun ungeheuer angeschwollenen Stoff nach Jahrhunderten ordnete. Ich beschränke mich wieder auf die charakteristische Sicht des Ganzen.

a) Kontroverstheologisches Interesse

Das Interesse an der Kirchengeschichte ist nun primär ein kritisches, und zwar ausschließlich im Dienst und in den Grenzen kontrovers-theologischer Polemik. Es gilt, die tiefe Kluft zwischen dem Ursprung und der weiteren Geschichte der Kirche aufzuweisen. Ihr Wesen hat sich dabei geradezu in das Gegenteil verkehrt, in den Herrschaftsbereich des Antichrist. Die wertenden Urteile verhalten sich darum antithetisch zu dem bisherigen Kirchengeschichtsbild.

b) Wechsel von Deformation und Reformation

Die Kirchengeschichte stellt sich, aufs ganze gesehen, als eine Geschichte des Abfalls dar, zunächst von der Vollkommenheit ihres Ursprungs, sodann erneut von der Reformation. In ihr war nach ägyptischer Finsternis das Licht des Evangeliums wieder aufgegangen, blieb jedoch nicht lange ungetrübt und unverfälscht, wie die innerprotestantischen Auseinandersetzungen zeigen. Im Blick auf die Hauptsache kann hier von geschichtlicher Entwicklung ebensowenig die Rede sein wie in der frühkatholischen Auffassung.

c) Dualistisches Geschichtsverständnis

Die Grundstruktur ist also nicht weniger dualistisch als im Kirchengeschichtsbild Eusebs. Auch nach altprotestantischer Auffassung kämpfen in der Kirchengeschichte Gott und Satan, Christus und der Antichrist miteinander. Dieser Sachverhalt ist dadurch noch verschärft, daß die kirchengeschichtliche Kontinuität nun zwar nicht preisgegeben, jedoch als tief verborgen verstanden ist. Außer durch die Taufe kommt sie nur noch durch die unscheinbare Kette der testes veritatis, der Repräsentanten der reinen Lehre, zur Darstellung.

3. Die pietistische Kirchengeschichtsauffassung

In bezug auf das Kirchengeschichtsverständnis stellte sich der Pietismus – cum grano salis – gleichermaßen zur katholischen wie zur altprotestantischen Auffassung in Gegensatz. Das epochemachende Werk von Gottfried Arnold mit dem programmatischen Titel „Unparteiische Kirchen- und Ketzerhistorie von Anfang des Neuen Testaments bis 1688" versteht „unparteiisch" als „unkonfessionell" in dem Sinne: nicht einer der beiden großen Kirchenparteien, sondern allein Christus verpflichtet. Verständnis und Durchführung dieser Intention sind in ihrer Weise freilich ebenfalls konfessionell und nicht minder parteiisch.

a) Dekadenzgeschichte

Auch hier wird die Kirchengeschichte unter dem Gesichtspunkt des
Abfalls von der Wahrheit als Fehlentwicklung beurteilt, aber noch
weitergehend als in der altprotestantischen Konzeption. Zwar steht
die frühchristliche Zeit der ersten zwei Jahrhunderte weiterhin in
strahlendem Licht. Doch schon bald, viel zeitiger als nach reformatorischem Urteil, setzt die Wende zum Schlechten ein. Und unbeschadet dessen, was man der Reformation dankt, wird auch über sie
kritisch geurteilt: etwa über Luthers spätere Streitsucht und seinen
Rückfall hinter gewisse Ausgangspositionen oder über Melanchthons
erneutes Einmischen von Philosophie in die Theologie.

b) Verweltlichung des Christentums

Die Ursachen der Fehlentwicklung liegen nicht in häretischen Lehr-
abweichungen oder in Mißbrauch und Verkehrung kirchlicher Einrichtungen, sondern im Dogmatismus der formierten reinen Lehre
sowie in der Institution einer Amtskirche. Beides ist Symptom einer
Verweltlichung, die ihren verderblichsten Ausdruck in der konstantinischen Wende gefunden hat. Die wahre Kirche ist allein bei den
Wiedergeborenen. Das wahre Christentum besteht nicht in Dogmen
und Institutionen, sondern in lebendiger persönlicher Frömmigkeit.

c) Spiritualistische Nivellierung der Geschichte

Dieses lebendige Christentum bildet eine Einheit quer durch die
kirchlichen Fronten und bedarf keiner nachweisbaren Kontinuität.
Vornehmlich unter den sogenannten Häretikern, die von den offi-
ziellen Kirchen unterdrückt wurden, sei es anzutreffen, betont Arnold mit provozierender Einseitigkeit. Das Entscheidende an der
Kirchengeschichte entweicht aus der Geschichte in das Subjektive und
Spiritualistische. Der Inhalt der großen kirchlichen und dogmatischen Auseinandersetzungen verliert ganz an Interesse zugunsten
einer monotonen Kritik an aller objektiven geschichtlichen Gestalt-
werdung des Christentums. Die Kirchengeschichte hat nicht die Bewegung eines Dramas, sondern ist gewissermaßen eine ständig auf
der Stelle tretende Handlung. Arnold selbst formuliert es so: „Es
sind andere Personen und doch einerlei Aufzüge."[1] Unter dem Eindruck dieses Kirchengeschichtsbildes entstanden Goethes eingangs
zitierte Äußerungen.

---

[1] *Gottfried Arnolds* unpartheyische Kirchen- und Ketzer-Historien . . .,
(1699)1740, Bd. 1, 359.

4. Die idealistische Kirchengeschichtsauffassung

Als letzter Typ sei der idealistische erwähnt, den F. Chr. Baur eindrücklich repräsentiert. Auch hier von konfessioneller Geschichtsbetrachtung zu reden, erscheint besonders problematisch, da in seiner
philosophisch beeinflußten Sicht allen Erscheinungen gleichermaßen
Gerechtigkeit widerfahren soll. Doch trifft jene Kennzeichnung in
einem neuen Sinne durchaus zu. Anders als im Altprotestantismus,
aber doch auch wieder in Übereinstimmung mit ihm, ist es eine
betont protestantische Auffassung, für die der Schlüssel zum Gesamtverständnis der Kirchengeschichte in der Reformation liegt.

a) Notwendige Gesamtentwicklung
Im Unterschied zu den starren Geschichtsbildern, in denen fertige
und unveränderliche Größen – die Kirche, die reine Lehre, die
Frömmigkeit – nur von den Wellen der Zeit umtobt werden, will
Baur das Wesentliche der Kirchengeschichte selbst in und als Bewegung erfassen. Anstatt bloß Einzelmaterial zu sammeln und zu
begrenzten Vorgängen pragmatische Erklärungen zu liefern, gilt es
nun, den Zusammenhang des Ganzen als in sich notwendig zu begreifen.

b) Die Selbstbewegung der Idee der Kirche
Im Anschluß an Hegel erwächst ihm das Verständnis der Geschichts-
bewegung aus der Unterscheidung zwischen Idee und Erscheinung.
Die in der Selbstverwirklichung begriffene Idee ist das Movens geschichtlicher Veränderung. Auch das, was als verkehrt erscheint, hat
als notwendige Durchgangsstufe seine sinnvolle Funktion. Und was
als wahr zu begrüßen ist, muß auf die Bedingungen seiner Entwicklung hin relativiert werden. Im Falle der Kirchengeschichte ist dieses
Bewegende die Idee der Kirche selbst. Sie ist wiederum nichts anderes als die christologische Idee der Einheit Gottes und des Menschen.

c) Periodisierung
So ergibt sich für Baur aus der Sache des Christentums die Periodisierung der gesamten Kirchengeschichte, wie er sich denn auch als
erster grundsätzlich auf die Epochen kirchlicher Geschichtsschreibung
besonnen hat. Im Gegensatz zum pietistischen Subjektivismus sind
die Hauptformen, in denen sich die Idee der Kirche realisiert, Dogma und Verfassung als Gestalten des objektiven Geistes. Der wesentliche Inhalt der Kirchengeschichte der ersten sechs Jahrhunderte ist

die Ausbildung des Christus-Dogmas, während das Mittelalter auf die Ausbildung des Papsttums konzentriert ist. Diese Realisierung der Idee mußte jedoch, weil zu sehr ins Materielle hinein veräußerlicht, wieder aufgelöst und ins Geistige übersetzt werden. Die entscheidende Kehre ereignet sich in der Reformation. Von ihr aus vollzog sich dieser Abbau und Neubau wiederum in zwei Perioden: zunächst in bezug auf die Kirchenverfassung und dann vom achtzehnten Jahrhundert an auch in bezug auf das Dogma. In der Freiheit des Subjekts und der Autonomie des Staates – das klingt für uns befremdend – kommt die christliche Idee zu wahrer Verwirklichung. Ähnlich wie bei Euseb wird die Gegenwart zum eschatologischen Telos der Kirchengeschichte. „Eins mit Gott und ebendamit seiner Seligkeit gewiß kann sich demnach der Mensch auf dem Standpunkt des protestantischen Princips nur wissen, wenn er sich auch in sich selbst frei weiß, und sich im Staat in die Sphäre einer vom Absolutismus der Kirche freien Existenz hineingestellt sieht." [1]

III. Kirchengeschichte und allgemeine Geschichtswissenschaft

Sofern Theologie als Wissenschaft verstanden wird, befindet sie sich in jeder ihrer Disziplinen in engster Nachbarschaft zu anderen Wissenschaften. Die methodische Gemeinsamkeit mit ihnen tritt infolgedessen in Spannung zu dem, was das Besondere einer theologischen Disziplin ausmacht. Dieser Konflikt wird begreiflicherweise in denjenigen Fächern besonders brisant, denen für die Theologie eine wie auch immer zu verstehende normative Funktion zukommt: den biblischen und systematisch-praktischen. Hier wird die Konkurrenz sogenannter profaner Wissenschaften – der historisch-kritisch betriebenen Altertumswissenschaften und der Religionsgeschichte sowie der Philosophie und der Humanwissenschaften – höchst empfindlich registriert. Die Problematik wird anderseits dadurch allerdings auch leicht verdeckt, daß jene Disziplinen schon allein dank ihrem Stoff anscheinend unbestrittene Reservate der Theologie innehaben. Im Falle der Kirchengeschichte liegt es jedoch anders. Hier besteht schon rein stofflich eine so enge Verknotung mit der allgemeinen Geschichtswissenschaft, daß die Vorstellung alleiniger Zuständigkeit der Theologie gar nicht aufkommen kann. Zudem

---

[1] *F. Chr. Baur*, Die Epochen der kirchlichen Geschichtsschreibung, 1852, Neudruck 1962, 258 f.

fördern gegebenenfalls gerade theologische Motive – wie an der Reformation und dem Pietismus deutlich wurde – eine kritische Kirchengeschichtsforschung. Deren frühestes Alarmsignal war der durch den Humanisten Laurentius Valla erbrachte Nachweis, daß es sich bei der Konstantinischen Schenkung um eine ungemein geschichtswirksame Geschichtsfälschung handele. Als dann später die Dogmengeschichte, die Kanonsgeschichte und sogar die Ursprungsgeschichte der Kirche dem historisch-kritischen Zugriff preisgegeben waren, gab dies zwar auch der protestantischen Theologie unbequeme Probleme auf. Dennoch setzte sich in ihr die Auffassung unbestritten durch, daß Kirchengeschichte genau so zu betreiben sei wie Geschichtswissenschaft überhaupt. Damit verschärfte sich freilich die Frage, was es mit der theologischen Bedeutung der Kirchengeschichte auf sich habe.

1. Die Einheit der Methode

Der Begriff der Profangeschichte ist hinfällig geworden, sofern darunter die zurückhaltende Selbstbegrenzung einer Geschichtswissenschaft zu verstehen ist, die einer historia sacra um deren besonderer Seinsweise willen eine methodische Sonderbehandlung konzediert. Die Kirchengeschichte selbst unterliegt nun uneingeschränkt sozusagen profangeschichtlicher Betrachtung. Vereinfachend könnte man sagen: einer Behandlung nach den Regeln des gesunden Menschenverstandes. Mit Ernst Troeltsch formuliert: nach den Grundsätzen der Kritik, Analogie und Korrelation[1]. Das heißt: Hier gelten keine autoritativen Vorurteile, keine prinzipiellen Ausnahmen, keine Beschränkungen geschichtlicher Wechselwirkung. Man muß sich freilich darüber klar sein, daß sich diese eine historische Methode in Anpassung an den Sachverhalt ungemein differenziert und daß in ihrem Gefolge die Probleme des Umgangs mit Geschichte allererst ins Bewußtsein treten. Durch die Gleichschaltung mit Geschichtswissenschaft überhaupt gewinnen auch für die Kirchengeschichte all die Probleme Virulenz, die im Verhältnis zur Geschichte überhaupt aufbrechen: Sinn und Grenzen der Forderung von Voraussetzungslosigkeit und Objektivität, die Bedeutung und Unentbehrlichkeit des subjektiven Interesses, die Unerschöpflichkeit historischer Interpretation, die Mehrdeutigkeit des eigentlichen Movens von Geschichte, die Frage nach der Eigenart spezifisch geschichtlichen Zusammen-

---

[1] *E. Troeltsch*, Über historische und dogmatische Methode in der Theologie, in: *ders.*, Ges.Schr. Bd. 2, ²1922, Neudruck 1962, (729–753) 731.

hangs sowie nach dem Verhältnis zwischen erkennbarem Fragment und verborgenem Ganzen und was dergleichen hermeneutischer und geschichtsphilosophischer Probleme mehr ist.

2. Die Besonderheit des Gegenstandes

Der Einfügung in die allgemeine Geschichtswissenschaft widerspricht nicht das Bemühen, durch eine angemessene Gegenstandsbestimmung die Besonderheit der Kirchengeschichte zu erfassen. Zu entsprechenden Überlegungen nötigt jeder Bereich der Geschichtswissenschaft. Man darf hier freilich nicht vorschnell die Unterscheidung von „allgemein" und „speziell" anwenden. Die dafür maßgebenden Aspekte überschneiden sich. Jede Geschichtsbetrachtung hält sich an Ausschnitte. Auch was man die allgemeine Geschichte nennt, ist durch die Bevorzugung partieller Hinsichten (gewöhnlich des Politischen) bestimmt. Es gibt kein absolutes Einteilungsschema der Gesamtgeschichte in Teilbereiche. Die Kirchengeschichte zeichnet sich nicht nur durch ihre chronologische und globale Erstreckung, sondern vor allem auch durch eine ungewöhnliche Integration aller nur denkbaren Dimensionen geschichtlicher Wirklichkeit aus. Sie stellt einen unvergleichlichen Geschichtskosmos dar, dem ein auf Universalität hindrängendes Prinzip innewohnt, wie dies sonst nirgends in der Geschichte anzutreffen ist.

Mit der Weite des kirchengeschichtlichen Materialbereichs, in dem sich die verschiedensten Geschichtsinteressen – politischer oder kultureller, geistesgeschichtlicher oder wirtschaftlicher Art – mit dem theologischen Interesse kreuzen, ist aber noch nicht die spezifische Fragehinsicht bestimmt, welche die Kirchengeschichte als solche konstituiert. Der offensichtlichen Orientierungsschwierigkeit, die der Kirchenbegriff bereitet, wird durch den Ausdruck „Christentumsgeschichte" einerseits zu Recht Rechnung getragen, anderseits vorschnell ausgewichen, wenn dabei der Sozialisierungsaspekt zu kurz kommt. In beiden Versionen bleibt sich dennoch der Grundsachverhalt gleich: Die geschichtliche Mannigfaltigkeit und Strittigkeit von Kirche oder des Christlichen überhaupt haben in dem Lebensverhältnis zu Jesus Christus als dem Ursprung von Kirche und dem Grund des Glaubens den gemeinsamen Bezugspunkt. In dieser geschichtlichen Konzentrizität und der in ihr begründeten geschichtlichen Exzentrizität ist ein Hinweis auf die spezifische Fragehinsicht der Kirchengeschichte gegeben. Das ist am Sachverhalt selbst abgelesen, also eine geschichtswissenschaftliche Feststellung, nicht eine willkürlich herangetragene dogmatische Behauptung. Mit dieser Beschreibung allgemeiner Art ist bereits der entscheidende theologische Blickpunkt angegeben, der auch in allen Teilhinsichten, unter denen die Kirchengeschichte in Betracht kommen kann, die Perspektive bestimmen muß, wenn das Grundthema der Kirchengeschichte festgehalten werden soll: also vornehmlich in der Dogmen- und Theologiegeschichte (deren Abgrenzung gegeneinander besonderer Erörterung bedürfte) oder der Konfessionskunde und Ökumenik. Hält man sich an das, was sich für das Ganze als konstitutiv ergibt, so gilt, daß an der Kirchengeschichte keineswegs – oder gar etwa nur – in erster Linie die Theologie theologisch bedeutsam ist.

3. Die Gelenkstellen der Kirchengeschichte

Das Gesamtverständnis der Kirchengeschichte muß sich an der Erfassung der entscheidenden Gelenkstellen bewähren. Was den Anfang der Kirchengeschichte betrifft, ist es unumgänglich, daß der Kirchenhistoriker die Grenze zur neutestamentlichen Wissenschaft hin überschreitet und Fragen wie die bedenkt, ob Jesus die Kirche gegründet habe, wie sich der Übergang vom verkündigenden Jesus zum verkündigten Christus vollzogen habe und was von dem Paradoxon Loisys zu halten sei: „Jesus verkündigte das Reich Gottes – und es kam die Kirche." [1] Weitere Hauptgelenkstellen sind die Entstehung der katholischen Kirche, die Reformation sowie der Eintritt des Christentums in die Neuzeit. Von daher ergeben sich zwei große Perioden mit jeweils breiten Epochenschwellen und Übergangsphasen. Man kann sie als die christianisierte und die säkularisierte Zeit unterscheiden. Die Physiognomie beider Perioden ist durch eine Situationsverschiedenheit bestimmt, die das Verhältnis des christlichen Glaubens zur Umwelt und dieser zum christlichen Glauben betrifft, also mit jener Polarität von Konzentrizität und Exzentrizität zu tun hat. Vor einem einseitigen Betonen solcher Zweiteilung warnt allerdings die Tatsache, daß sich Urchristentum und Reformation in dieses Schema nicht fügen und zu kritischen Fragen Anlaß geben. Liegt die katholische und konstantinische Ära in legitimer Fortsetzung des Urchristentums oder klafft hier ein Gegensatz? Und erschöpft sich die kirchengeschichtliche Bedeutung der Reformation darin, den Übergang vom Mittelalter zur Neuzeit zu

---

[1] *A. Loisy*, L'Évangile et l'Église, (1903) ³1904, 155: „Jésus annonçait le royaume, et c'est l'Église qui est venue."

bilden, oder bringt sie etwas zur Geltung, was beide Geschichts-
perioden transzendiert?

IV. Kirchengeschichte als theologische Disziplin

Für das Verständnis der Kirchengeschichte als theologischer Disziplin
erscheint mir ausschlaggebend, daß es weder durch einen zusätzlichen Aspekt ermöglicht wird noch durch ein Auswahlverfahren: so
oder so also durch eine historisch nicht zu ermittelnde dogmatische
Setzung. Vielmehr ergibt sich das Verständnis der Kirchengeschichte
als theologischer Disziplin daraus, wie im Sachverhalt der Kirchengeschichte dessen Grundstruktur und die uneingeschränkte Fülle seiner Erscheinungen aufeinander bezogen sind.

1. Der hermeneutische Aspekt

Was man die Grundstruktur der Kirchengeschichte nennen kann und
was ich im Blick auf die Zusammengehörigkeit von Christusbezug
und Weltbezug als Polarität von Konzentrizität und Exzentrizität
bezeichnete, ist ein Sachverhalt hermeneutischer Art. Wie sich hier
Ursprung und Fortgang, Einheit und Vielgestalt, Identität und Veränderung zueinander verhalten, wird am sachgemäßesten unter der
Kategorie der Auslegung erfaßt und bedacht. Man mißverstehe dies
nicht, wie es in Kritik an der Formel „Kirchengeschichte als Geschichte der Auslegung der Heiligen Schrift" vielfach geschehen ist,
als werde hier das Christentum zu einer Buchreligion erklärt und
die Lebensfülle der Kirchengeschichte extrem auf einen dürren Prozeß von Schriftgelehrsamkeit reduziert. Wenn durch die Kategorie
der Auslegung die Assoziation textbezogener Verkündigung hervor-
gerufen wird, so nur, um an diesem für die Existenz der Kirche in
der Geschichte allerdings wesentlichen Modell die spezifische Weise
ihrer Geschichtlichkeit bewußt zu machen: die in der Eigenart christlichen Glaubens liegende Notwendigkeit, kraft der Orientierung an
seinem Grunde immer neue geschichtliche Situationen anzugehen und
zugleich hervorzurufen in einem – weit verstanden – sprachschöpferischen Geschehen, das seine Identität nur in weitergehender geschichtlicher Verantwortung bewahrt, die Überlieferung nur im
lebendigen Fortgang des Überlieferns und sozusagen den Text nur in
immer neuer Bewährung am Kontext. Daß in der Kirchengeschichte
in so hohem Maße nichttheologische Faktoren eine Rolle spielen, ist

darum theologisch höchst wichtig. Gewiß stellt sich damit die Frage, ob das „Eingehen auf" nicht etwa zu einem „Untergehen in" wird. Die kritische Intention dieser Frage wird unter dem hermeneutischen Aspekt nicht verdrängt, sondern gerade wachgehalten.

2. Der Erfahrungsaspekt

Nichts würde sich auf die theologische Bedeutung der Kirchengeschichte nachteiliger auswirken, als wenn man sich systematisierend ihrer zu bemächtigen suchte, anstatt sich den ungeheuren Zustrom an Erfahrung zugute kommen zu lassen. Zentral gilt dies für das Phänomen von Kirche selbst. Was Kirche ist, läßt sich nicht abstrakten Lehraussagen über sie entnehmen, sofern diese nicht mit der geschichtlichen Anschauung der Existenz von Kirche vermittelt und von daher kritischer Prüfung ausgesetzt werden. Die Kirchengeschichte ist voll von Erfahrung – ob man sich nun an das Biographische oder das Institutionelle hält, an Gottesdienstformen oder an individuelle Frömmigkeit, an den Reichtum der Sprache oder an die für sich sprechenden Taten der Liebe und an die Hoffnung bezeugenden Leiden, an den verkündigten und gelebten Glauben, aber auch den verfälschten, verschwiegenen und schwach, weil lebensfern gewordenen Glauben. Selbst in einem Leben, das ausschließlich dem Studium der Kirchengeschichte gewidmet wäre, könnte niemand das Ganze ausschöpfen. Hier kommt es aber auch letztlich gar nicht auf Vollständigkeit an, sondern auf die Offenheit und Hingabe, mit der das Einzelne, Konkrete wahrgenommen wird. Die Aufnahmebereitschaft dafür wächst in dem Maße, wie man selbst davon bewegt ist, den Glauben auf Erfahrung zu beziehen und ihn sich so ins Leben hinein auswirken zu lassen.

3. Der Wahrheitsaspekt

An der Kirchengeschichte stellt sich überaus eindrücklich dar, wie sich die Gewißheit empfangener Wahrheit mit ständigem Fragen und Suchen nach der Wahrheit verbindet. In diesem, solange Leben und Geschichte währen, unabgeschlossenen Prozeß ist freilich beides anzutreffen: Unterdrückung der Wahrheit – dafür bietet die Kirchengeschichte erschreckende Beispiele –, aber auch das Aufscheinen von Wahrheit mit einer Leuchtkraft über Jahrhunderte hinweg. In relativ seltenen Situationen äußerster Verdichtung der Wahrheitsfrage sind von Fall zu Fall Grundfragen des Glaubens mit einer

Schärfe formuliert und in so entscheidender Weise beantwortet worden, daß die folgenden Generationen daran nicht vorbeikommen. An der Entstehung des altkirchlichen Dogmas oder an den Grunderkenntnissen der Reformation mag man sich dies verdeutlichen. Für das eigene theologische Denken würden wir Notwendiges einbüßen, wenn die Präsenz solchen Geschehens ihm nicht Tiefgang gäbe, Maßstäbe setzte und so zur eigenen theologischen Verantwortung herausforderte und ermutigte. Man wird zwar nicht von einem Wahrheitszuwachs des christlichen Glaubens in der Kirchengeschichte reden können, wohl aber von einem Erkenntniszuwachs im Umgang mit der Glaubenswahrheit. Daran teilzunehmen ist für den gegenwärtigen Theologen in doppelter Hinsicht wesentlich: Er soll sich der Begrenztheit und Relativität der eigenen theologischen Erkenntnisbemühung bewußt werden und so mit dem Wahrheitsanspruch anspruchsvoll gegen sich selbst und bescheiden nach außen hin umgehen. Ihm soll aber diese Erfahrung seiner eigenen geschichtlichen Bedingtheit und Beschränktheit gerade durch das Widerfahrnis einer ungeheuren Horizonterweiterung, einer dialogischen Öffnung und einer Bewußtwerdung der eigenen theologischen Verantwortung aufgehen. Dazu will ihm der Umgang mit der Kirchengeschichte helfen. Sie ist nicht nur die umfassendste theologische Disziplin, sondern durch ihre Ausrichtung auf das Ineinander von Wahrheit und Geschichte auch in besonderem Maße dazu geeignet, zu einem theologisch disziplinierten Umgang mit allen theologischen Disziplinen anzuhalten.

Siebentes Kapitel

Natur- und Geisteswissenschaften

I. Die Zugehörigkeit der Theologie zur Universität

Mit der geläufigen, aber stark angefochtenen Gruppierungsformel „Natur- und Geisteswissenschaften" wird ausnahmsweise nicht eine einzelne Disziplin oder ein bestimmter Wissenschaftskomplex zum Thema gemacht, vielmehr das gesamte Wissenschaftsspektrum beschworen. Das lenkt die Aufmerksamkeit sowohl auf Probleme des Wissenschaftsverständnisses überhaupt, wie sie völlig abgesehen von der Theologie bestehen, als auch auf die Frage nach dem Ort der Theologie im Ganzen der Wissenschaften. Da deren Gesamtheit der Idee nach durch die Universität repräsentiert wird, konkretisiert sich die Beziehung der Theologie zum gesamtwissenschaftlichen Kontext primär in der Frage ihrer institutionellen Zugehörigkeit zur Universität. Hier sind jedoch zwei grundverschiedene Aspekte auseinanderzuhalten.

1. Von der Theologie her gesehen

Die Einstellung seitens der Theologie zum Gesamtphänomen der Wissenschaft ist in so hohem Maße durch kulturelle und institutionelle Bedingungen beeinflußt und dem geschichtlichen Wandel unterworfen, daß eine generelle Kennzeichnung als kaum möglich erscheint. Jedenfalls dürfte sie nicht in einer bloßen prinzipiellen Behauptung bestehen, sondern müßte zugleich die geschichtlichen Faktoren reflektieren, die zu gegensätzlichen Lösungen geführt haben. Dann freilich sollte zumindest die verbindliche Richtung angebbar sein, in der sich die theologische Rechenschaft darüber gemäß der Sache der Theologie zu bewegen hat.

a) Die Offenheit zu allen Wissenschaften

Kirche und Theologie haben sich allzu oft dem Fortgang wissenschaftlicher Erkenntnis verschlossen und Wahrheit unterdrückt, bis die künstlichen Staudämme doch einmal brachen und der Strom der richtigeren Einsicht nicht mehr aufzuhalten war, – ein Prozeß, der sich allerdings stets zugleich als Auseinandersetzung innerhalb von Theologie und Kirche mit wechselnder Rollenverteilung abgespielt hat. Angesichts dessen scheint es schwer vertretbar zu sein, die grundsätzliche Offenheit der Theologie zu allen Wissenschaften hin zu behaupten. Für eine historisch sachgerechte Einschätzung der faktischen Vorgänge dieser Art sind jedoch folgende Hauptgesichtspunkte zu berücksichtigen.

Zum einen ist zu bedenken, daß die kulturellen Bezüge des Christentums jeweils eine höchst komplexe Legierung spezifisch christlicher Impulse und allgemeiner kultureller Geschichtsfaktoren darstellen. Zumal bei den Erscheinungen innerhalb der Ära politischer und kultureller Vorherrschaft des Christentums ist eine entsprechend differenzierende Betrachtungsweise erschwert, die das Gewicht des aus anderen Quellen Stammenden und das eigene Kräftespiel des dem Christentum Einverleibten in Rechnung stellt. Das Verflochtensein des Christlichen in die Gesamtbedingungen einer Zeit und der gegenseitige Prägevorgang gebieten Vorsicht in bezug auf das, was dem Christlichen jeweils gutzuschreiben oder zur Last zu legen ist. Je tiefer das Christentum in die Zeit eingeht, desto mehr teilt es seine geschichtliche Verantwortung mit allen gleichzeitigen Geschichtsmächten.

Zum andern ist im Hinblick auf alle kulturelle Tätigkeit eine Unterscheidung zu beachten, der für das Verhältnis zur Wissenschaft besonderes Gewicht zukommt. Der einzelne Lebensakt des Produzierens muß auf seine Beziehung zum Lebensganzen reflektiert werden. Das wird insbesondere an der Motivation und der Rezeption kultureller Leistungen akut. Da der christliche Glaube primär mit der Ausrichtung auf das Lebensganze zu tun hat, liegt der Schwerpunkt seines Verhältnisses zur Wissenschaft in dem Einfluß auf die Antriebe zu ihr und auf die Verarbeitung ihrer Erkenntnisse. Obwohl vom christlichen Glauben die Freiheit zu nüchterner Wahrnehmung und Erforschung geschöpflicher Wirklichkeit ausgeht, liegt doch nicht darin sein eigentliches Interesse. Deshalb besteht auch nicht etwa seine charakteristische Einwirkung in der Entbindung eines leidenschaftlichen wissenschaftlichen Forschungsbetriebes. Derartige Zusammenhänge sind zwar unter bestimmten Umständen nicht ausgeschlossen. Der entscheidende Beitrag ist jedoch der, daß sich christlicher Glaube einer hemmungs- und rücksichtslosen Verselbständigung der wissenschaftlichen Tätigkeit gegenüber dem Lebensganzen widersetzt. Was dagegen die Aufnahme des wissenschaftlich Erschlossenen betrifft, so ist der Hauptakzent eher umgekehrt zu setzen: Obwohl der christliche Glaube den Mißverstand und Mißbrauch von Freiheit im Sinne zügelloser und grenzenloser Ausnutzung von Wissensmacht als lebensfeindlich erkennen läßt, ist ihm doch unbedingt daran gelegen, daß seine Gewißheit sich nicht etwa durch Verdrängung des ihr Widersprechenden zu behaupten sucht, vielmehr sich in der Verarbeitung aller noch so unbequemen Wahrheitserkenntnis bewährt.

Beachtet man diese Differenzierungshinweise, so läßt sich ohne Vertuschung von Tatsachen, die dagegen zu sprechen scheinen, vom christlichen Glauben sagen: Weil er sich in der letztlich entscheidenden Hinsicht von Wahrheit angegangen und der Wahrheit verbunden weiß, gehört die Konfrontation und Einigung mit dem gesamten Wahrheitsbewußtsein unabdingbar zu seiner Lebendigkeit. Darin ist die innere Notwendigkeit von Theologie als verantwortender Rechenschaft über die Wahrheit christlichen Glaubens begründet, so daß Theologie als solche die Offenheit zu umfassender Bemühung um Wahrheit schon impliziert. Das Zusammensein und die Kommunikation mit allen Wissenschaften muß von ihr als etwas bejaht werden, was im Grunde zu ihrer eignen Verfassung gehört. Wie dieses prinzipielle Ja in angemessener Weise zu praktizieren sei, darum wird in der Theologiegeschichte immer neu gerungen.

b) Die Freiheit in institutioneller Hinsicht

Die Zugehörigkeit zur Universität bietet die Möglichkeit zu allseitiger Begegnung mit anderen Wissenschaften. Sie garantiert jedoch keineswegs, daß diese Chance entsprechend genutzt wird. Zu den förderlichen Auswirkungen der Koexistenz im Universitätsverband gehören vor allem die Öffentlichkeit der Lehrveranstaltungen, eine gewisse außerfachliche Kontrolle der Berufungsverfahren, die Vergleichbarkeit von Prüfungsanforderungen, die persönlichen Kontakte der Lehrenden und Lernenden quer durch die Fachbereiche, die Zugänglichkeit verschiedenster wissenschaftlicher Einrichtungen, die Gelegenheit zu interdisziplinären Veranstaltungen, die Teilhabe an hochschulpolitischer und wissenschaftsorganisatorischer Gesamtverantwortung und anderes mehr. Von all dem geht ein nicht zu unterschätzender Einfluß aus, selbst wenn, wie meist, die Kommunikation weit hinter dem Wünschbaren zurückbleibt und nicht ausgeschlossen ist, daß die Theologie in dieser Umgebung trotz allem faktisch ein ghettohaftes Dasein führt.

Anderseits ist die organisatorische Herauslösung aus der Universität und die Verlegung in eigene theologische Lehr- und Forschungsstätten kein zwingender Grund, daß sich an der charakterisierten Einstellung der Theologie zur Gesamtheit der Wissenschaften prin-

zipiell das mindeste ändert. Nicht weil und solange die Theologie
an der Universität vertreten ist, muß sie sich um die anderen Wissenschaften kümmern, sondern weil sie dies, wenn sie sich recht versteht, von sich aus tut, kann sie nicht anders, als die Existenz an der
Universität grundsätzlich zu bejahen. Ob sie dort bleiben kann,
hängt von ihr selbst nur insofern ab, als es einer entsprechenden Bereitschaft bedarf, sich den Herausforderungen von dort her in freier
Auseinandersetzung zu stellen. Von sich aus hätte sie keinen trifti-
gen Grund, den Rückzug aus der Universität anzutreten, solange
nicht etwa ihre Selbständigkeit und ihr spezifischer Auftrag durch
organisatorische Maßnahmen behindert und die Freiheit zum Gespräch mit den anderen Wissenschaften durch ideologische Bedingungen in einer Weise beeinträchtigt werden, die auf die Zumutung der Selbstpreisgabe hinausläuft. Wann diese kritische Grenze
erreicht wird und ob sie gegebenenfalls bereits überschritten ist, ist
erfahrungsgemäß jeweils innerhalb der Theologie selbst umstritten,
da der Spielraum der hier eingreifenden Ermessensfragen, aber auch
der fundamentaltheologischen Auffassungen und nicht zuletzt der
pseudotheologischen Selbsttäuschungen groß ist.

2. Von der Universität her gesehen

Unabhängig davon, wie der Sachverhalt theologischerseits beurteilt
wird, können diejenigen Auffassungen und Kräfte, die für die Ge-
staltung der Universität jeweils maßgebend sind, darüber befinden,
ob die Theologie an der Universität verbleibt oder nicht.

a) Der Strukturwandel der Universität

Die Universität ist eine Schöpfung des mittelalterlichen Europa an
der Wende vom zwölften zum dreizehnten Jahrhundert und hat
sich vom sechzehnten Jahrhundert an auch in andere Erdteile und
Kulturkreise verpflanzt. Ursprünglich war sie also eine christliche,
vom Zusammenwirken geistlicher und weltlicher Instanzen getra-
gene, relativ autonome Institution, deren Herzstück die theologische Fakultät bildete. Obwohl daneben Jurisprudenz und Medizin
samt der artistischen – der Vorläuferin der späteren philosophischen – Fakultät, die den höheren Fakultäten als niedere Stufe vor-
geordnet war, ihr Eigendasein führten, bildeten sie doch alle miteinander eine geistige Einheit. Sie ergab sich keineswegs allein aus
der allgemeinen regulativen Funktion kirchlicher Lehre, dem über-
wiegenden Anteil des geistlichen Standes am Lehrkörper und der

alles durchdringenden religiösen Lebensordnung. Das gemeinsame Band war vor allem auch das scholastische Wissenschaftsverständnis in seiner traditionsgebundenen Orientierung an der harmonisierten Autorität christlicher und griechisch-römischer Antike.

Die formale Struktur der Universität hat mit erstaunlicher Kontinuität die tiefe Wandlung des Wissenschaftsverständnisses und der gesellschaftlichen Verhältnisse überdauert, wie sich noch an der neuhumanistischen Universitätskonzeption Humboldtscher Prägung erkennen läßt. Zwar veränderte sich, abgesehen von den Rechtsfolgen der Säkularisierung, das Verhältnis der Fakultäten zueinander. Der einstige Primat der theologischen Fakultät reduzierte sich auf einen dekorativen Ehrenvorrang oder entfiel völlig, während der philosophischen Fakultät eine Rangerhöhung, aber auch eine Aufspaltung infolge der fortschreitenden Differenzierung der Wissenschaften widerfuhr. Schon im achtzehnten Jahrhundert begann mit der Gründung von Akademien und anderen Wissenschaftsinstitutionen eine Entwicklung, welche die bisherige Sonderstellung der Universitäten einschränkte, weil diese sich in verschiedener Hinsicht den neuen Anforderungen nicht gewachsen zeigten. Dennoch hat die Idee der Universität bis in die gegenwärtigen hochschulreformerischen Diskussionen und Experimente hinein eine zähe Lebenskraft bewiesen, wenn auch durch die veränderten Umstände Probleme von noch unabsehbarer Reichweite entstanden sind: wie mit der sprunghaft angestiegenen Quantität der Lehrenden und Lernenden die Qualität Schritt halte; wie unter diesen Bedingungen die Verbindung von Lehre und Forschung realisierbar bleibe; was denn im Zuge der fortgeschrittenen Spezialisierung noch die verbindende Einheit ausmache; wie über der Ausbildung die Bildung zu ihrem Recht komme; und auf welche Weise Lehrfreiheit politisch zu garantieren und deren gesellschaftliche Verantwortung gegen eine Verkehrung in ideologische Politisierung der Wissenschaft zu schützen sei.

b) Die Tendenz auf Ausscheidung der Theologie

Sowohl der vorherrschende Wissenschaftsbegriff als auch starke politische Tendenzen scheinen für den Verbleib der Theologie an den Universitäten auf längere Sicht keine günstige Prognose zu erlauben.

Nicht erst ein positivistisches, auch schon ein idealistisches Wissenschaftsverständnis konnte, wie Fichtes Erwägungen vor Gründung der Berliner Universität zeigen[1], der Theologie das Existenzrecht an

---

[1] *J. G. Fichte*, Deduzierter Plan einer zu Berlin zu errichtenden höhern

der Universität absprechen oder von Bedingungen abhängig machen, die das Ende der Theologie bedeuten. Die wissenschaftstheoretischen Argumente, die in verschiedenen Nuancen gegen die Theologie vorgebracht werden, werfen ihr einerseits dogmatistische Befangenheit, anderseits mangelnde Exaktheit vor. Nicht nur der zweite Vorwurf, auch die Forderung der Voraussetzungslosigkeit zwingt die Theologie, die ihr spezifische Problemlage zu denjenigen allgemeinen Aspekten in Beziehung zu setzen, unter denen mutatis mutandis auch andere Wissenschaften analogen Einwänden ausgesetzt sind. Wissenschaftstheoretischer Kritik kann nur durch kritische Beteiligung an der Auseinandersetzung um das Wissenschaftsverständnis begegnet werden. Dabei wäre für die Theologie auch bereits eine sie halbierende Kompromißlösung unannehmbar, wonach ihre historischen Fächer als wissenschaftliche für universitätsfähig ausgegeben werden, während die systematische und praktische Theologie als „kirchlich" von der Universität verbannt wird.

Der kulturpolitische Gesichtspunkt der Trennung von Kirche und Staat kann, radikal angewandt, zu verschiedenen Konsequenzen führen. In den Vereinigten Staaten z. B., für die ein religiös gefärbter Toleranzgedanke maßgebend ist, kann es an den staatlichen Universitäten zwar Departments of Religion, aber nicht theologische Fakultäten (Divinity Schools) geben, während diese selbstverständlich an den privaten Universitäten meist denominationeller Herkunft ein Existenzrecht haben. In den kommunistisch regierten Ländern sind dagegen zwei Lösungen anzutreffen: Abdrängung auf rein theologische Akademien oder Seminare sowie Erhaltung staatlicher theologischer Fakultäten. Denn beide Möglichkeiten bieten je nachdem Vorteile für ideologische und politische Kontrolle, Beeinflussung, Abkapselung und Abdrosselung. Unter den Bedingungen demokratischer Freiheit und religiöser Toleranz ist in Ländern mit herkömmlich starken kirchlichen Majoritäten die Erhaltung staatlicher theologischer Fakultäten so lange vertretbar, wie die Gesellschaft auf die Förderung des Christentums zumindest in der Form Wert legt, daß angesichts des öffentlichen Einflusses der Kirchen die in geistlicher Hinsicht verantwortlichen Amtsträger eine gründliche Ausbildung erhalten, die in angemessener Weise auf den gegenwärtigen Stand von Wissenschaft und Bildung bezogen ist. An der

Lehranstalt, die in gehöriger Verbindung mit einer Akademie der Wissenschaften stehe, 1807, § 22. In: Idee und Wirklichkeit einer Universität. Dokumente zur Geschichte der Friedrich-Wilhelms-Universität zu Berlin, hrsg. v. *W. Weischedel*, 1960, 57 f.

Ausbildung für den kirchlichen Dienst hängt allerdings die Lebensfunktion staatlicher theologischer Fakultäten. Sobald ihnen seitens der Kirchen die Eignung dazu abgesprochen werden müßte, würden sie auch staatlicherseits überflüssig. Dagegen wäre es eine Kompetenzüberschreitung politischer Instanzen, sich zugunsten der Abschaffung theologischer Fakultäten wissenschaftstheoretischer Argumentation zu bedienen. Die staatskirchenrechtlichen Probleme, die sich aus der Existenz staatlicher theologischer Fakultäten im einzelnen ergeben, vor allem in bezug auf Berufungsfragen, sind trotzdem beträchtlich und verlangen von allen Beteiligten ein hohes Maß an politischem Takt, in dem sich zu üben einer Demokratie gut ansteht.

II. Die Unterscheidung in Natur- und Geisteswissenschaften

Das Bedürfnis nach einer fundamentalen Distinktion im Bereich der Wissenschaften ist die Folge der konkurrierenden Tendenzen, die bei der Auflösung des aristotelisch-scholastischen Wissenschaftsverständnisses freigesetzt wurden. So stark dabei die gemeinsame Emanzipation von theologischer, aber auch bestimmter philosophischer Vorherrschaft mitwirkte, erweckten doch sofort die offenen ontologischen, erkenntnistheoretischen und methodologischen Probleme das Verlangen, die Selbständigkeit der verschiedenen Wissenschaftsregionen gegeneinander abzusichern. Obwohl dabei die Naturwissenschaft, aufs Ganze gesehen, die entscheidend vorwärts treibende Kraft war, galt das Interesse an einer unterscheidenden Abgrenzung zunächst eher ihrer wissenschaftstheoretischen Rechtfertigung – man denke an die Bemühungen von Descartes bis Kant –, während erst nach dem Zusammenbruch idealistischer Wissenschaftslehre die in die Defensive gedrängten sogenannten Geisteswissenschaften sich in Unterscheidung von den Naturwissenschaften zu begründen und zu behaupten suchten.

1. Die naturwissenschaftliche Methode

Am Kontrast zum scholastischen Wissenschaftsverfahren tritt der Umbruch in methodischer Hinsicht denkbar scharf in Erscheinung. Dort gründete alle Wissenschaft, auch die der Naturerscheinungen, auf der literarisch vermittelten Leistung der Antike, bestand also primär in Textinterpretation. Zwar gibt es auch eine das Mittelalter durchziehende Linie der Erfahrungsorientierung, die zunächst recht schwach ausgebildet war, sodann vornehmlich im Nominalismus zukunftsträchtige Impulse zumindest theoretischer Art aufwies. Jedoch überwiegt wissenschaftsgeschichtlich bei der Entstehung der neuzeitlichen Naturwissenschaft zweifellos der Kontinuitätsbruch, wie schon die anfänglich bescheidene, eher hemmende Rolle der Universitäten bei diesem Vorgang erkennen läßt, der zur Ouvertüre einer Entwicklung wurde, die man nur mit höchster Spannung und Bewunderung verfolgen kann. Die charakteristischen Elemente, die nun erst, auch im Vergleich zur Antike, Naturwissenschaft im strengen Sinne entstehen ließen, seien andeutungsweise genannt.

a) Erfahrung

Grundlegend ist die schlechterdings bestimmende Funktion der sinnlichen Erfahrung, der eigenen Beobachtung, des planvoll gestellten Experiments. Dieser Erfahrungsorientierung widerspricht nur scheinbar das analytische Zurückgehen hinter die Oberflächenansicht in Sachverhalte, die der unmittelbaren Sinneserfahrung nicht zugänglich sind, zu ihrer Deutung höchst abstrakter Theoriebildung bedürfen und gegebenenfalls ins völlig Unanschauliche führen. Immer komplizierter werdende Apparate dienen nicht nur der Objektivierung, sondern auch der Erweiterung und dem Ersatz von Sinneswahrnehmung. Vor allem aber bleibt, wie indirekt auch immer, das Verfahren stets mittels Datengewinnung aus Meßoperationen der Kontrolle durch unmittelbare Sinneserfahrung unterworfen.

b) Mathematisierung

An der Bedeutung der Meßfunktion wird der entscheidende Schritt zur Mathematisierung der Wissenschaft anschaulich. Dabei kommt es vor allem darauf an, dasjenige, was sich der Meßbarkeit zu entziehen scheint, allererst meßbar zu machen, also die Bedingungen zu entdecken und herzustellen, unter denen es meßbar wird. Indem alles auf quantitative Relationen und Strukturen reduziert und durch eine Formelsprache erfaßt wird, läßt sich einerseits bis auf extreme Grenzfälle die Subjektivität des Forschers eliminieren – obschon eben sie in ihrer Fähigkeit zur rationalen Abstraktion die conditio sine qua non dieser Erscheinungsweise der „Natur" ist –, anderseits das Kontingente im Erforschten – wiederum bis auf extreme Grenzfälle – in generell Gültiges auflösen, wodurch das Experiment wiederholbar und das Naturgeschehen berechenbar und planbar wird.

c) Machbarkeit

Die Möglichkeit zuverlässiger Prognosen dessen, was sich unter bestimmten Bedingungen ereignet, sowie eines wirksamen Eingreifens in physikalische, chemische oder biologische Abläufe läßt den Zusammenhang von Naturwissenschaft und Technik nicht bloß akzidenteller Art sein. Die pragmatische Nutzbarmachung naturwissenschaftlicher Erkenntnis ist ein immer stärker ins Gewicht fallendes Movens der Forschung. Bereits in den Anfängen neuzeitlicher Wissenschaft meldet sich ein mit exzessiver Neugier gepaarter Herrschaftswille an. Die technischen Machtmittel werden aber darüber hinaus selbst zu unentbehrlichen Instrumenten der Forschung, die schließlich nur noch mit einem Apparat gewaltiger Konstruktionen voranzutreiben ist. Daß im Zuge dessen sich das Problem der Planbarkeit und Manipulierbarkeit des Menschen und seiner Zukunft stellt, hat zwar auch hybride Aspekte des Nichtunterscheidens zwischen Machbarem und Verantwortbarem. Nüchtern betrachtet, ist es aber vor allem die Folge dessen, daß an die Stelle der einstigen Unberechenbarkeit der Natur das Gespenst einer Unberechenbarkeit der Menschheit getreten ist, deren zukunftsverändernde Technik vor die Aufgabe der Bewältigung ihrer Folgen stellt. In dieser Hinsicht klaffen allerdings die Prognosen von zumindest hoher Wahrscheinlichkeit und die Möglichkeiten des Eingreifens noch erschreckend auseinander.

d) Erfolg

Die Rasanz, mit der die Naturwissenschaften die Welt verändern, und die daraus erwachsende Katastrophendrohung, die von der Vernichtungspotenz, der Umweltschädigung und vielleicht noch mehr von einer Schädigung der Innenwelt ausgeht, überschatten zwar, mindern aber nicht den ungeheuren Erfolg, den die Naturwissenschaften für sich buchen können, die Faszination, die von ihnen ausgeht, und die Großmachtstellung, die sie in Wirtschaft, Politik und Gesellschaft einnehmen. Verglichen damit spielen die sogenannten Geisteswissenschaften trotz aller Leistungen, die auch sie aufzuweisen haben, eine Aschenbrödelrolle. Von begrenzten Arbeitsvorgängen abgesehen, entbehren ihre Methoden der Exaktheit und sind deshalb mit einer schwierigen, wenn nicht hoffnungslosen Verständigungssituation behaftet. Von einem kontinuierlichen Fortschritt läßt sich hier nur sehr beschränkt reden. Und die Ergebnisse entbehren weithin pragmatischer Verwertbarkeit, was den Verdacht auf Luxusbeschäftigung nährt.

2. *Die Problematik der Distinktion „Natur- und Geisteswissenschaften"*

a) Der Begriff „Geisteswissenschaften"
Die Herkunft der Wortbildung „Geisteswissenschaften" ist insofern
wenig aufschlußreich, als sie nicht im Bannkreis der betonten Abgrenzung gegen die Naturwissenschaften liegt. Das Wort begegnet
gelegentlich und unterminologisch in verschiedener Verwendung bereits seit Ende des achtzehnten Jahrhunderts[1]. Wenn es um die Mitte
des neunzehnten Jahrhunderts vorübergehend als Übersetzung von
„moral sciences" in J. St. Mill's „System of Logic, ratiocinative and
inductive" (1843, dt. 1849) verwendet, später jedoch durch die
wörtliche Wiedergabe „moralische Wissenschaften" ersetzt wird, so
ist das Vorkommen auch hier noch untypisch, zumal es Mill gerade
um die Übertragung der naturwissenschaftlichen Methode auf die
moralischen Wissenschaften ging. Erst gegen Ende des neunzehnten
Jahrhunderts erhält das Wort „Geisteswissenschaften" vor allem
durch Wilhelm Dilthey terminologische Prägung, in der sich Einflüsse von Schleiermacher, von Hegel und von der Lebensphiloso-
phie her verbinden. Daß der Ausdruck schwer in andere Sprachen
übersetzbar ist, verrät seine enge Bindung an die deutsche philosophische Tradition. Deren Geistverständnis hat zwar eine ungleich
größere Weite, als der Trivialgebrauch dieses Wortes und das berechtigte Mißtrauen gegen idealistische Engführung erwarten lassen.
Spätere Ersatzbegriffe wie „Kulturwissenschaften", „Gesellschafts-
wissenschaften" oder „sciences humaines" – oder auch schon der
frühere, das Menschliche überhaupt umgreifende Begriff des „Moralischen" oder Schleiermachers am Ganzen der Geschichte orientierter
Begriff der „Ethik" – bringen von verschiedenen Sprachtraditionen
her die von Dilthey intendierte Konzentration auf die menschlich-
geschichtliche Lebenswirklichkeit zum Ausdruck, ohne daß sich doch
dabei eine allseitig befriedigende terminologische Alternativlösung
anböte.

b) Die Kritik an der Unterscheidung
Wie problemgeladen die Unterscheidung in Natur- und Geisteswissenschaften ist, ergibt sich schon aus der ungemein reichen und
komplizierten Begriffsgeschichte von „Natur" und „Geist" und aus
der Mehrzahl je verschiedener möglicher Komplementärbegriffe.
Was zur Rechtfertigung der Unterscheidung dienen soll, schlägt zu-

---

[1] Vgl. *A. Diemer*, Art. Geisteswissenschaften, HWPh 3 (1974), 211–215.

gleich in Einwände gegen sie um. Beruft man sich auf getrennte Bereiche, so begegnet dies dem Verdacht auf ein dualistisches Wirklichkeitsverständnis, wie es, ob zu Recht oder nicht, Platons Leib-Seele-Verständnis, Descartes' Unterscheidung von res extensa und res cogitans oder Kants Verhältnisbestimmung von Natur und Freiheit vorgeworfen wird. Die langdauernde Ausklammerung des Menschen aus den möglichen Objekten naturwissenschaftlicher Forschung – man denke an den Widerstand gegen die Evolutionstheorie – oder die abschirmende Wirkung des Geistbegriffs gegenüber voller Berücksichtigung der leiblichen, materiellen Bedingungen geschichtlicher Wirklichkeit – etwa bei einem abstrakten Verständnis von Geistesgeschichte – werden begreiflicherweise zu abschreckenden Argumenten gegen das Begriffspaar „Natur- und Geisteswissenschaften". Aber auch wenn man den dichotomischen Gesichtspunkt auf zweierlei Methoden beschränkt und mit W. Windelband[1] zwischen nomothetischem und idiographischem Verfahren oder mit W. Dilthey[2] zwischen Erklären und Verstehen unterscheidet, legen sich Einwände nahe. Von der ontologischen Frage nach der Verankerung des Methodendualismus läßt sich kaum absehen. Und eine strikte Verteilung auf verschiedene Wissenschaftsbereiche erscheint schon angesichts der methodologischen Abgrenzungsschwierigkeiten als fraglich und vollends angesichts der noch unausgeschöpften Möglichkeiten einer Ausweitung mathematischer Verfahrensweisen in Systemanalyse, Informationstheorie, Kybernetik oder Strukturwissenschaft auf bisherige geisteswissenschaftliche Domänen. Ganz zu schweigen von der Frage nach dem Ort der Mathematik und einer mit ihr verschmelzenden Logik in jenem Wissenschaftsschema.

c) Die bleibende Differenz

Trotz solcher Bedenken gegen ein Zertrennen des Zusammengehörenden dürfen die zu unterscheidenden Aspekte nicht zum Verschwinden gebracht werden. Gewiß hat alles, was als wirklich zur Erfahrung kommt, auch eine naturwissenschaftlich erforschbare Komponente. Aber unter diesem Gesichtswinkel allein wird man nicht der ganzen Wirklichkeit gerecht, auch in wissenschaftlicher Hinsicht nicht. Macht man sich einmal von den irritierenden Suggestionen der gängigen Terminologie „Natur- und Geisteswissenschaf-

---

[1] *W. Windelband,* Geschichte und Naturwissenschaft (1894), in: *ders.,* Präludien II, [6]1919, (136–160) 145.

[2] *W. Dilthey,* Ideen über eine beschreibende und zergliedernde Psychologie (1894), in: *ders.,* Ges.Schr.V, [4]1964, (139–240) 144.

ten" frei, um in eigener Beobachtung Differenzen zu erfassen, die sich einer monistischen Einebnung widersetzen, so stößt man auf so fundamentale Unterschiede wie die zwischen dem Generellen und dem Individuellen, dem mechanismusartigen Zusammenhang und dem Verantwortungszusammenhang, der gemessenen und der erlebten Zeit oder der kybernetischen Funktion eines Code und der menschlichen Sprachfähigkeit. Die Präzisierungsbedürftigkeit solcher Hinweise ruft danach, zusammen mit der Differenz das Mit- und Ineinander zu erfassen und umgekehrt. Anstelle des problematischen Ideals einer Einheitswissenschaft legt sich von daher eine flexible Behandlung der sachbezogenen Methodenfrage nahe sowie die Einsicht in die unvermeidliche Unschärfe der Abgrenzung von Wissenschaftsbereichen sowie in die notwendige Offenheit des Wissenschaftsbegriffs. Dennoch bleibt es bei einer Bipolarität, die eine Fülle von Berührungen und Überschneidungen nicht ausschließt. Um es kraß und extrem zu veranschaulichen: Die sogenannte Naturwissenschaft ist geschichtlich und als solche Gegenstand der sogenannten Geisteswissenschaft. Diese wiederum ist ein Hirnvorgang und als solcher Gegenstand von Naturwissenschaft. Solange sich keine andere, überzeugendere Terminologie findet, wird man es, wie dies notgedrungen meist auch geschieht, bei der üblich gewordenen Ausdrucksweise bewenden und sich von ihr zur kritischen Reflexion ihrer Problematik nötigen lassen. Das sollte nicht die disziplinäre Abschließung gegeneinander zur Folge haben, im Gegenteil, eine interdisziplinäre Öffnung zueinander hin, so schwierig es auch ist, dem heute begreiflicherweise lauten Ruf danach unter den gegenwärtigen Bedingungen wissenschaftlicher Arbeit nicht bloß deklamatorisch, sondern sachverständig Rechnung zu tragen.

III. Das Verhältnis der Theologie zu den Geistes- und Naturwissenschaften

Um ihrer universalen Bezüge willen erfährt die Theologie die heutigen Kommunikationsschwierigkeiten zwischen den Wissenschaften in besonders gravierender Weise. Der Kontrast zu der Situation in der Hochscholastik: der Überschaubarkeit des Wissens und der weitgehenden Vereinbarkeit der Betrachtungshinsichten und Auffassungsweisen, unterstreicht dies. Die Veränderung beruht keineswegs allein darauf, daß die Theologie ihres Themas wegen an die Peripherie gerückt ist und als Fremdling unter den Wissenschaften erscheint. In einer Zeit wissenschaftlicher Überproduktion, Pluralität, Spezialisierung und Fremdsprachlichkeit wirken sich nicht minder die Erschwerungen des allgemeinen wissenschaftlichen Austauschs für die Theologie belastend aus. Denn für sie stellt der Kontakt mit anderen Wissenschaften nicht nur eine zusätzliche Aufgabe dar, wie sie zwar auch etwa durch interdisziplinäre Gesprächsveranstaltungen wahrzunehmen ist oder durch ein Zweitstudium, sofern es nicht aus Flucht vor der Theologie, sondern um der Frucht für die Theologie willen unternommen wird. Die gesamte Arbeit der Theologie vollzieht sich unvermeidlich in vielfältiger Berührung mit den verschiedensten Wissenschaften. Deshalb gereichen Ausfälle in bezug auf Information und kritisches Gespräch der theologischen Arbeit selbst zum Nachteil, während ihr eine noch so weite Streuung außertheologischer Interessen ohne entsprechende Konzentration überhaupt nichts nützt.

1. Theologie und Geisteswissenschaften

Erkennt man unter den dargelegten Vorbehalten ein gewisses Recht der Einteilung in Geistes- und Naturwissenschaften an, so steht außer Zweifel, daß die Theologie zur ersten Gruppe gehört, ohne daß doch damit die Beziehung zur zweiten bagatellisiert und über die Weise der Zuordnung zu den Geisteswissenschaften bereits entschieden wäre.

a) Dimensionen der Hermeneutik

Wie tief und umfassend die Theologie in die Geisteswissenschaften verwoben ist, wird deutlich, wenn man sich die Hauptdimension des hermeneutischen Problems vergegenwärtigt, das sie alle methodisch verbindet. Es erstreckt sich auf den Umgang mit der Geschichte als der je offenen Zukunft, die zu Vergangenheit gerinnt, einer Vergangenheit, die über unmittelbare Nachwirkungen hinaus als erinnerte auf Zukunft hin wirksam gegenwärtig wird. Es erstreckt sich eben deshalb ferner auf den Umgang mit der Sprache, ihrer Vielgestalt und ihrem Reichtum, auf die Abhängigkeit von ihr und die Verantwortung für sie. Es erstreckt sich somit endlich auf das Menschsein in dem Gewoge von gesellschaftlicher Wirklichkeit und individueller Existenz, von Schaffen und Zerstören, von Sinn und Sinnlosigkeit, von Verneint- und Bejahtsein. Geschichtswissenschaft und Kulturwissenschaft – in der Weite aller denkbaren Hinsichten und Kombinationen – samt entsprechender Grundlagenbesinnung

sind die Bereiche, an denen Theologie als solche partizipiert. Ohne
Sinn für Geschichte, ohne Kenntnis von Sprachen und ohne Interesse
an allem Menschlichen kann sie nicht betrieben werden.

b) Die Wahrheitsfrage

Dieses Teilnehmen an Aufgabenbereichen und Arbeitsweisen der
Geisteswissenschaften vollzieht sich aber weder in willkürlicher Auswahl noch in blinder Übernahme. Orientiert an der durch den christlichen Glauben bestimmten Thematik, ist das Vorgehen der Theologie einerseits der Kontrolle durch entsprechende nichttheologische
Disziplinen (z. B. in historischen Fragen) ausgesetzt, anderseits zur
Auseinandersetzung mit ihnen (z. B. in bezug auf die Angemessenheit von Interpretationskategorien) genötigt. Auf beide Arten macht
sich die Wahrheitsfrage geltend: Die Theologie darf keinen Ver-
schleierungen und Selbsttäuschungen unterliegen und muß sich selbst
bei dem Wahrheitsanspruch ihrer Sache behaften lassen. Angesichts
dessen, was sich gewissenhafter Forschung als richtig erweist, hat
die Theologie darüber Rechenschaft zu geben, worum es, dem christlichen Glauben gemäß, in Geschichte, Sprache und Menschsein letztlich geht. So konfrontiert sie die Geisteswissenschaften durch die
Konzentration auf die Gottesfrage mit der Radikalität der Wahrheitsfrage und weist damit zugleich auf, wo der Gegenstand der
Theologie seinen Ort in der Lebenswirklichkeit hat.

2. Theologie und Naturwissenschaften

Der Anschein einer Solidarisierung der Theologie mit den Geisteswissenschaften unter dem Ansturm der Naturwissenschaften entspricht der Sachlage nur sehr begrenzt. Die echten Konflikte treten
für die Theologie in der Beziehung zu den Geisteswissenschaften
auf, während das Verhältnis zu den Naturwissenschaften vornehmlich durch Scheinkonflikte belastet ist, die auszuräumen im gegenseitigen Interesse liegt. Die Bekämpfung naturwissenschaftlicher Erkenntnisse aus pseudotheologischen Gründen und die Verteidigung
unhaltbarer Positionen in verzögernden Rückzugsgefechten verraten
einen tiefsitzenden theologischen Mangel, der an den umgekehrten
Torheiten pseudonaturwissenschaftlicher Bekämpfung der Theologie
die Hauptschuld trägt. In Anbetracht der kulturellen Verflechtung
des Christentums muß man sich allerdings hüten, ihm selbst allen
Unfug dieser historia calamitatum zur Last zu legen, in der die all-
zumenschliche geistige Trägheit die entscheidende Rolle gespielt hat.

a) Theologische Selbstkorrekturen

Die in die theologische Thematik eingreifenden Fragen, die von den Naturwissenschaften her aufbrechen und zur Befreiung der Theologie aus der Bindung an überholte Vorstellungen – aber auch zur Überwindung von deren falscher Einschätzung und Interpretation als angeblich naturwissenschaftlicher Aussagen – Anlaß geben, berühren die gesamte Dogmatik und betreffen insbesondere die Lehrstücke von der Schöpfung und Erhaltung, vom Wunder und vom Gebet. Darin sind als die eigentlichen Kernthemen die Gotteslehre und die Eschatologie inbegriffen. Dabei ist weder die Mühe des Umdenkens und Umformens christlicher Glaubensüberlieferung, woran schon Generationen arbeiten, zu unterschätzen noch erst recht der ungeheure Gewinn, der von einem entsprechenden Aufleuchten des Wesentlichen zu erwarten ist, durch das allererst die echten Konflikte mit dem Denken der Zeit in den Blick kommen und ausgetragen werden können.

b) Die gemeinsame Verantwortung

Theologie und Naturwissenschaften treffen sich vor allem in zwei Aufgaben, deren Durchführung die Beteiligung auch der übrigen Geisteswissenschaften erforderlich macht, also auf die Wiedergewinnung eines universalen Austauschs hoffen läßt. Es handelt sich einmal um die Inangriffnahme des ontologischen Problems, um dem mit Recht befürchteten Auseinanderbrechen in „zwei Kulturen"[1] durch ein Wirklichkeitsverständnis zu wehren, das als different zusammengehörig erfaßt, was man unter Berufung auf die Formel „Natur- und Geisteswissenschaften" doch immer wieder auseinanderzureißen anstatt distinkt zusammenzudenken pflegt. Für die Theologie gehört dazu insbesondere ein neues Nachdenken über die Beziehung zwischen dem „Buch der Natur" und dem Reden von Gott. Ferner drängt sich das näher liegende Thema der Ethik auf, da die Naturwissenschaften Probleme virulent gemacht haben, die zu lösen nicht allein ihre Sache ist. Ob die Theologie einen Beitrag dazu leisten kann, hängt davon ab, ob ihre Kompetenz anderer als nur ethischer Art ist.

---

[1] Vgl. *C. P. Snow*, Die zwei Kulturen, 1967.

Achtes Kapitel

Humanwissenschaften

I. Die Aktualität der Humanwissenschaften

Wenn überhaupt eine enzyklopädische Übersicht in Sachen Theologie nichttheologische Disziplinen berücksichtigt, so scheint unter den heutigen Bedingungen den empirischen Humanwissenschaften die höchste Dringlichkeit zuzukommen. Dem werden auch diejenigen nicht widersprechen, die sich im Getümmel gegenwärtiger Auseinandersetzungen einen nüchternen Sinn für Proportionen wahren und durch die Humanwissenschaften nicht etwa die Philosophie für erledigt halten und der Theologie vorgeschrieben sein lassen, wie sie umzufunktionieren sei.

Unter den vier außertheologischen Komplexen, die zwischen den biblischen und den systematisch-theologischen Disziplinen eingefügt und ihrerseits um die Kirchengeschichte herumgruppiert wurden, stehen die Humanwissenschaften an letzter Stelle. Darin kommt ihre Aktualität zum Ausdruck. Hier ist der Zusammenprall zwischen der Theologie und dem wissenschaftlichen Selbstverständnis der Zeit zweifellos am schärfsten. Zugleich besteht aber auch eine so evidente Sachberührung, daß es völlig abwegig wäre, die Beziehung etwa vornehmlich oder gar ausschließlich als antithetisch anzusehen.

Die Humanwissenschaften haben wie eine Springflut binnen kurzem die Dämme herkömmlicher Wissenschaftsauffassungen und disziplinärer Gliederungen durchbrochen, Universitäten und Öffentlichkeit überschwemmt und einen tiefgreifenden Wandel des Interesses, der Denkweise und der Sprache bewirkt. In ihnen ist die Wissenschaft zu einem Politikum geworden, zum Instrument einer Art Kulturrevolution. Deren Bilanz zu ziehen – was an Zerstörung angerichtet und an fruchtbarer Neugestaltung eingeleitet ist –, wäre verfrüht. Es darf nicht verwundern, daß dieses turbulente Geschehen auch die Theologie in seinen Bann gezogen hat. Wie sollte es auch anders sein, wenn die Frage nach dem Menschen thematisch wird? Bliebe die Theologie davon unberührt, stünde es schlecht um ihre Sensibilität für den Wirklichkeitsbezug. Das schließt freilich die Möglichkeit nicht aus, daß in der erregten Anteilnahme Fehlreaktionen vorherrschen. Es könnte ein neues Beispiel dafür sein, wie leicht Theologen in Faszination oder Panik einer falsch verstandenen Zeitgemäßheit zum Opfer fallen. Um so dringender ist es, auf die noch unbewältigte Problematik einzugehen, damit eine notwendige Aufgabe nicht etwa kompromittiert werde.

Eine Fehlreaktion in Gestalt von Flucht – ob nun *in* die Humanwissenschaften oder *vor* ihnen – liegt bei der Schwierigkeit der Aufgabe allerdings nahe. Der hohe Grad an Aktualität ist der Sachlichkeit nicht ohne weiteres förderlich. Die Distanzlosigkeit, zumal in emotional aufgeladener Situation, beeinträchtigt das Urteilsvermögen und verführt dazu, daß man infolge Mangels an Vergleichsmöglichkeit unkritisch dem verfällt, was sich einem gerade darbietet. Davor schützt auch nicht die Usurpation des Wortes „kritisch" als Parole. Bei genauerem Hinsehen weicht der Anschein einer klaren und entschiedenen Sache dem Eindruck, daß die Problemlage äußerst diffizil und der Diskussionsstand diffus sei. Die einfache Übernahme von Ergebnissen verbietet sich angesichts der Strittigkeit der Methodenfragen und eines unübersehbaren stofflichen Details. Zu kompetentem Urteil führt allein der „lange Marsch" durch die Durststrecken intensiver Spezialarbeit.

Für den Theologen ist diese Situation besonders bedrängend. Sein ohnehin überaus anspruchsvolles Studium wird nun mit einer weiteren zusätzlichen Aufgabe beladen, in der er – von wenigen Ausnahmen abgesehen – doch Dilettant bleibt und über der er gar auch in der Theologie Dilettant zu werden droht. Anderseits steht hier das Ganze der Theologie auf dem Spiel. Gelangt der Theologe zu den Humanwissenschaften nicht in ein klares Verhältnis, so wird nicht etwa nur die berufliche Praxis in Mitleidenschaft gezogen, sondern auch die Lauterkeit der Theologie selbst.

Bei dieser Sachlage kann von einer aufs knappste bemessenen Äußerung nicht mehr erwartet werden als ein Versuch, in dem weiten Problemfeld einige Orientierungspunkte aufzuzeigen.

II. Die Aufgabe der Humanwissenschaften

1. Terminologisches

a) „Humanwissenschaften"
Der Ausdruck Humanwissenschaften ist neuesten Datums. Er kam m. W. erst im Laufe der sechziger Jahre als Sammelbegriff für die empirischen Wissenschaften vom Menschen in Gebrauch. Der englische Terminus „the humanities" meint ursprünglich die klassi-

sche Bildung und wird auch als Übersetzung des Begriffs „Geisteswissenschaften" verwendet. Als unmittelbares Vorbild kommt er
nicht in Betracht. Im Französischen ist zwar der Ausdruck „sciences
humaines" geläufig, jedoch zunächst ebenfalls als Äquivalent von
„Geisteswissenschaften"[1], während sich die Einschränkung auf die
erfahrungswissenschaftliche Orientierung eher mit dem Terminus
„sciences de l'homme" verbindet. Was den Umkreis der Wissenschaften vom Menschen betrifft, so liegt es allerdings in der Natur der
Sache, daß er die Tendenz zu ungeheurer Ausweitung hat. Während
man mit dem im deutschen Sprachgebrauch plötzlich aufgekomme-
nen Schlagwort „Humanwissenschaften" vor allem die psychologischen, soziologischen und pädagogischen Disziplinen assoziiert,
umfassen die Wissenschaften vom Menschen an sich auch die Historie, die Religionswissenschaft, die Rechtswissenschaft, die Wirtschafts-
wissenschaft, die Ethnologie, die Linguistik, die Verhaltensforschung
usw. samt dem, was herkömmlich unter den Begriff der Anthropologie fällt. Die Tatsache, daß sich hier in bezug auf disziplinäre
Strukturierung und interdisziplinäre Überschneidungen so gut wie
alles in Bewegung befindet, läßt erkennen, wie sehr dieser gewaltige Komplex der Wissenschaften vom Menschen methodisch erst in
Konstituierung begriffen ist. Darum zeichnet sich der Gärungsprozeß
auch in der Nomenklatur ab. Eine Untersuchung des im Deutschen
neuen Sammelbegriffs Humanwissenschaften würde wahrscheinlich
ergeben, daß daran weniger die Herkunft aus dieser oder jener
Sprachtradition aufschlußreich ist als vielmehr die Kristallisations-
funktion eines naheliegenden Ausdrucks innerhalb einer bestimmten
Situation. Die Frage, was in der zweiten Hälfte der sechziger Jahre
insbesondere der Psychologie, Soziologie und Pädagogik zu der ungeheuren Anziehungskraft verholfen hat, ließe sich nur in Verbindung mit einer Analyse der weltweiten Unruhe erfassen, wie sie in
jenen Jahren aus der jungen Generation aufbrach.

b) „Psychologie", „Pädagogik", „Soziologie"

Selbstverständlich ist das, was plötzlich eine so gewaltige Konjunk-
tur erlebte, älter als der neu eingeführte Oberbegriff. Hält man sich
auch hier zunächst an die Ursprungsdatierung der üblichen Nomenklatur, so wird man in verschiedene Jahrhunderte verwiesen. Der
Ausdruck „*Psychologie*" wurde durch Melanchthon geprägt und begegnet als Buchtitel zum erstenmal Ende des sechzehnten Jahrhun-

---

[1] Vgl. *A. Diemer* (s. o. S. 92 Anm. 1) 213. In HWPh 3 (1974) fehlt
bezeichnenderweise das Artikelstichwort „Humanwissenschaften".

derts. Diese Wortschöpfung des Humanismus weist auf die klassische griechische Tradition zurück, hat aber auch die christliche in sich aufgenommen und wurde durch eine neue Hinwendung zum Menschen sowie durch das Interesse an schulmäßiger Terminologie veranlaßt. *„Pädagogik"* – um in chronologischer Reihenfolge vorzugehen – ist eine Wortprägung des achtzehnten Jahrhunderts. Sie verdankt ihre Entstehung dem Erziehungs- und Bildungsenthusiasmus der Aufklärung. Kant hielt wohl als erster 1776/77 Vorlesungen über Pädagogik. Der erste Lehrstuhl für Pädagogik wurde 1779 in Halle errichtet. Der Terminus *„Soziologie"* wurde in den dreißiger Jahren des neunzehnten Jahrhunderts durch den Positivisten Auguste Comte geprägt, und zwar ausdrücklich als Synonym für den zuvor von ihm gebrauchten Ausdruck „physique sociale", um, wie er sagte, „mit einem einzigen Namen diesen Ergänzungsteil der Naturphilosophie bezeichnen zu können, der sich auf das positive Studium der sämtlichen, den sozialen Erscheinungen zugrunde liegenden Gesetze bezieht" [1].

2. Zur Problemgeschichte von Psychologie und Soziologie

Mit den terminologischen Hinweisen sind nur bestimmte Phasen in den Blick gekommen, in denen sich ein verstärktes und verändertes Interesse an diesen Wissenschaften in wirksamer Namengebung niederschlug. Um die Problemgeschichte zu charakterisieren, muß man weiter ausholen. Auch wenn es uns jetzt vornehmlich um das aktuelle Phänomen der sogenannten Humanwissenschaften zu tun ist, müssen wir uns diesen Hintergrund in Erinnerung rufen, um nicht der Täuschung zu erliegen, als sei die Sache ebenso neu wie der Name und so einheitlich, wie er es erscheinen läßt.

a) Die abendländische Tradition
Psychologie und Soziologie, auf die wir uns im folgenden beschränken, haben in dem sie heute bestimmenden Verständnis ihren Ursprung im neunzehnten Jahrhundert. Welche Bedeutung diesem Vorgang zukommt, läßt sich nur im Kontrast zu derjenigen Auffassung von der Seele und der Vergesellschaftung des Menschen begreifen, die bis dahin – mit mancherlei Wandlungen und doch weitgehend kontinuierlich – das abendländische Denken bestimmte. Ihre Wur-

---

[1] *H. Schoeck*, Die Soziologie und die Gesellschaften. Problemsicht und Problemlösung vom Beginn bis zur Gegenwart. Orbis Academicus I/3, 1964, 173.

zeln liegen in der griechischen Philosophie einerseits, der biblischen Überlieferung anderseits.

Was das Verständnis der Seele betrifft, so sind es – in äußerster Stilisierung – zwei Motive, die sich in der von Antike und Christentum geformten abendländischen Auffassung spannungsvoll verbunden und einander durchdrungen haben. Das eine ist ein organisches Verständnis der Seele als der Entelechie des Leibes und darum als bewegender und gestaltender Kraft alles Lebendigen. In ihrer höchsten Schicht hat sie an der Welt der Ideen und dadurch am Unvergänglichen teil. Die Psyche als das Lebensprinzip nach ihren Potenzen zu beschreiben und zu klassifizieren, ist Aufgabe der Seelenlehre. Das andere Motiv ist ein personales Verständnis der Seele, das die Sonderstellung des Menschen als Imago Dei und die unauflösbare Individualität des Einzelnen in sich schließt. Was im Verhältnis zu Gott an Herz und Gewissen geschieht, das entscheidet für ewig über Tod und Leben der Seele. Im Gefolge dieser beiden Motive haben sich mit dem Eintritt in die Neuzeit zwei Hauptprobleme verschärft geltend gemacht: das Verhältnis von Leib und Seele sowie die Unsterblichkeit der Seele.

Das Verständnis des Politischen konzentriert sich – entsprechend stilisiert – auf zwei Pole: die Frage nach den angemessenen Lebensformen, in denen das Verhältnis von Einzelnem und Gemeinschaft Gestalt gewinnt, sowie die Frage nach der Quelle der Legitimation: wie das Recht zum Gebrauch von Macht autorisiert. An beiden Polen läßt sich durch die Wandlungen von der Antike bis zur Neuzeit hin ebenfalls ein spannungsvolles Ineinander griechisch-römischen und christlichen Erbes beobachten: einerseits an der Art, wie Staat und Kirche unterschieden werden, anderseits daran, wie der Gedanke des Naturrechts und die Berufung auf göttlichen Willen zueinander in Beziehung gesetzt werden. An den erwähnten Stellen zeichnen sich allerdings auch die Sprünge ab, an denen in der Neuzeit die Ordnung des christlichen Abendlandes zerbricht und die revolutionäre Umgestaltung des sozialen Lebens einsetzt.

b) Der Umbruch im neunzehnten Jahrhundert

Die Frage, weshalb um die Mitte des neunzehnten Jahrhunderts jene Wandlung ihren Anfang nahm, die den tiefgreifenden Umbruch in der wissenschaftlichen Einstellung zur seelischen und gesellschaftlichen Wirklichkeit bewirkte, läßt sich jetzt nur andeutungsweise beantworten. Da vollzieht sich einmal der Zusammenbruch der idealistischen Philosophie und ein siegreiches Vordringen naturwissenschaftlicher Denkweise. Im Historismus und Positivismus setzt sich eine entschieden metaphysikkritische Haltung durch. Ferner zeitigt die technische Anwendung der Naturwissenschaften ihre ersten stärkeren Auswirkungen in der beginnenden Industrialisierung und der sich daraus ergebenden Veränderung des sozialen Gefüges. Zusammen damit macht die Säkularisierung rapide Fortschritte. Die überkommenen religiösen und sittlichen Bindungen lösen sich teils auf, teils verändern sie sich in einem sich steigernden Emanzipationsprozeß. Die bisher tragenden gesellschaftlichen Institutionen erleiden einen zunehmenden Autoritätsschwund. Das alles lenkt die Aufmerksamkeit auf die Anzeichen und tieferen Ursachen von Krisenvorgängen überhaupt und übt zudem eine elementare Nötigung zu aufklärender Untersuchung aus, um ein zurechtbringendes Eingreifen zu ermöglichen. Die Wendung zur modernen Soziologie und Psychologie verbindet sich für die heute vorherrschende Rückschau vielleicht zu einseitig mit den Namen von Karl Marx und Sigmund Freud. Dennoch sind sie zweifellos die großen Beweger, an denen die charakteristischen Züge besonders deutlich erkennbar werden.

Die Realitäten, mit denen es diese Wissenschaften zu tun haben, werden nun nicht mehr als substanzhafte Gegebenheiten aufgefaßt, deren Eigenschaften und Äußerungen zu beschreiben sind, sondern als Prozesse, in denen das von Entfremdung und Repression bedrohte Menschsein selbst auf dem Spiel steht. Die Kategorie der Ordnung und insbesondere der Begriff des Staates, die bisher das Sozialdenken bestimmten, werden deshalb durch den Begriff der Gesellschaft kritisch in Frage gestellt. Das Wort „Seele" wird zwar in den vielen Wortbildungen mit „Psyche" beibehalten. Es deckt aber nicht mehr das Verständnis der Bewußtseins- und Bewußtwerdungsprozesse, an denen sich Psychologie nun orientiert. In beiden Fällen wird die Verflechtung in das Leiblich-Materielle maßgebend. Im Verständnis der sozialen Wirklichkeit verändern die Ideen ihren Stellenwert. Sie wandeln sich aus dem geschichtlichen Movens in einen ideologischen Überbau. Und die seelischen Vorgänge kommen nicht mehr abgelöst von den körperlichen in Betracht. In beider Hinsicht wird darum auch die praktische Abzielung entscheidend, worauf schon die Herkunft aus Nationalökonomie und Medizin hindeutet. Darum die primäre Orientierung an pathologischen Erscheinungen des Sozialen und des Psychischen wie Ausbeutung und Entfremdung, Hysterie und Verdrängung, sowie die Ausrichtung auf Sozialrevolution und Psychotherapie. Der Mensch macht sich damit in neuer Weise zum Gegenstand der Wissenschaft, nicht bloß als das vorgegebene und beschreibbare Subjekt von Welterforschung und Umweltgestaltung, sondern vor allem in der paradox anmutenden Verbindung von vorbehaltloser Erkenntnis seiner eigenen Natur- und Umweltbedingtheit und ungehemmter Entschlossenheit zu umgestaltendem Eingreifen in die menschliche Wirklichkeit selbst, in die gesellschaftlichen und seelischen Vorgänge. Nach dem Vorbild der Naturwissenschaften geht man hinter die Erscheinungen zurück auf die letztlich bestimmenden elementaren Kräfte und Gesetze, auf materielle Produktionsmittel und Interessenkonflikte, auf Sexualität und Triebstrukturen, um das menschliche Leben für Sozio- und Psychotechnik berechenbar und lenkbar zu machen. Gemeinsam ist darum auch infolge des polemischen Verhältnisses zum Herkommen eine überwiegend antireligiöse Tendenz.

c) Die Differenzierung im zwanzigsten Jahrhundert
Der Psychologie wie der Soziologie ist bei ihrer weiteren Entfaltung im zwanzigsten Jahrhundert eine außerordentlich starke Differenzierung widerfahren. Verursacht ist sie durch verschiedenartige Zerrungen, die sich folgendermaßen schematisieren lassen: Es macht sich die Spannung bemerkbar zwischen einer psychologischen oder soziologischen Betrachtungsweise, die in vielen der schon bestehenden Wissenschaften Berücksichtigung heischt, und der Verselbständigung zu besonderen Wissenschaftszweigen. Es tritt eine Polarisierung ein zwischen dem Trend auf eine Grundlagenwissenschaft, die alle Kulturerscheinungen umgreift und mit wissenschaftstheoretischem Anspruch die Philosophie ablösen soll, und einer streng empirisch verfahrenden Spezialforschung. Es zeigt sich die Differenz zwischen einem mehr beobachtenden Feststellen und theoretischen Deuten allgemeiner Art und einem stärker auf praktische Verwendung in Therapie und Management gerichteten Interesse. Es drängt sich eine arbeitsmäßige Aufgliederung nach speziellen Anwendungsbereichen auf (wie Religionspsychologie und -soziologie, Verhaltenspsychologie, Wissenssoziologie usw.) oder nach verschiedenen Methoden (hermeneutischer oder experimenteller Art). Schließlich kommt es zur Aufsplitterung nach Schul- und Richtungsverschiedenheiten (man denke etwa an die Kämpfe zwischen Orthodoxie und Revisionismus innerhalb des Marxismus wie des Freudianismus oder an den Positivismusstreit innerhalb der deutschen Sozialwissenschaft). Eher komplexer als vereinfacht wird der Sachverhalt durch die Grenzdurchlässigkeit beider Wissenschaften zueinander, wofür die Sozialpsychologie als Beispiel stehen mag.

3. Gemeinsame Grundzüge

Die unter sich so verschiedenartigen Humanwissenschaften weisen gewisse gemeinsame Grundzüge auf. Diese lassen sich freilich nur als Spannungen bestimmen, deren Strittigkeit berücksichtigt werden muß, wenn das Erscheinungsbild der Humanwissenschaften nicht nach der einen oder anderen Seite hin simplifiziert werden soll.

a) Naturwissenschaftliche Methode

Für das Aufkommen der modernen Psychologie und Soziologie spielt aufs Ganze gesehen die Affinität zur naturwissenschaftlichen Methode eine entscheidende Rolle. Dabei zeichnen sich jedoch extrem divergierende Tendenzen ab, die innerhalb der Humanwissenschaften selbst den Methodenstreit zwischen Natur- und Geisteswissenschaften (unter dieser oder anderer Bezeichnung) wieder aufleben lassen. Experimentelle Psychologie, die mit meßbaren Tests, und Sozialstatistik, die mit Methoden der Datenverarbeitung und der Wahrscheinlichkeitsrechnung arbeitet, bilden das eine Extrem, die Daseinsanalyse etwa oder die Kritische Theorie das andere. So scharf die Gegensätze sein mögen, tragen sie doch Momente in sich, die sich der Zertrennung widersetzen. Auch eine ausgesprochen geisteswissenschaftlich und hermeneutisch orientierte Psychologie kann heute die naturwissenschaftlich greifbaren Aspekte nicht übergehen, wenn sie die Ganzheit des Menschen nicht verfehlen soll. Und ein extrem physikalisches oder mathematisches Verfahren muß sich in Richtung auf das hermeneutische Problem hin erweitern, wenn es in eine Theoriebildung eingebracht werden soll, die den Menschen betrifft. So kommt es mit verschiedenen Nuancen zu einem Methodensynkretismus. Bei Freud etwa tritt er besonders signifikant auf als der weite Spannungsbogen von einem entschieden naturwissenschaftlichen Ansatz bis zu ausgeprägt mythischen Denkelementen. Der protologische Zug in seiner Auffassung von der Phylogenese ist ein Pendant zur eschatologisch-utopischen Komponente im dialektischen Materialismus. Die Kennzeichnung als „synkretistisch" verliert dann den pejorativen Klang, wenn man sich dessen bewußt ist, daß hier eine Sachnotwendigkeit wirksam ist, die in die methodologische Reflexion einbezogen werden muß.

b) Empirie

Das Insistieren auf Empirie, das die Humanwissenschaften auszeichnet, steht zur gedanklichen Abstraktion in einer legitimen Spannung, die allerdings leicht Verzerrungen unterliegt. Die ontologischen Implikationen psychologischer und soziologischer Begriffsbildung wie z. B. Trieb, Mechanismus usw. sind ein außerordentlich wichtiges Beispiel für das hier bestehende Problem. Das in bestimmter Hinsicht wohl berechtigte Abzielen auf Gleichförmigkeiten, Strukturen und Gesetze steht im Zeichen einer Generalisierung, die das konstitutive Moment des Individuellen im Geschichtlichen nicht verdrängen darf. Die Aufmerksamkeit auf psychologische oder soziologische Abläufe und Zusammenhänge muß die Spannweite wahren zwischen einer berechtigten objektivierenden Distanzierung vom unmittelbaren Lebenszusammenhang und einem verstehenden Erfassen und Begleiten von Lebensvorgängen in Hinsicht auf deren Sinnzusammenhang. Die Reflexionssteigerung in bezug auf die Vollzüge des Menschseins stellt allerdings in jedem Fall auch eine gewisse Belastung dar. Die Durchsäuerung des allgemeinen Bewußtseins und der Umgangssprache mit Elementen des humanwissenschaftlichen Vokabulars macht das Problem akut, wie eine gesunde Funktion des Unbewußten und eine am Gegenüber orientierte Wahrnehmung des Selbstverständlichen erhalten bleibt oder wiederhergestellt wird. Das richtet sich nicht gegen den Erfahrungszuwachs, den die Humanwissenschaften ermöglichen. Es kommt aber darauf an, daß das Empirische in bezug auf das menschliche Leben so in das Leben selbst überführt wird, daß es der Lebenserfahrung zugute kommt.

c) Soteriologische Intention

Mit den Humanwissenschaften verbindet sich der Anspruch, nicht nur Lebensnähe, sondern auch Lebenshilfe zu bieten. Diese in weitestem Sinne soteriologische Tendenz wird man da, wo es um den Menschen geht, schwerlich als unangemessen abweisen können. Sie birgt allerdings wiederum erhebliche Spannungsfaktoren in sich. Weithin vertraut man einfach auf den soteriologischen Effekt der Aufklärung. Wie der Naturwissenschaftler sucht man „hinter" die Dinge zu kommen. Man betreibt eine Bewußtseinsentlarvung zugunsten des vom ideologischen Überbau verdeckten Unterbaus der Produktionsverhältnisse oder zugunsten der unter Illusionen oder Repressionen verborgenen Triebwirklichkeit. Trivialisiert zu allgemeiner Enttabuisierung und antiautoritärer Emanzipation zehrt dieses Verfahren von der Meinung, daß sich dank der Entlarvungsstrategie die rechte Einsicht von selber einstelle und wirksam durchsetze. Was an solchem Bewußtwerdungsprozeß mit dem Ziel der

Befreiung trotz allem richtig ist, kann nicht zur Geltung kommen, ohne daß der Frage, was der Mensch sei, in weitestem Horizont Raum gegeben wird. Wenn in der Psychotherapie die Sprache selbst zum therapeutischen Mittel wird, so verrät dies eine außerordentlich wichtige Einsicht in bezug auf das Menschsein. Sie drängt zu der Frage, wessen es bedarf, daß ein Psychotherapeut Vertrauen stiftend die Zunge des Patienten löst und dann nicht etwa all das, was aus dem Unterbewußtsein hervorquillt, nur in die Kanäle einer Theorie lenkt. Die Humanwissenschaften leben mit Recht auch von solchen sachhaltigen Erkenntnissen, die nicht etwa erst durch Psychologie und Soziologie hervorgebracht werden. Je mehr sie darum wissen und dadurch eine Horizonterweiterung erfahren, desto eher können sie dem Menschen gerecht werden.

III. Humanwissenschaften und Religion

Wissenschaft im neuzeitlichen Verständnis spricht nicht von Gott. Man hat dies den methodischen Atheismus genannt. Das Reden von Gott wird nicht bestritten und bekämpft, fügt sich aber auch nicht in eine objektivierende Einstellung zur Wirklichkeit, die vom unmittelbaren Lebensverhältnis zu ihr abstrahiert. Jedoch beschäftigt sich neuzeitliche Wissenschaft gegebenenfalls sehr genau mit religiösen Phänomenen. In den Humanwissenschaften begegnet die Religion je nachdem, wie sie von dem betreffenden Wissenschaftler grundsätzlich eingeschätzt wird und innerhalb seines Interessenhorizonts erscheint.

1. Religiöses Erbe in den Humanwissenschaften

Der Art, wie die Welt des Religiösen in den Humanwissenschaften zur Sprache kommt, liegt ein Sachverhalt voraus, der gewöhnlich wenig bedacht wird, nämlich daß sie dem religiösen Erbe nicht wenig verdanken. In bezug auf die Psychologie wäre daran zu erinnern, wie sehr religiöse Erscheinungen innere Erfahrung und Beobachtung fördern. Wie stark dies besonders von der christlichen Religion gilt, wird an Augustin, Luther oder Kierkegaard, an der Beichtpraxis oder der Mystik hinreichend deutlich. Auch für die Soziologie ist nicht zu unterschätzen, wie sehr die gemeinschaftsbildende Kraft der Religionen und deren Ausstrahlung in die Sozialverhältnisse den Blick für das komplizierte Geflecht gesellschaftlicher Wirklichkeit geschärft haben. Überdies sind gewisse Leitideen heutiger Humanwissenschaften wie die der Personalität, der Partnerschaft oder der Freiheit ohne den christlichen Hintergrund nicht verständlich.

2. Beziehung zur Religionskritik

Für die grundsätzliche Frage, wie die Religion in den Humanwissenschaften erscheint, ist weniger die Fülle neutraler technischer Untersuchungen religionspsychologischer oder kirchensoziologischer Art aufschlußreich. Wichtiger ist es vielmehr, sich bewußt zu machen, daß der Aufbruch der Humanwissenschaften im neunzehnten Jahrhundert zeitlich und weitgehend auch sachlich mit der Religionskritik der Linkshegelianer und des Positivismus zusammenfiel. Das haftet ihnen z. T. bis heute an. Man muß hier freilich differenzieren. Die Begegnung zwischen Humanwissenschaften und christlichem Glauben stand unter ungünstigen Zeichen. Daß Begriffe der Primitivreligionen wie Tabu oder Fetisch mit dem Anschein des Religionstypischen überhaupt zu humanwissenschaftlichen Kategorien des Inhumanen wurden und daß sehr oft der Aberglaube oder ein zumindest undifferenziertes religiöses Denken als bequemstes Modell des Religiösen verwendet wird, das sind folgenschwere Einseitigkeiten. Man darf sich durch sie aber nicht hindern lassen, die berechtigten Momente einer Religionskritik zu bedenken, wie sie durch psychologische und soziologische Beobachtungen belegt werden. Daneben sollte man freilich nicht den breiten Strom vor allem derjenigen psychologischen Forschung aus dem Auge verlieren, durch welche die Interpretation religiöser Phänomene vorangetrieben wird, wie dies bei C. G. Jung oder in der daseinsanalytischen Richtung der Fall ist. Doch darf man sich dadurch wiederum nicht dazu verleiten lassen, die Problematik vorschnell für entschärft zu halten, die als die heutige Krise von Religion zum Gegenwartskontext der Humanwissenschaften gehört.

IV. Humanwissenschaften und Theologie

1. Symptome heutiger Bildungskrise

Daß die Beziehung von Humanwissenschaften und Theologie als so bedrängend schwierig erscheint, ist allerdings nicht nur und vielleicht nicht einmal in erster Linie die Folge einer religiösen Krise. Vielmehr geht es hier in hohem Maße um eine Bildungskrise. Sie hat verschiedene Aspekte.

a) Orientierungsschwierigkeiten

Bei der explosiven Entwicklung wissenschaftlicher Produktion wird es ständig schwieriger, auch nur einigermaßen informiert zu sein. Die Kluft zwischen journalistisch vermittelter oberflächlicher Kenntnis vom Hörensagen und urteilsfähigem Sachverstand wird zunehmend größer. Deshalb wird die Sogkraft und Hektik des Modischen immer mächtiger. Für geistige Konzentration bei gleichzeitiger Weite des Horizonts, wie es die Theologie in ungewöhnlichem Maße verlangt, ist diese Situation geradezu Gift. Das Verlangen nach sinnvollen Möglichkeiten der Information über Humanwissenschaften und deren Integration in das theologische Studium ist berechtigt und dringend. Jedoch würde alle Bemühung darum hoffnungslos, wenn der Erwerb humanwissenschaftlicher Kenntnisse auf Kosten ihrer theologischen Verarbeitung und des Erwerbs derjenigen Kenntnisse erfolgte, welche die unerläßlichen Voraussetzungen theologischer Urteilsfähigkeit sind.

b) Verständigungsschwierigkeiten

Schwieriger als der Erwerb hinlänglicher humanwissenschaftlicher Kenntnisse ist die Aufgabe der hermeneutischen Vermittlung zwischen so verschiedenen Sprachhorizonten wie den Humanwissenschaften und der theologischen Tradition. Dieses nach beiden Richtungen hin notwendig kritische Geschäft bedarf philosophischer Bildung, deren Verkümmerung der Theologie nur zum Schaden gereichen kann. Der heftige antipsychologische und antisoziologische Affekt der dialektischen Theologie – mochte er auch in ihrer Ausgangssituation ein gewisses Recht gehabt haben – hinterließ eine verhängnisvolle Hilflosigkeit und Anfälligkeit der Theologie gegenüber den Humanwissenschaften. Im Kontrast dazu beeindruckt die Subtilität, mit der etwa Thomas von Aquin den christlichen Glauben in dem Gesamtgeflecht menschlicher Lebensäußerungen ortete und auf seine Konkretion hin interpretierte, – ein der Intention nach tief berechtigtes Unternehmen, das unter den heutigen Bedingungen und geleitet von reformatorischen theologischen Einsichten neu in Angriff zu nehmen, allerdings durch die gegenwärtige Bildungssituation äußerst erschwert ist.

c) Hemmung innerer Lebendigkeit

Zu den Aspekten der Bildungskrise gehört auch das, was man die weit um sich greifende Erscheinung eines Gehemmtseins innerer Lebendigkeit nennen kann. Die Fähigkeit und der Mut zur Sammlung

auf das Lebenspendende und Gewißmachende sind davon ebenso betroffen wie die davon abhängige Bereitschaft und Elastizität zu hermeneutischer Geduld im Gespräch mit der Geschichte und mit den
Zeitgenossen. Dies ist aber für die Begegnung von Theologie und
Humanwissenschaften eine fundamentale Bedingung. Es bedarf dazu nicht nur wissenschaftlicher Bildung, sondern auch der Bildung
zu wahrer Humanität.

2. Wegweiser der Begegnung

Was sich bei einer Begegnung von Theologie und Humanwissenschaften ergibt oder gar ergeben sollte, läßt sich nicht vorweg
fixieren. Nur darauf kann abschließend hingewiesen werden, *daß*
sich eine solche Begegnung begeben muß und *wie* sie sich in rechter
Weise begibt.

a) Offenheit

Es ist schon viel, wenn man sich affektbestimmte Pauschaläußerun-
gen für oder gegen die Humanwissenschaften versagt sowie die
blinde Gefolgschaft im Banne einer bestimmten Doktrin oder eine
unorganische, bloß äußerliche Hinzufügung zur Sache der Theologie.
Es bedarf einer unverkrampften, mit Geduld gepaarten Offenheit,
welche die wahrzunehmenden Sachverhalte menschlicher Lebenswirklichkeit mit der Glaubensüberlieferung in einen intensiven dialogischen Kontakt gelangen läßt. Damit korrigiert sich die Vorstellung, als handele es sich um eine Aufgabe, die nur die Praktische
Theologie und die Ethik angehe, etwa gar um das mangelnde Vertrauen in die Sache der Theologie durch Modernisierungen zu kom-
pensieren oder um die Theologie überhaupt in das Schema einer
Handlungstheorie zu zwängen. Daß sich vornehmlich in diesen
Disziplinen eine Fülle notwendiger Kontakte mit den Humanwissenschaften aufdrängt, ist offensichtlich. Entscheidend ist aber, daß die
Begegnung mit ihnen die Theologie in allen ihren Disziplinen betrifft und darum besonders dringend die Dogmatik und die Fundamentaltheologie angeht. Wenn uns in den Humanwissenschaften
wesentliche Aspekte heutiger Wirklichkeitserfahrung aufgehen, so
stellt sich damit nicht nur die Frage, wie wir uns mit dem christlichen Handeln und den Formen kirchlichen Lebens darauf einstellen, sondern vor allem, wie sich der christliche Glaube damit ausein-
andersetzt und wie er sich daran bewährt. Methodologisch hat man
dies in die Parole gefaßt, daß die historisch-kritische Arbeitsweise

durch die empirisch-kritische zu ergänzen sei. Damit ist freilich die gesamttheologische Integration der Begegnung mit den Humanwissenschaften so lange nicht gewährleistet, wie nicht erkannt ist, daß es sich dabei um die einander durchdringenden Momente eines einzigen hermeneutischen Prozesses theologischer Rechenschaft handelt. Den Glauben kann man in der Tat nicht bezeugen und leben, wenn er nicht inmitten gegenwärtiger Wirklichkeitserfahrung gelebt und bezeugt wird.

b) Selbstkritik

Angesichts dessen, daß sich sowohl die Humanwissenschaften als auch die Theologie als Arbeitsprozesse in ständiger Bewegung der Selbstkorrektur befinden, ist es selbstverständlich, daß weder jene noch diese die Norm und urteilende Instanz für die andere sein kann. Der kritische Vorgang in der Begegnung beider muß wechselseitig sein. Dies wird am besten durch die Feststellung berücksichtigt, daß Kritik im Grunde stets Selbstkritik ist, nämlich die Bereitschaft, Vorurteile in bezug auf sich selbst wie in bezug auf den Partner zu korrigieren. Im übrigen sollte gerade dem Theologen jene kritische Grundfigur der Entlarvung, wie sie als Ideologiekritik vertreten wird, von biblischen Denkfiguren her – man denke an das Phänomen der „hypokrisis" – nicht unvertraut sein. Insofern ist eine auch dem Christentum zusetzende Religionskritik dem Theologen grundsätzlich nicht fremd, wenn er sich auch gegebenenfalls auf sehr unbequeme und ärgerliche Art daran erinnern lassen muß. Das schließt die Wachsamkeit auch gegenüber einem Ideologieverdacht ein, der selbst zu einem ideologischen Stilmittel geworden ist.

c) Erfahrungsbezug

Die Humanwissenschaften beeindrucken den Theologen mit Recht, weil sie einen Vorsprung an Erfahrung aufzuweisen haben und ihn seines Erfahrungsdefizits bewußt machen. Um jedoch nicht täuschenden Suggestionen zu verfallen, bedarf in der Begegnung von Humanwissenschaften und Theologie vor allem der Erfahrungsbegriff selbst der Klärung. Erst unter dieser Bedingung werden die entscheidenden Fragen in bezug auf das Verhältnis von Theologie und Erfahrung diskutierbar, die sich durch die Begegnung mit den Humanwissenschaften aufs äußerste verschärfen. Warum muß von Gott geredet werden, damit recht vom Menschen geredet werde? Inwiefern wird das christliche Reden von Gott als Evangelium von der Freiheit aus Glauben eben den Sachverhalten gerecht, die in den

Humanwissenschaften eindrücklich aufgedeckt, zuweilen aber auch verhängnisvoll verschüttet werden? Und warum bedarf es über psychologische und soziologische Sprachsysteme hinaus noch anderer Sprache, wenn anders es darum geht, das Leben zu leben und nicht bloß zu analysieren? Die Theologie beruht auf der Tatsache, daß die christliche Sprachüberlieferung einen Dienst versieht, der durch die Humanwissenschaften, wenn sie sich recht verstehen, gar nicht wahrgenommen werden kann.

Neuntes Kapitel

Praktische Theologie

I. Die Schlüsselstellung des Problems Praktischer Theologie

Die Praktische Theologie ist die jüngste unter den theologischen Hauptdisziplinen und zugleich diejenige, deren Namengebung und Aufgabenbestimmung am umstrittensten ist. Man hat sie einmal ironisch als „stellungslos" im System der theologischen Wissenschaft bezeichnet[1]. Doch besteht immerhin darin nahezu Übereinstimmung, ihr die Stellung am Schluß der Reihe theologischer Fächer zuzuweisen. Wenn selbst von diesem minimalen Konsens abgewichen wird, so bedarf das ausdrücklicher Begründung.

1. Die Abweichung von der üblichen Einordnung Praktischer Theologie

Die Stellung am Ende der Disziplinen leuchtet auf den ersten Blick unmittelbar ein. Markiert doch die Praktische Theologie offensichtlich den Übergang von der wissenschaftlichen Theologie zur kirchlichen Praxis, vom Studium in den Beruf. Damit können sich entgegengesetzte Wertungen verbinden. Den einen erscheint sie als Abstieg von den Höhen der Wissenschaft in die Niederungen einer Art Handwerk, den andern als das Ziel theologischer Bergbesteigung oder, wie Schleiermacher mit der Metapher des Baumwuchses zum Ausdruck brachte, als die Krone, zu der hin Wurzeln und Stamm alle Säfte und Kräfte der Theologie emportreiben[2]. Im einen Fall wird die Wissenschaftlichkeit Praktischer Theologie in Frage gestellt. Sie stehe faktisch schon außerhalb akademischer Theologie und sei deshalb von der Universität in kirchliche Seminare zu verlegen. Im andern Fall, wie bei Schleiermachers Verständnis der Theologie als positiver Wissenschaft, wird die Eigenart der Wissenschaftlichkeit von Theologie gerade mit dem Gefälle auf die Praktische Theologie

---

[1] *L. Fendt,* Die Stellung der Praktischen Theologie, in: Praktische Theologie. Texte zum Werden und Selbstverständnis der praktischen Disziplin der evangelischen Theologie, hrsg. v. *G. Krause,* WdF CCLXIV, 1972, 314.

[2] Kurze Darstellung des theologischen Studiums (s. u. S. 179), 1. Aufl. § 31. Ferner: *Schleiermacher* WW I, 13 S. 26.

hin in Zusammenhang gebracht. Diese Gegensätze verlieren allerdings in bezug auf die Besonderheit der Disziplin Praktischer Theologie an Aussagekraft, wenn man auf beiden Seiten die Weiterungen
mit in Betracht zieht. Die Bestreitung der Wissenschaftlichkeit Praktischer Theologie kann sich gewissermaßen ansteckend auswirken.
Mit ihr zusammen hat man auch die Dogmatik als „kirchliche Theologie" zur „wissenschaftlichen Theologie" im Gegensatz gesehen und
von der Universität – unter Verbleib allein der historischen Disziplinen – verbannen wollen. Die weitere Konsequenz ist, der Theologie überhaupt, auch einer sogenannten historischen Theologie,
um des Verdachts praktisch-kirchlicher Abzweckung und Bindung
willen. den Wissenschaftscharakter abzusprechen. Obwohl auf der
andern Seite Schleiermacher als der eigentliche Inaugurator Praktischer Theologie gilt, hat doch gerade er diese Disziplin vorwiegend als technisch bestimmt und sich ausdrücklich gegen die Errichtung besonderer Lehrstühle dieser Art ausgesprochen[1].

Diese ersten Beobachtungen lassen schon erkennen, wie stark das
Problem Praktischer Theologie, ihr enzyklopädischer Ort und ihre
Aufgabenbestimmung im einzelnen, mit dem Theologieverständnis
im ganzen verquickt ist. Ginge man den Gründen nach, die zur
Etablierung dieser Disziplin und zur Errichtung praktisch-theologi-
scher Lehrstühle führten, so stieße man ebenfalls auf Erscheinungen,
welche die Theologie im ganzen betreffen: den Schwund der Selbstverständlichkeit kirchlicher Wirklichkeit und die zunehmende Spannung zwischen wissenschaftlichem und kirchlichem Interesse an der
Theologie. Doch nicht etwa nur ein theologiekritisches wissenschaftliches Interesse konnte Interesselosigkeit an der Praktischen Theologie zur Folge haben. Auch im Zeichen des Gesamtverständnisses
der Theologie als einer Funktion der Kirche konnte sich die be-
tonte Hinwendung zur *Sache* der Theologie mit einer Geringschätzung Praktischer Theologie verbinden, während der neuerliche Stim-
mungsumschwung zugunsten der Praktischen Theologie gerade im
Zeichen ausdrücklich theologiekritischer Tendenzen steht und sich
mit der Abkehr von historischer und systematischer Theologie verbinden kann. All das bestärkt in dem Eindruck, daß man mit dem
Thema „Praktische Theologie" an einen neuralgischen Punkt der
Theologie überhaupt rührt.

Es ist darum sinnvoll, entgegen dem üblichen Vorgehen auf die
Praktische Theologie an einer Stelle zu sprechen zu kommen, an

---

[1] WdF CCLXIV, 4.

der beim Durchgang durch die Disziplinen eine für das Ganze entscheidende Schwelle überschritten wird. Es beginnt nun diejenige Phase, in der es sich herausstellen muß, was denn bei dem Umgang mit dem reichen geschichtlichen Material der Theologie in den biblischen Disziplinen und der Kirchengeschichte unter gleichzeitiger Präsenz der anderen Wissenschaften schließlich herauskommt: worauf dieser gewaltige Aufwand hinausläuft, wie es mit der Wahrheit als dem Wirklichkeitsbezug der Theologie steht und ob sie etwas erbringt, wovon und wofür ein Mensch leben kann. Das Ja zur Sache der Theologie und das Ja zum Beruf des Theologen bedingen einander und hängen davon ab, ob und inwiefern es die Theologie mit etwas gegenwärtig Verantwortbarem und dann wohl auch in bestimmter Hinsicht Notwendigem zu tun hat. Diese Zuspitzung wird auch an den übrigen noch ausstehenden Disziplinen: Dogmatik, Ethik und Fundamentaltheologie akut, erfährt aber die äußerste Schärfe durch die Probleme, die sich der Praktischen Theologie aufdrängen.

Aus der Wahl dieser Anordnung dürfen freilich nicht zu weitgehende Schlüsse gezogen werden, die auf einer Überforderung des Orientierungsversuchs beruhen. Gewiß ist die leitende Absicht in einem begrenzten Sinne enzyklopädischer Art. Doch eignet sich das eingeschlagene Verfahren von vornherein nicht dazu, die Differenzierung in Disziplinen systematisch zu entwickeln und eine ideale architektonische Struktur der Theologie zu entwerfen. Der reflektierende Rechenschaftsbericht über die Hauptkomplexe soll zwar einem sinnvollen Umgang mit dem Ganzen des theologischen Studiums zugute kommen. Jedoch liegt jede Konkurrenz mit Plänen zur Studienreform fern und darum auch der Anspruch, die Fächerfolge für ein Curriculum vorzuschlagen.

2. Praktische Theologie als kritisches Symptom des Theologieverständnisses

Es wäre zu eng, die Problematik, die sich mit der Praktischen Theologie besonders scharf stellt, allein unter dem Gesichtspunkt der Wissenschaftlichkeit zu erörtern, sosehr er auch Berücksichtigung erheischt. Außerdem ist empfehlenswert, den Begriff der Praxis zunächst soweit als möglich aus dem Spiel zu lassen, also nicht von der üblich gewordenen Disziplinbezeichnung und deren Implikationen auszugehen, sondern vom Sachverhalt selbst.

a) Theologie und Beruf

Das Argument, daß es die Reinheit der Wissenschaft beeinträchtige, wenn die Hinsicht auf ein bestimmtes Lebensbedürfnis einwirkt und darum auch die Abzielung auf eine bestimmte berufliche Tätigkeit und deren Erfordernisse für die Strukturierung der Wissenschaft eine Rolle spielt, kann nicht generelle Geltung in Anspruch nehmen. Natürlich liegen die Verhältnisse nicht bei allen Wissenschaften gleich. Und daß Rücksichten solcher Art gefährlich werden können, ist unbestritten. Dennoch gehören sie, ganz abgesehen von der Theologie, grundsätzlich mit in den Bereich derjenigen Faktoren, die für Wissenschaft konstitutiv sind. Das reine Erkenntnisstreben ist eine Abstraktion, die gegenüber dem Lebensganzen in gewissen Grenzen zwar vollziehbar und berechtigt ist. Aber daß sich selbst bei den Naturwissenschaften die Frage der Auswirkung auf das Leben elementar stellt, ist nach den verhängnisvollen wie den lebensnotwendigen Aspekten hin heute evident. Man kann selbst hier nicht mehr die Aufgabe der Forschung von der Verantwortung für das Erforschte separieren. Wieviel weniger in Bereichen, in denen von der Sache her Wissenschaft und Leben ungleich enger verknüpft sind, wie dies etwa in der Jurisprudenz und Medizin der Fall ist. Die mittelalterliche Universitätsgliederung war an den tragenden Berufen und an Grundbedürfnissen der Gesellschaft orientiert, so daß hier neben Richter, Arzt und Lehrer auch der für die Heilswahrheit verantwortliche Theologe seinen notwendigen Platz einnahm. Sosehr sich auch seither die Universitätssituation verändert hat, hat doch die innere Beziehung von Studium und Beruf, von Wissenschaft und Lebensnotwendigkeiten ihre Berechtigung nicht eingebüßt. Trotzdem gibt die Theologie in dieser Hinsicht ein besonderes Problem auf.

b) Theologie und Wirklichkeit

Der Anspruch, daß es die Theologie mit einer Wirklichkeit zu tun habe, die von allgemeiner Relevanz ist und eine Grundnotwendigkeit des Menschseins betrifft, kann – im Unterschied etwa zur Medizin – nicht mit selbstverständlicher Anerkennung rechnen. Trotzdem wäre es unzureichend, die Theologie allein von der unbestreitbaren geschichtlichen Gegebenheit und Bedeutung des Christentums her zu begründen, ohne zugleich den inneren Zusammenhang zwischen dessen Wesenskern und einer ihm entsprechenden wesenhaften Not des Menschseins zu erörtern. Das schließt ein, daß zur Theologie die Verantwortung für diesen Wesenszusammenhang zwischen dem

Christlichen und dem Allgemeinmenschlichen gehört. Dementsprechend ist ihr beides miteinander vorgegeben und zur Verantwortung
aufgegeben: das Menschsein in seiner Geschichtlichkeit ebenso wie
das Christentum in seiner Geschichtlichkeit. In beider Hinsicht handelt es sich um Geschichtliches im Sinne eines nicht abgeschlossenen,
sondern weitergehenden Geschehens. Und zwar eines – immer nur
partiell, wenn auch seitens des Christentums mit universaler Tendenz – einander durchdringenden Begegnungsgeschehens, das unabhängig von dem Vollzug wissenschaftlicher Theologie im Gange ist
und weitergeht. Damit ist nicht gesagt, Theologie sei für den Fortgang dieses Begegnungsgeschehens gleichgültig. Sie nimmt vielmehr
in besonderer Weise an der Verantwortung dafür teil, doch nicht so,
daß hier etwas allererst zu verwirklichen wäre, vielmehr so, daß die
Wirklichkeit eines immer schon in Gang befindlichen Geschehens
kritisch und fördernd begleitet wird, eines Geschehens, das – auf
die Vergangenheit wie auf die Zukunft gesehen – stets der Theologie vorausgeht, als bereits Geschehenes sowie als immer schon im
Geschehen Begriffenes. Würde nicht in dem beständigen Vollzug
kirchlicher Lebensfunktionen und dem Fortbestand kirchlicher Lebensformen christlicher Glaube in der Welt gelebt und geschichtlich
weiterwirken, so wäre Theologie buchstäblich bodenlos. An diesem
Sachverhalt nimmt Theologie in allen ihren Disziplinen teil, wird
aber durch die Praktische Theologie zweifellos am unmittelbarsten
an ihn erinnert. Daß Theologie dadurch nicht von der Wahrheitsfrage abgebracht und positivistisch wird, versteht sich keineswegs
von selbst. Aus diesem Grunde ihren spezifischen Wirklichkeitsbezug überhaupt preiszugeben, hieße allerdings, die Theologie gegenstandslos machen.

3. Der enzyklopädische Ort der Praktischen Theologie

Um noch einmal zu unterstreichen, in welchem Sinne der wie auch
immer näher zu bestimmenden Praktischen Theologie beim Durchgang durch die theologischen Disziplinen eine Schlüsselstellung zukommt, und um wenigstens anzudeuten, wie sie sich in das Ganze
der Theologie fügt, kann von der Orientierung an jenem Begeg-
nungsgeschehen von Christlichem und Allgemeinmenschlichem ausgegangen werden, das der Theologie vorgegeben ist. Wenn man,
wie es unter den Bedingungen der Neuzeit nicht zu umgehen ist,
die methodische Differenz zwischen historischen und systematischen
Disziplinen zur Hauptbestimmung macht, so wäre es irrig, nur die

ersteren als geschichtsbezogen zu verstehen. Die Untersuchung der Gegebenheiten historischen Überlieferungsgeschehens und die Untersuchung der Bedingungen und der Verantwortung gegenwärtigen Überlieferungsgeschehens gehören zweifellos, wenn auch spannungsvoll, hermeneutisch zusammen. Die einzelnen Disziplinen sind je in ihrer Weise mit unterschiedlichem Schwerpunkt am hermeneutischen Gesamtprozeß beteiligt, doch so, daß dieser als solcher in jeder Disziplin wirksam, jede Disziplin also an ihrem Aufgabenbereich zur Theologie wird. Deshalb stellen die voneinander isolierten Disziplinen Abstraktionen dar, die nicht ihrem tatsächlichen Vollzug entsprechen. Unter diesem Vorbehalt ergibt sich zwanglos die Aufgliederung jenes historischen Arbeitsvorgangs in die Bereiche der biblischen Disziplinen und der Kirchengeschichte. Demgegenüber fügen sich diejenigen Disziplinen, die es mit der Wahrnehmung der Sache der Theologie in ihrer Gegenwärtigkeit zu tun haben, ebenfalls zu einem methodisch gleichartigen Komplex. Er gliedert sich in der Weise, daß im Blick auf die gegenwärtige Wirklichkeit nach dem Leben der Kirche, der Wahrheit des Glaubens und der Angemessenheit sittlichen Verhaltens gefragt wird. Dabei ergibt sich insofern eine gewisse Entsprechung zwischen der kirchengeschichtlichen und der praktisch-theologischen Disziplin, als beide je in ihrer Blickrichtung die der Theologie vorgegebene Realität der Kirche und die Kontingenz des Geschichtlichen zu Gesicht bringen, – Aspekte, die sich gegen systematisierende und abstrahierende Neigungen spröde verhalten und eben deshalb der Theologie außerordentlich heilsam sind.

II. Theologie im Spannungsfeld des Theorie-Praxis-Problems

Die Praktische Theologie hat diesen Namen nicht zufällig auf sich gezogen, der vorher schon in anderer Bedeutung in Brauch gewesen war. Aber nicht nur deshalb, sondern vor allem, weil die Theologie nun auch infolge der gewählten Terminologie in das Theorie-Praxis-Problem geriet, muß eine begriffsgeschichtliche Besinnung eingeschaltet werden.

1. Wandlungen im Verständnis des Ausdrucks theologia practica

Auch die Begriffsgeschichte von theologia practica läßt erkennen, wie eng das Problem dieser Disziplin mit dem Problem der Theologie überhaupt verflochten ist.

a) Charakterisierung von Theologie überhaupt

Am Beginn der Hochscholastik stellte sich im Rahmen des aristotelischen Wissenschaftsverständnisses die Frage, ob die Theologie,
sofern sie überhaupt Wissenschaft ist, als scientia speculativa oder
als scientia practica zu gelten habe. Diese Fragestellung hat mit
dem Verifikationsproblem zu tun. Es treffen sich darin die Frage
nach dem Erkenntnisgrund sowie die nach dem Worumwillen, dem
Ziel der Theologie. Ist die Theologie letztlich am Betrachten der
Wahrheit um ihrer selbst willen orientiert oder am Guten, so daß
sie sich erst im Handeln bewährt? Verschiedene Antworten wurden
vertreten: daß sie nur spekulativ sei, daß sie dies vornehmlich, aber
zugleich auch praktisch sei oder daß sie vornehmlich praktisch sei.
Allerdings erwies sich dieses Schema als nicht hinreichend, so daß
Wechselbegriffe ins Spiel kamen wie „kontemplativ", „mystisch"
und „affektiv". War man in erster Linie an der inneren Wirkung
interessiert, so konnte man dem Spekulativen den Gesichtspunkt
des Mystischen oder des Affektiven entgegenstellen. Da sich der
Begriff des Praktischen auf das menschliche Handeln und damit
auf das Moralische bezog, eignete er sich schlecht zur ausschließlichen
Kennzeichnung des Theologischen. Wenn sich Luther jener scholastischen Distinktion gegenüber mit einer zuvor unbekannten Ent-
schiedenheit dafür ausgesprochen hat, daß die Theologie nur praktisch sei und die spekulative Theologie gar nicht Theologie zu
heißen verdiene[1], so sprengte er damit den Rahmen wissenschaftstheoretischer Problemstellung und verstand den Begriff des Spekulativen, vor allem aber den des Praktischen anders als die Scholastik. Praxis meint nun den Lebensvollzug überhaupt, so daß gerade
um des Primats des lebensbestimmenden und lebensentscheidenden
Glaubens willen die Theologie als ausschließlich praktisch bezeichnet wurde.

b) Ergänzung wissenschaftlicher Theologie

In der protestantischen Orthodoxie wurde Luthers Insistieren auf
den praktischen Charakter der Theologie in sehr unbefriedigender
Weise aufgenommen, indem nun als Gegengewicht zur wissenschaftlichen Schultheologie eine praktische Theologie ausgebildet wurde,
die das Dogmatische auf dessen erbauliche Bedeutung hin auslegte.
Es konnte z. B. eine theologia practica per omnes articulos fidei
verfaßt werden, wobei die Gesichtspunkte der Asketik und des

---

[1] WATR 1; 72, 16–24 Nr. 153 (1531/32). 302, 30–303,3 Nr. 644 (1533).

Moralischen ineinandergriffen. Damit kam man in eine gewisse Nähe zu einer katholischen Literaturgattung, die „theologia practica" betitelt und vornehmlich an den Problemen der Beichtpraxis orientiert war[1].

c) Teil der wissenschaftlichen Theologie
Die Idee einer Praktischen Theologie im heutigen Sinne als Summe von Disziplinen, die das kirchliche Handeln betreffen und für kirchenleitende Tätigkeit unterweisen, hat als erster Andreas Hyperius im sechzehnten Jahrhundert vertreten, jedoch nicht unter dieser Bezeichnung. Sie ist erst seit Schleiermacher mit jener Aufgabenstellung fest verbunden und hat sich seither gegen den Konkurrenzbegriff der Pastoraltheologie allgemein durchgesetzt. Neuere Vorschläge wie „Theologie der handelnden Kirche" oder „Handlungswissenschaft der Kirche"[2] haben bisher keine terminologische Änderung bewirkt. Obwohl der Ausdruck „Praktische Theologie" etwas unmittelbar Einleuchtendes hat, haften ihm doch schwerwiegende Probleme an.

2. *Wandlungen im Verständnis des Theorie-Praxis-Problems*

a) Das aristotelische Verständnis
Mit der Unterscheidung zwischen theoretischer und praktischer Wissenschaft, wozu bei Aristoteles noch als dritte Möglichkeit die „episteme poietike" kommt, die auf das Herstellen von etwas gerichtet ist, war die Wertung verbunden, daß der Theorie der Vorrang vor der Praxis zukomme. Dahinter steht ein Gedanke, der eine Wissenschaftslehre weit transzendiert, nämlich das Lebensideal, welches die vita contemplativa vor der vita activa bevorzugt. Daran erkennt man schon, wie schwierig es sein mußte, die Sache christlicher Theologie in das aristotelische Schema einzupassen, ohne dessen Zwängen ausgesetzt zu sein. Eine Unterscheidung in bezug auf das Wissen konnte sich im übrigen aus der Distinktion von Theorie und Praxis nur deshalb ergeben, weil die Möglichkeit einer reinen Theorie bejaht wurde. Ihr stand ein auf Praxis bezogenes Wissen gegenüber, das als solches selbstverständlich ebenfalls theoretische Momente enthielt.

---

[1] *E. Chr. Achelis,* Lehrbuch der Praktischen Theologie, Bd. I, ³1911, 6 f. 9 f.
[2] Vgl. *G. Krause,* Vorwort zu WdF CCLXIV, XIX.

b) Das neuzeitliche Verständnis

Für die Neuzeit ist bezeichnend, daß sie im Gegensatz dazu Theorie nur in deren Bezogensein auf Praxis gelten läßt. Diesen Grundzug verrät selbst jene schlecht durchdachte Antithetik des Gemeinspruchs „Das mag in der Theorie richtig sein, taugt aber nicht für die Praxis", den Kant kritisch analysiert hat[1]. Am klarsten tritt der neuzeitliche Theoriebegriff in seiner naturwissenschaftlichen Verwendung zutage als Zusammenhangserklärung experimentell gewonnener Erfahrungsdaten. Dafür ist dann allerdings „Praxis" als Gegenbegriff unbrauchbar. Für den Bereich menschlichen Handelns das Theorie-Praxis-Verhältnis entsprechend zu bestimmen, war das Bemühen der Linkshegelianer. Insbesondere wurde durch Marx ein spekulatives bloßes Begreifen der Wirklichkeit bekämpft, das deren Veränderung schuldig bleibt. Gegen eine so geartete Theorie der Wirklichkeit, die nur der Befestigung des Bestehenden diene und deshalb auf ideologische Weise praxisverhaftet sei, wurde nun „Praxis" im emphatischen Sinne als die Aufgabe verstanden, die Einheit von Theorie und Praxis herzustellen, indem Theorie als kritische Theorie in revolutionäre Praxis überführt wird. Um dieser Fassung des Theorie-Praxis-Problems das Ganze geschichtlicher Wirklichkeit zu unterwerfen, vollzog Marx die Gleichsetzung von Praxis und produzierender Arbeit. Das bedeutet eine Verengung des Praxisverständnisses, der wiederum eine Engführung des Theorieverständnisses entspricht.

3. Anwendbarkeit des Theorie-Praxis-Schemas auf die Sache der Theologie

Nimmt man den Sprachgebrauch „Praktische Theologie" als Bezeichnung einer einzelnen Disziplin ernst, so drängt sich der Gegenbegriff „Theoretische Theologie" auf. Diese Konsequenz hat man auch vielfach gezogen und alle übrigen Disziplinen darunter begriffen. Das hat jedoch bedenkliche Folgen.

Am wenigsten mag ins Gewicht fallen, daß dann das Wort „praktisch" wie gewöhnlich in wissenschaftstheoretischer Hinsicht die Beziehung auf Praxis meint und somit auch wieder bloße Theorie

---

[1] *I. Kant,* Über den Gemeinspruch: Das mag in der Theorie richtig sein, taugt aber nicht für die Praxis (1793), in: *I. Kant,* Werke in sechs Bänden, hrsg. v. *W. Weischedel,* VI, 125–172. Auch in: Kant, Gentz, Rehberg, Über Theorie und Praxis. Einleitung von *D. Henrich,* Theorie 1, 1967, 39–87.

der Praxis. Man könnte erwägen, ob es nicht angemessener wäre, den Gesichtspunkt des Praktischen dadurch strenger zur Geltung zu bringen, daß man im Unterschied zur theoretischen Theologie, wie sie wissenschaftlich betrieben wird, den Vollzug christlichen Redens von Gott in Verkündigung, Unterricht und Seelsorge als praktische Theologie bezeichnet, also nicht die Theorie darüber, sondern diese Praxis selbst. Das dürfte dann allerdings nicht in dem leicht abwertenden Sinn verstanden werden, als würde die Höhenlage reiner Theologie zugunsten einer Anpassung an die Praxis preisgegeben. Der gelegentlich gebildete Begriff angewandter Theologie (theologia applicata) müßte vielmehr, recht verstanden, als Theologie im strengsten Sinne gelten im Unterschied zu einer Theologie, die in abstrahierender Distanz zum konkreten Aussagevollzug verharrt. Jedoch suggeriert auch der Begriff angewandter Theologie das Gefälle vom Eigentlichen zum bloß Abgeleiteten. In Verbindung mit der neuzeitlichen Einengung von Theologie auf den Vorgang entsprechender wissenschaftlicher Reflexion entsteht die falsche Vorstellung, als erzeuge diese Theologie etwas, was dann in der Praxis zu bloßer Anwendung kommt. Pointiert formuliert: Nicht die Verkündigung leitet sich von der Theologie her, sondern die Theologie von der Verkündigung. Doch wird sich diese Fassung der Unterscheidung von Theorie und Praxis in bezug auf die Theologie schwerlich durchsetzen, obwohl sie, sofern man sich dieser Terminologie bedient, die eigentlich angemessene Weise wäre.

Schwerer wiegt das Bedenken, ob nicht durch die Unterscheidung innerhalb der wissenschaftlichen Theologie selbst zwischen einer theoretischen und einer praktischen Theologie der Praxisbezug der Theologie als solcher statt unterstrichen gerade preisgegeben wird. Für Schleiermacher war die Abzielung auf die kirchenleitende Aufgabe dasjenige, was jede theologische Disziplin zur theologischen macht[1]. Es fragt sich, was es dann mit einer speziellen Disziplin Praktischer Theologie auf sich hat, wenn an sich alle Disziplinen als theologische praktisch ausgerichtet sind. Die Antwort kann nur darin bestehen, daß die sogenannte Praktische Theologie die spezielle Theorie der Formen kirchenleitender Praxis darstellt, während die übrigen Disziplinen die Theorie dessen bilden, was den Inhalt kirchenleitender Praxis ausmacht. Genau genommen, sollte sich dann allerdings der Begriff der Praxis zur Wirklichkeit kirchlichen Lebens und damit des Lebens überhaupt weiten. Denn eben

---

[1] Kurze Darstellung des theologischen Studiums (s. u. S. 179), 2. Aufl. §§ 3–12.

darin liegt der für die Theologie eigentlich konstitutive Praxisbezug. Um dies klarzustellen, muß man sich dessen bewußt sein, daß das Theorie-Praxis-Schema in zweierlei Hinsicht den theologischen Sachverhalt zu verfälschen droht.

a) Verhältnis von Wort und Wirklichkeit

Es könnte der irrige Eindruck entstehen, als sei nicht nur die Theologie als wissenschaftliche Reflexion, sondern auch das Wort, auf das sie bezogen ist und dessen verkündigende Ausrichtung für die Lebenswirklichkeit von Kirche konstitutiv ist, eine Theorie, die dessen bedarf, erst in Praxis umgesetzt zu werden. Das verkündigende Wort ist vielmehr selbst zumindest eine entscheidende Weise kirchlicher Praxis. Und sein Bezug auf die Lebenswirklichkeit als solche ist durch das neuzeitliche Verständnis einer in Praxis zu überführenden wissenschaftlichen Theorie nicht getroffen. Damit ist nicht ein theologisch bestimmter Sonderfall statuiert. Vielmehr wäre zu zeigen, daß allgemein das Verhältnis von Wort und Wirklichkeit im Schema von Theorie und Praxis ontologisch unzureichend erfaßt ist. Denn das Wortgeschehen gehört zur Lebenswirklichkeit selbst, und zwar als das in gewisser Weise allererst wirklich Machende.

b) Verhältnis von Glauben und Handeln

Entsprechendes gilt vom Glauben, auf den christliches Wort zielt. Der Begriff der Praxis hat von seinem Wortsinn her und infolge seiner neuzeitlichen Interpretation verstärkt die Tendenz einer Einengung auf das Handeln. Die Wirklichkeit des Lebens ist jedoch mit dem Begriff des Handelns nur unzureichend erfaßt. Es wäre verhängnisvoll, wenn unter dem Zwang des Theorie-Praxis-Schemas der christliche Glaube den Charakter einer Handlungstheorie annähme, wenn also seine Verifikation Sache von Moral und Politik würde. Auch hier wiederum geht es nicht um eine nur für die Theologie in Anspruch zu nehmende Ausnahme, sondern um einen Vorbehalt ontologischer Art gegenüber dem Theorie-Praxis-Schema. Versucht man sich in sein aristotelisches Verständnis hineinzudenken, in den Begriff reiner Theorie und das Lebensideal der vita contemplativa, so deckt sich dies gewiß nicht mit dem Wirklichkeitsverständnis christlichen Glaubens, erweist sich aber als bedenkenswertes Korrektiv der heute herrschenden Theorie-Praxis-Auffassung.

III. Die Aufgabenbestimmung Praktischer Theologie

Die kritischen Erwägungen zur Bezeichnung „Praktische Theologie" bezwecken nicht eine Namensänderung. Auch wenn sie glückte und sich durchsetzte, wäre damit allein wenig gewonnen. Die Aufgabenbestimmung, zu der gerade auch die fraglichen Aspekte des nun einmal geläufigen Ausdrucks wichtige Denkanstöße geben, muß aus dem Sachverhalt selbst entwickelt werden.

1. Ausrichtung auf die Gegenwart von Kirche

Obwohl sich der Gegenwartsbezug, modifiziert, in allen theologischen Disziplinen anmeldet – in den historischen indirekt als unabtrennbare hermeneutische Dimension, in den systematischen direkt als Ausdruck der Wahrheitsfrage –, drängt er sich doch in der Praktischen Theologie mit besonderer Penetranz auf. Zwar beziehen sich auch die dogmatische Frage nach der Wahrheit des Glaubens und die ethische nach dem rechten sittlichen Verhalten auf die Breite gegenwärtiger Lebenswirklichkeit. Mit der Ausrichtung auf die Gegenwart von Kirche legt aber die Praktische Theologie – unter Einbeziehung jener Fragehinsichten – den Schwerpunkt in die Besinnung auf den bestimmten Bereich geschichtlich geformter Gegenwart, der die authentische Repräsentation christlichen Glaubens zu sein beansprucht und unter allen nur denkbaren Hinsichten – auch politischer, gesellschaftlicher oder wirtschaftlicher Art – in die gegenwärtige Lebenswirklichkeit verwickelt ist. Wie unter diesen Bedingungen der erhobene Anspruch zu verantworten und inmitten solcher Verflechtung zu praktizieren sei, macht das Problemfeld Praktischer Theologie aus. Es erstreckt sich vom theologisch Prinzipiellen bis in Detailfragen technischer Praktikabilität. So wichtig dabei, zumal in einer aufgewühlten Gegenwart, eine entsprechende Grundlagenbesinnung ist, versieht doch die Praktische Theologie in der Kooperation der Disziplinen nur in dem Maße ihre spezifische Aufgabe, wie sie sich auf die eigentümliche Penetranz ihres Gegenwartsbezuges einläßt und die konkreten Fragen kirchlicher Lebensfunktionen und Handlungsweisen aufgreift. Wird sie nicht in diesem Sinne tatsächlich praktisch, verharrt sie zu sehr in den „höheren" Sphären der Theorie, so bleibt sie Wesentliches schuldig.

a) Das Grundgeschehen im gegenwärtigen Dasein von Kirche

Mit der Ausrichtung auf die Gegenwart von Kirche entschwindet nicht, verschärft sich vielmehr die Spannung, die der dogmatische

Kirchenbegriff in Distinktionen zu fassen sucht wie unsichtbare und sichtbare, universale und partikulare Kirche oder Kirche im geistlichen Sinne und im Rechtssinn. Denn wie immer Kirche auftritt, ist für sie ein Hinausweisen über sich selbst charakteristisch: auf ihren geschichtlichen Ursprung, mit dem sich die Autorität des Kanonischen zwar nicht deckt, aber eng verbindet; auf die Glaubensprädikationen, die ihr, dem widersprechenden Erscheinungsbild zum Trotz, zugesprochen werden; auf die universale Einheit ungeachtet der zersplitterten und zerstrittenen Realität von Kirchen; auf ein anonymes Christentum jenseits von organisierter Kirche und von bewußtem Anschluß an christliche Tradition. Obschon jede dieser Relationen bei der Ausrichtung auf die Gegenwart von Kirche Rücksicht erheischt, eignet sich doch keine als Leitgesichtspunkt Praktischer Theologie. Denn sie darf sich durch keine Antithesen von der gegenwärtigen kirchlichen Wirklichkeit ablenken lassen. Ebensowenig aber darf sie durch irgendwelche Identifikationen verdecken, daß der Anspruch von Kirche stets ein Moment der Nichtidentität impliziert. Deshalb hält sich Praktische Theologie jeweils vornehmlich an eine Hauptausprägung geschichtlichen Kirchentums, ohne sich doch konfessionalistische Scheuklappen anlegen zu dürfen. Gerade auch angesichts eines Verschwimmens der Christlichkeit in die Anonymität nimmt sich Praktische Theologie der Verantwortung an für den Ort, wo, und für die Art, wie die Dinge beim Namen genannt werden.

Maßgebend ist darum die Ausrichtung auf das Grundgeschehen von Kirche in deren gegenwärtigem Dasein. Damit wird der Gegenstandsbezug auf den Brennpunkt eingestellt. Er ist nicht etwa als bloße Idee von Kirche abseits der gegenwärtigen kirchlichen Wirklichkeit aufzusuchen, sondern als das konstitutive Geschehen in ihr anzutreffen. So verbietet sich der Rückzug aus der Empirie, als könnte man Kirche apriorisch konstruieren, gleichsam vom Nullpunkt her, und wäre nicht auf geschichtlich vorgegebene Bestimmtheit kirchlichen Daseins angewiesen, wie sie sich am elementarsten in der Sukzession der Taufe und in der Institution gottesdienstlicher Versammlung darstellt. Es verbietet sich aber zugleich, der Empirie unkritisch zu verfallen ohne Gespür für das, was zentral und was peripher, was gesund und was krank ist. Denn das kirchenkritische Moment kommt nicht von außen hinzu. Vielmehr ist das Grundgeschehen von Kirche, ohne das keinerlei Kirchentum bestehen kann, selber ein kirchenkritischer Vorgang. Zumindest muß er auf diese seine Intention hin bedacht werden. Das Wort von der ecclesia semper reformanda kann zwar, ungeschichtlich verstanden, einem schwärmerischen Kirchendoketismus Vorschub leisten. Genau genommen, unterstreicht es aber nur die Eigenart von Kirche, die in ihrem gegenwärtigen Dasein ihr Grundgeschehen fortsetzt und eben dadurch ihr gegenwärtiges Dasein der Kritik unterwirft.

b) Wahrnehmung der Lebenswirklichkeit
Die Ausrichtung auf das Grundgeschehen im gegenwärtigen Dasein von Kirche lenkt also nicht von der konkreten Lebenswirklichkeit ab, läßt dieser vielmehr in doppelter Hinsicht eine Aufmerksamkeit zukommen, die sich aller geeigneten Mittel empirischer Analyse und kritischer Diagnose zu bedienen hat. Einerseits gilt es, die faktische Lebenswirklichkeit von Kirche daraufhin zu durchleuchten, welche Antriebe und Hemmungen von ihr auf ihre Lebensfunktionen und ihren Daseinszweck ausgehen. Anderseits ist die gesamte gegenwärtige Lebenswirklichkeit auf ihre Beziehung zu dem hin zu untersuchen, worauf das Grundgeschehen von Kirche abzielt. Das scheint zur Konfrontation selbständiger Größen zu führen, will jedoch auf den inneren Zusammenhang hin erprobt werden. Das Grundgeschehen von Kirche darf nicht an der gegenwärtigen Lebenswirklichkeit vorbeigehen, weil es sie auf deren innersten Kern hin angehen will und muß. Und die faktische Lebenswirklichkeit von Kirche kann nicht etwas davon Separiertes zu sein beanspruchen, weil sie darin aufgehen soll, zum Schnittpunkt jenes Grundgeschehens mit der gesamten gegenwärtigen Lebenswirklichkeit zu werden. Daß dieser Zusammenhang nie garantiert und vielfach gestört ist, verleiht der Aufgabe Praktischer Theologie um so schärferes Profil: vom Grundgeschehen der Kirche her die gegenwärtige Lebenswirklichkeit von Kirche so auszurichten, daß die gegenwärtige Lebenswirklichkeit überhaupt aufgedeckt, getroffen und verändert wird. Je elementarer man sich dabei an das Grundgeschehen von Kirche hält, desto freier wird man dafür, die Situationen, in die hinein es ergeht, unverstellt wahrzunehmen. Und je offener man sich auf diese Weise den gegenwärtigen Erscheinungen der kirchlichen und allgemeinen Lebenswirklichkeit stellt, desto nüchterner erkennt und beurteilt man ihre Verflechtung ineinander oder ihre Ferne zueinander, ihre notwendige Anpassung aneinander, aber auch ihre unvermeidliche Verschiedenheit voneinander und Spannung miteinander.

2. Hauptaspekte kirchlichen Lebens

Um den Aufgabenbereich Praktischer Theologie zu differenzieren, sei der unbestimmt gebliebene Begriff des Grundgeschehens von Kirche durch deren Auffassung als Leib Christi erläutert. Damit soll nicht spiritualisierend von problematischen Assoziationen des Wortes „Kirche" abgelenkt, sondern gerade der geschichtlichen Leiblichkeit von Kirche theologisch Rechnung getragen werden. Der Begriff des Leibes Christi bringt einerseits die Unterscheidung zwischen Christus und Kirche als für deren Wesen konstitutiv zum Ausdruck, anderseits erfaßt er als untrennbare Einheit, was in bezug auf das Weltverhältnis von Kirche leicht als konkurrierend erscheint, in Wirklichkeit aber wie Systole und Diastole des Herzens eine einzige Lebensbewegung bildet, nämlich Sammlung und Sendung. Selbst die instrumentale Verhältnisbestimmung, daß die Sendung der Sammlung oder die Sammlung der Sendung diene, bliebe dahinter zurück, daß der Leib Christi eben dadurch, daß er in die Welt hinein wächst, seine Sendung an die Welt erfüllt: der Welt befreiend mit dem zu dienen, was sich von Gott her in der Bildung des Leibes Christi an Befreiungsgeschehen ereignet hat und ereignet.

a) Kirchliche Funktionen

Nicht um die Lebensfunktionen der Kirche einzuengen, sondern um sie als Ausstrahlung vom Zentrum her zu erfassen, sind sie auf das eine Grundgeschehen zurückzuführen, durch das sich Jesus Christus der Welt vermittelt. Daß dies ein Wortgeschehen ist, liegt nicht nur daran, daß es dafür geschichtlicher Kunde bedarf, sondern zugleich und vor allem daran, daß die Lebenswahrheit dieser Kunde sich als Freiheit aus Glauben erfüllt, die zu eröffnen allein Sache vollmächtigen Wortes ist. Gegen die Tendenz auf ein ungeschichtliches und abstraktes Wortverständnis hat Praktische Theologie die kirchliche Grundfunktion jenes Wortgeschehens unter zwei Hauptaspekten auf die Gegenwart hin zu differenzieren: unter dem Gesichtspunkt der Wortgestalt, die viele Formen der Mitteilung und unendliche sprachliche Möglichkeiten umspannt, sowie unter dem weitgefaßten Gesichtspunkt der Wortsituation, zu der vornehmlich die Leibhaftigkeit von Gemeinde, die Offenheit zum Forum der Adressaten hin und die Diakonie als Wirksamwerden eines neuen Lebens mitten im alten Leben gehören.

b) Kirchliche Institutionen

Die Differenzierung kirchlicher Funktionen verdichtet und institutionalisiert sich zu festen Formen. Dadurch wird die Aufgabe akut, angesichts möglicher Zerrungen zwischen den tradierten Ordnungen und dem Gegenwartsbezug darüber zu wachen, daß weder das Hängen am Gestrigen noch die Neuerungssucht den Ausschlag gibt, sondern die besonnene Bemühung um den angemessenen Vollzug des Grundgeschehens im gegenwärtigen Dasein von Kirche. Entsprechend den verschiedenen Ebenen, auf denen sich kirchliches Leben verleiblicht und institutionelle Gestalt von verschiedener Dauer annimmt, fächert sich der Aufgabenbereich Praktischer Theologie weit auf. Sie hat primär mit den institutionellen Formen der auf das Wort zentrierten Lebensfunktionen der Kirche zu tun, den gottesdienstlichen Feiern der Gemeinde, den an den Hauptzäsuren des persönlichen Lebens orientierten Kasualien sowie der Gestalt christlicher Seelsorge und Mission, Unterweisung und Bildung. Ferner handelt es sich, eng damit zusammenhängend, um die institutionellen Formen der Sozialisierung: der Gemeinden, der übergemeindlichen kirchenleitenden Organe, der speziellen Gestaltungen einer vita communis oder der ökumenischen Zusammenschlüsse. Endlich sind damit wiederum die institutionellen Formen bestimmter Ämter eng verzahnt, die wesenhaft den Charakter von Diensten haben und weder sich auf ein einziges reduzieren lassen noch durch eine Monopolstellung die Fülle spontaner Dienste ersticken dürfen. Die Probleme, die heute insbesondere im Hinblick auf alle institutionellen Formen der Kirche brennend geworden sind und unter soziologischem Aspekt heftig diskutiert werden, können nur von dem Leben her, dem sie dienen sollen, ihre Lösung erfahren. Deshalb ist ihre Isolierung wenig förderlich. Das gilt auch von der Auseinandersetzung um das Berufsbild des Pfarrers. Das Ergriffensein von dem, worum es im Grundgeschehen von Kirche geht, relativiert solche Probleme und ermöglicht gerade deshalb neue Lösungen, die phantasievoll und nüchtern zugleich sind.

3. Kriterien kirchlicher Verantwortung

Die Praktische Theologie ist heute in besonderem Maße in der Gefahr, zum Tummelplatz theologischer Modeschöpfer und ihrer Experimente zu werden. Nicht die Tatsache, daß der ungeheure Druck tektonischer Veränderungen im gegenwärtigen Dasein von Kirche verspürt und nach neuen Wegen Ausschau gehalten wird, ist zu beklagen – sie ist im Gegenteil ein an sich hoffnungsvolles Symptom. Vielmehr ist dies beunruhigend, daß eine tiefe Unsicherheit in bezug

auf die Kriterien um sich gegriffen hat – ein Sachverhalt, an dem alle
theologischen Disziplinen beteiligt sind, der sich aber begreiflicherweise an der Praktischen Theologie besonders schwerwiegend aus-
wirkt.

a) Sach- und Zeitgerechtheit
Anstatt die Gesichtspunkte des Sachgerechten und des Zeitgerechten
je gesondert und unabhängig voneinander einzuführen, ist schon
dies ein Kriterium angemessenen Umgangs mit allen Fragen Praktischer Theologie, ob das, was hier sachgerecht sei, um des strikten
Gegenwartsbezugs des Grundgeschehens von Kirche willen so tief
bedacht wird, daß es zur Frage nach dem Zeitgerechten wird; wie
auch umgekehrt das, was in Sachen des christlichen Glaubens zeit-
gerecht heiße, nur dann recht bedacht ist, wenn es zur Frage nach
dem Sachgerechten wird. Dies ist zwar keine bequeme, aber eine
im Grunde selbstverständliche Auskunft. Denn damit wird die
eigene Teilnahme am Grundgeschehen von Kirche zum Kriterium
kirchlicher Verantwortung.

b) Freiheit
Für alle Fragen kirchlicher Praxis ist es ein nicht bloß formales, sondern aus dem Inhalt des Evangeliums selbst entspringendes Kriterium, ob dabei Freiheit eröffnet wird. Freiheit im christlichen Verständnis gibt sich daran zu erkennen, daß sie als Freiheit vom Gesetz zum Dienst am Schwachen willig macht[1]. Die Zusammengehörigkeit von Glaube und Liebe als Inbegriff christlicher Freiheit widerspricht und widersteht beiden Formen von Gesetzlichkeit, die für
die Praktische Theologie verhängnisvoll sind: dem Traditionalismus
wie dem Progressismus.

---

[1] Vgl. Rm 14 und 1. Kor 8 und 10 sowie M. Luthers Invocavitpredigten
1522, WA 10, 3; 1–64 = BoA 7, 362–387.

Zehntes Kapitel

Dogmatik

I. Der Bedeutungshorizont der Bezeichnung „Dogmatik"

Mit dem Worte „Dogmatik" verbinden sich gefühlsmäßig entgegengesetzte Wertungen. Einerseits stellt es etwas Festes und Haltgebendes in Aussicht inmitten des Gewirrs historischer Materialien, widersprechender Meinungen und bedrängender Zweifel, denen der Theologe ausgesetzt ist: nicht bloß ein „So war es" oder „So mag es sein", sondern ein „So ist es", „So ist es wahr". Das verspricht jene Klarheit und Gewißheit, deren es bedarf, um mit der Sache der Theologie so ins Reine zu kommen, daß man sie zu seiner eigenen Sache machen kann. Anderseits verbindet sich mit dem Worte „Dogmatik" die Vorstellung von etwas Starrem, von einem autoritären Anspruch kirchlicher Dogmen, deren Annahme letztlich auf ein sacrificium intellectus hinausliefe. Das widerspräche einer Grundbedingung wissenschaftlichen Verfahrens, zugleich aber auch dem christlichen Glauben selbst. Als blinde Unterwerfung unter ein Glaubensgesetz wäre er in sein Gegenteil verkehrt.

1. „Dogmatik" und „systematische Theologie"

Dem tiefsitzenden Widerwillen gegen das Dogmatische dadurch Rechnung zu tragen, daß man auf dieses Wort überhaupt verzichtet und statt dessen von systematischer Theologie spricht, wäre jedoch unzureichend und voreilig. Die Bezeichnung „systematische Theologie" verliert daraufhin allerdings nicht an Gewicht. Ihre terminologischen Wurzeln liegen im siebzehnten Jahrhundert, in dem der Systembegriff in die Theologie Eingang fand. Gegen die Vorstellung eines geschlossenen Systems lassen sich zwar ähnliche Bedenken geltend machen wie gegen die Assoziationen, die das Wort „Dogmatik" hervorzurufen pflegt. Jedoch entgegen solcher Verengung ist am Systemgedanken die methodische Forderung unaufgebbar, die Wahrheit von Aussagen zu erproben durch Rechenschaft über den Zusammenhang, in dem sie untereinander sowie mit allem anderen stehen, was für ihre Geltung von Belang sein könnte. Verstehen ist Erfassen von Zusammenhang. Deshalb ist der Gesichtspunkt des Systematischen hermeneutischer Art und der hermeneutische Aspekt mit der

Wahrheitsfrage untrennbar verbunden. Der Begriff „systematische Theologie" greift jedoch weiter als die Bezeichnung „Dogmatik". Während diese auf die zusammenhängende Darstellung der Glaubenslehre eingegrenzt gebraucht wird, also vornehmlich abgehoben gegen Ethik als die Lehre vom sittlichen Handeln, hat der Ausdruck „systematische Theologie" die Tendenz, alles zu umgreifen, was in der Theologie methodisch auf die Frage gegenwärtiger Geltung und auf die Erprobung des Wahrheitsanspruchs ausgerichtet ist. Darum ließe sich auch die Praktische Theologie zur systematischen rechnen, wenn anders sie nicht nach dem bloß pragmatisch Zweckmäßigen fragt, sondern nach demjenigen, was der christlichen Wahrheit in bezug auf die heutige kirchliche Lebenswirklichkeit gemäß ist. Denn damit setzt sie sich der Wahrheitsfrage überhaupt aus.

Wenn also, jedenfalls nach dem gegenwärtigen Sprachgebrauch, „Dogmatik" einen inhaltlich begrenzten Sektor systematischer Theologie ausmacht, genügte als terminologischer Ersatz dafür nicht jener umgreifende methodische Ausdruck, um zugleich die besondere Aufgabe der Glaubenslehre zu kennzeichnen. Dafür von vornherein auf den Ausdruck „Dogmatik" zu verzichten, könnte schon deshalb voreilig sein, weil man sich dadurch der Nötigung entzöge, über die Bedeutungsimplikationen dieses Wortes nachzudenken. An ihnen kann man sich bereits wichtige Problemdimensionen der jetzt zu erörternden Disziplin klarmachen.

2. Herkunft und Sinn des Wortes „Dogmatik"

a) Formales oder gegenständliches Verständnis?
Die Wortverbindung „theologia dogmatica" ist im siebzehnten Jahrhundert aufgekommen, während die substantivierte Übernahme ins Deutsche als „Dogmatik" erst im achtzehnten Jahrhundert erfolgte. Neu daran war natürlich nicht der so bezeichnete Aufgabenbereich als solcher. Was man rückwirkend als Dogmatik ansprechen kann, existierte schon seit langem. Jedoch treten Wandlungen der wissenschaftlichen Nomenklatur selten von ungefähr ein. In diesem Falle stand das Aufkommen des neuen Terminus im Zusammenhang mit außerordentlich zahlreichen Neubildungen attributiver Art, um Theologie unter den verschiedensten Aspekten zu spezifizieren. Die Herauskristallisierung unseres heutigen theologischen Disziplinenkanons nahm dabei ihren Anfang, wenn auch z. T. mit noch sehr schwankender Begrifflichkeit. So war theologia dogmatica nur eine unter anderen äquivalenten Bezeichnungen.

Symptomatisch ist aber, daß an den zwei Stellen, wo der Ausdruck zum erstenmal begegnet, sich als Gegenbegriffe im einen Fall „theologia historica", im anderen „theologia moralis" einstellten [1]. Von Anfang an treten also beide Bedeutungsnuancen auf: der methodische und der inhaltliche Aspekt. Dogmatik folgt nicht der historischen, sondern der Sachordnung. Und indem eine theologische Ethik neben sie tritt, wird ihre Ausrichtung auf die credenda im Unterschied zu den agenda unterstrichen.

Nun ist damit allerdings noch nicht geklärt, was in diesem Fall unter „dogmatisch" zu verstehen sei. Meint dieses in der Theologie auch zuvor schon gebräuchliche Adjektiv etwas Formales, nämlich das Lehrhafte bzw. eine bestimmte Weise des Lehrhaften, oder bringt es den Gegenstand der Lehre zum Ausdruck, nämlich das Dogma oder die Dogmen? Wenn man heute vielfach Dogmatik als Wissenschaft vom Dogma definiert, so drängt sich unvermeidlich der Gedanke an bestimmte geschichtlich vorgegebene, kirchlich sanktionierte Sätze auf, deren wissenschaftliche Untersuchung Gegenstand der Dogmengeschichte wäre. Inwiefern aber auch Gegenstand einer davon zu unterscheidenden Dogmatik?

b) Außertheologisches Vorkommen

Die naheliegende Erklärung von „Dogmatik" aus einem spezifisch theologischen Dogmenbegriff erweist sich allerdings als fraglich, wenn man an den Gebrauch des Ausdrucks „Dogmatik" außerhalb der Theologie denkt. Schon im sechzehnten Jahrhundert sprach man in Anknüpfung an eine auf die Antike zurückgehende Unterscheidung von der medicina dogmatica als derjenigen Richtung, die sich der aufkommenden empirischen Medizin entgegenstellte. Und in der Jurisprudenz ist noch heute „Dogmatik" etwa in Gestalt der Strafrechtsdogmatik als Disziplinbezeichnung üblich, wofür aber nicht vorgegebene Dogmen maßgebend sind, sondern zu erarbeitende Lehrgrundsätze. In beiden Fällen ist, wenn auch mit verschiedenen Akzenten, die dogmatische Denkform bestimmend. In der Antike wurde sie philosophisch mit Nachdruck gegen die Skepsis vertreten, während sie in der Moderne zumeist im Gefolge des Kritizismus Kants pejorativ verstanden und als dogmatistisches Hinnehmen ungeprüfter Lehre verurteilt wird.

Was konstituiert nun demgegenüber in der Theologie Dogmatik: das Dogma bzw. die Dogmen als ihr Gegenstand oder die dogma-

---

[1] Vgl. den Exkurs: „Der Wortsinn von ‚Dogmatik'" in meinem Buch: Theologie und Verkündigung. Ein Gespräch mit Rudolf Bultmann, (1962) ²1963, 105–109.

tische Denkform oder beides? Und wie verhält sich dogmatische
Theologie zum Vorwurf des Dogmatismus? Diese Fragen lassen sich
nicht ohne Erwägungen zum Begriff des Dogmas einer Klärung
näher bringen.

3. Wandlungen des Dogmabegriffs

a) „Dogma" im klassischen Griechisch und im heute vorherrschenden
　Sprachgebrauch

Im klassischen Griechisch erhielt „dogma", das sich von „dokein"
(meinen, glauben, wähnen, scheinen, beschließen) herleitet, eine doppelte Ausprägung gemäß zweierlei Weisen von Autorisation: als
philosophischer Lehrsatz, der auf Wahrheit Anspruch erhebt, sowie
als politisches Dekret, in dem eine autoritäre Setzung erfolgt. Im
religiösen Bereich hat es dagegen keine Rolle gespielt.

Die Übernahme in den christlichen Sprachgebrauch erfolgte in
Anlehnung an den philosophischen Sprachgebrauch und in Konkurrenz zu ihm. Darin zeigt sich die Orientierung des christlichen Glaubens an der Wahrheitsfrage. Erst sekundär verband sich damit die
juristische Bedeutungsnuance. Doch muß man sich zunächst davon
freimachen, in den früheren Sprachgebrauch das heute geläufige
kirchliche Verständnis von Dogma hineinzudeuten, für das zwei Momente konstitutiv sind. Dogma ist hier identisch mit einem bestimmten formulierten Satz; und dessen Geltung ist ausgewiesen durch
eine bestimmte Instanz, die für solche Formulierung allein zuständig
ist. Dieser Dogma-Begriff, in dem sich die beiden Ausprägungen des
antiken Sprachgebrauchs vereinen, ist erst im römischen Katholizismus des neunzehnten Jahrhunderts voll ausgebildet worden. Er hat
seine Entsprechung in einer historischen Verwendung des Wortes
Dogma für die Lehrentscheidungen der altkirchlichen ökumenischen Konzile. Schon hier begegnet zwar die charakteristische Verbindung von Wahrheitsformel und autorisierender Instanz. Doch
wurde dieser Sachverhalt damals noch nicht in das Wort „Dogma"
gefaßt, obwohl es in verschiedenartiger Verwendung bereits im
Brauch war.

b) Der altkirchliche und mittelalterliche Sprachgebrauch

In der griechischen Theologie überwog das Verständnis von Dogma
als göttlicher Offenbarungsaussage, mußte aber zur Unterscheidung
von den menschlichen dogmata der Philosophen durch entsprechende
Epitheta ausdrücklich gekennzeichnet werden. Die abendländische

Theologie dagegen verwandte das übernommene Fremdwort nahezu
nur mit negativem Vorzeichen für die Meinungen der Häretiker –
allerdings mit Ausnahme weniger Autoren, die das Wort wie in der
griechischen Theologie positiv in Anspruch nahmen. Das beein-
flußte aber den mittelalterlichen Sprachgebrauch nur wenig, in dem
das Wort Dogma samt dem davon abgeleiteten Adjektiv recht spärlich begegnet. Daß es sich vom sechzehnten Jahrhundert an stärker
verbreitete, ist eine Auswirkung des Humanismus, der die philosophische wie auch die altkirchliche Verwendung neu wirksam werden ließ.

c) Verschiedene Auffassungsstränge in der Neuzeit

Von daher leitet sich das Verständnis von Dogma als subjektiver
Lehrmeinung des einzelnen her, das nun auf weite Strecken den
Hauptstrom theologischen Sprachgebrauchs ausmacht. Diese neu-
trale Fassung eignete sich gut als historische Kategorie, so daß
„Dogmengeschichte" ursprünglich in diesem Sinne verstanden wurde.
Auch „Dogmatik" konnte entsprechend als subjektive Lehrmeinung
des einzelnen aufgefaßt werden. Daneben verläuft eine verhältnismäßig schmale Linie der Inanspruchnahme von „Dogma" für die
göttliche Offenbarungswahrheit, doch so, daß die Identifizierung
mit kirchlichen Dekreten entschieden abgewiesen wird. So griff
Luther in scharfer Abweisung skeptischer Haltung das durch Eras-
mus ihm zugespielte Stichwort auf. Im protestantischen Sprachgebrauch wirkte dies vorerst relativ wenig nach. Dagegen stellte
Hegel den spekulativ erfaßten Dogma-Begriff betont heraus, während sich in der weiteren protestantischen Theologie bis hin zu Karl
Barth eine Kette von Bemühungen verfolgen läßt, die positive
Wertung des Dogma-Begriffs mit einem evangelischen Verständnis
des Wortes Gottes in Einklang zu bringen. Doch haben diese Versuche einen schweren Stand gegen die römisch-katholische Fassung
des Dogma-Begriffs, die sich durch Vorweisbarkeit auszeichnet und
an der bis weit in den Protestantismus hinein das Vulgärverständnis
von Dogma orientiert ist. In gewisser Weise gilt dies auch von der
Konzeption der Dogmengeschichte als eines historisch begrenzten
Phänomens, wie sie Harnack entwickelte. Die theologische Kritik
am kirchlichen Dogma als einem allein schon der Idee nach im
Grunde unevangelischen Phänomen trifft sich hier mit der allgemeinen modernen Animosität gegenüber dem Dogma. Müssen daraufhin dieses Wort und sein Derivat „Dogmatik" nun doch als
abgetan gelten?

II. Die theologisch berechtigte Intention des Dogmatischen

Zieht man die Bilanz, so läßt sich auf Grund des mannigfaltigen
geschichtlichen Befundes zwar kein eindeutiges, rundes Ergebnis
formulieren. Wohl aber heben sich gewisse Anhaltspunkte heraus.
Der Ausdruck „Dogmatik" setzt nicht den Begriff eines autoritativ
definierten kirchlichen Dogmas voraus, verhält sich zu ihm vielmehr
von Hause aus eher kritisch. Dogmatik ist an der dogmatischen
Lehrform orientiert. Deren Charakter bedarf allerdings in Hinsicht
auf den theologischen Inhalt besonderer Erläuterung und Begründung. Wieweit und in welchem Verständnis dennoch das Wort
„Dogma" Verwendung findet, ist eine Frage für sich. Jedenfalls hat
nicht zufällig derjenige Teil systematischer Theologie, der auf die
Glaubensaussagen konzentriert ist, die Bezeichnung „Dogmatik"
auf sich gezogen. Welcher innere Zusammenhang zwischen christlichem Glauben und dogmatischer Theologie besteht, und welche
Intentionen zu einem theologisch angemessenen Gebrauch der Wör-
ter „Dogma" und „Dogmatik" berechtigen, sei noch nach einigen
Richtungen hin angedeutet.

1. Glaube als Gegenstand von Lehre

Die Ausdrücke „Dogmatik" und „Dogma" erinnern daran, daß es
die Theologie mit Gott und eben darum mit dem Glauben in der
Weise von Lehre zu tun hat. Was der christliche Glaube zu sagen
hat, trägt nicht den Charakter von Mystagogie oder bloßer Gefühls-
äußerung, sondern von öffentlich vertretbarer und diskutierbarer
Wahrheit. Zwar ist das christliche Wort primär nicht Lehre, sondern
Zeugnis. Es sagt die Wahrheit aus, die sich angesichts des Geheim-
nisses der Wirklichkeit im Leben zu bewähren beansprucht. Doch
eben deshalb ist christlicher Glaube auf den Zusammenhang mit aller
Wirklichkeitserfahrung und Wahrheitserkenntnis hin explizierbar.
Und eben dies meint „Lehre": Entfaltung auf Verstehen hin in
denkbar weitestem Horizont. Deshalb ist für die theologische Verwendung der Ausdrücke „Dogma" und „Dogmatik" deren Herkunft aus dem philosophischen Sprachgebrauch wichtig. Entgegen
dem Vorurteil, als trenne das Dogmatische die Theologie von dem
allgemeinen Vernunftgebrauch, verpflichtet es gerade zu verantwortlicher Wahrnehmung der Beziehung von Glaube und Vernunft.
Dogmatische Theologie gibt es nur deshalb und muß es deshalb
geben, weil es dem Glauben gemäß ist, sich auf das Denken ein-

zulassen. Er ist nicht blinder und gedankenloser Glaube. Er drängt auf Verstehen und entbindet einen unerschöpflichen Gedankenreichtum.

2. *Glaubensgewißheit als Bestimmung des Aussagemodus*

Die Begriffe „Dogma" und „Dogmatik" können ferner zum Ausdruck bringen, daß Lehre vom Glauben klare, bestimmte, mit Gewißheit zu vertretende Lehre ist. Das liegt zwar schon im Begriff der Lehre überhaupt, daß sie im Rahmen des dem Gegenstand Angemessenen auf größtmögliche Klarheit, Bestimmtheit und Verläßlichkeit aus ist, und daß der Lehrende auch zu dem steht, was er sagt. Mit Rücksicht auf die Eigentümlichkeit des Gewißheitsgrundes in Sachen des Glaubens bedarf dieser Aspekt jedoch der Erläuterung.

Gerade um der Glaubensgewißheit willen ist die Warnung davor angebracht, unter falscher Berufung auf sie einem Dogmatismus Vorschub zu leisten. Wenn Skepsis nichts anderes meinte als das prüfende Ansichhalten, die besonnene Zurückhaltung gegenüber voreiligem Urteil, das gerechte Berücksichtigen und Abwägen aller Argumente sowie das bescheiden machende Wissen um die Begrenztheit, Fehlbarkeit und Korrekturbedürftigkeit der eigenen Einsicht, um die Wandelbarkeit des Erfahrens und Denkens und um die Zeitlichkeit der eigenen Theologie, so dürfte gerade dem Theologen Skepsis solcher Art wohl anstehen. Er sollte sich im Wissen um die Gefahren, die in dieser Hinsicht vornehmlich ihm drohen, besonders streng davor hüten, Meinungen ungeprüft zu übernehmen, unbegründete Behauptungen aufzustellen und das eigene Nichtverstehen durch volltönendes Pathos zu verdecken. Die schlimmste Einbildung, der ein Theologe verfallen kann, ist eingebildete Gewißheit. Er soll sich bewußt machen und eingestehen, was ihm fraglich und ungewiß ist. Er darf sich darum nicht der anstrengenden selbstkritischen Reflexion entziehen und gegebenenfalls den Vorwurf der Kompliziertheit nicht scheuen. Er sollte sich aber auch davor hüten, sich im Dickicht der Probleme zu verlieren – „von einem bösen Geist im Kreis herumgeführt, und rings umher ist schöne grüne Weide"[1] – oder umgekehrt das verstandesmäßig Primitive und das gedanklich Elementare zu verwechseln und Problemlosigkeit ohne weiteres für Klarheit zu halten.

---

[1] *J. W. v. Goethe,* Faust, 1832 f.

Von ihrer Sache her ist nun aber der Glaubenslehre das Moment der Gewißheit in einer besonderen Weise eigen. Die zum Wesen christlichen Glaubens selbst gehörende Gewißheit muß in die Art seiner lehrhaften Entfaltung einbezogen werden. Die Glaubenslehre kann eine solche zu sein nur dann beanspruchen, wenn sie nicht zu bloß problematischen, sondern zu assertorischen Aussagen gelangt, das heißt zu Urteilen, in denen uneingeschränkt und vorbehaltlos Wirklichkeit ausgesagt, Wahrheit behauptet wird. Dies fällt freilich nur dann nicht unter den Vorwurf des Dogmatismus, wenn darüber Rechenschaft gegeben wird, inwiefern es sich um einen Gewißheitsgrund handelt, der als solcher nicht dem wissenschaftlichen Beweisverfahren unterliegt, und wenn zwischen der Glaubensaussage, die den Gewißheitsgrund vorbringt, und den explizierenden theologischen Äußerungen unterschieden wird, für diese also nicht Unfehlbarkeit in Anspruch genommen wird. Der christliche Glaube als solcher kann nicht auf seine Wahrheit hin wissenschaftlich untersucht werden, wohl aber auf die Art seiner Entfaltung hin. Sie wird ihrem Gegenstand nur dann gerecht, wenn sie unter Bezug auf den Gewißheitsgrund des Glaubens assertorische Urteile formuliert. Dies ist das Dogmatische an einer christlichen Dogmatik. Es impliziert das Bemühen des Dogmatikers, über ein historisch beschreibendes Referat zu eigenem sachorientiertem Urteil vorzustoßen und dadurch Denk- und Sprachhilfe für den Umgang mit Glaubensaussagen zu leisten.

3. Artikulation des Glaubensinhalts

Das Wort „Dogma" kann darauf hinweisen, daß sich das, was der Glaube zu sagen hat, zu gegebener Zeit in wenige Sätze oder gar einen einzigen verdichtet. Aussagen dieser Art behalten auch über den Wechsel der Zeiten hinweg klärende, wegweisende Bedeutung. Man könnte sie Grund-Sätze des Glaubens nennen. Solch traditionsbildendes Sprachgeschehen treffen wir außer in der Bibel an ausgezeichneten Wendepunkten der Kirchengeschichte an. Der Sprachcharakter derartiger Elementarsätze würde freilich mißdeutet, wollte man sie alle zueinander summieren und zu einem System harmonisieren. Sie bilden nur insofern ein Ganzes, als sie ein und dasselbe in jeweils verschiedenem Interpretationshorizont auslegen. Jede echte Glaubensaussage ist in nuce vollständig. Daß der Glaube zu vielfältiger Aussage drängt, folgt nicht bloß daraus, daß er nur gebrochen und unvollständig aussagbar ist (was doch nur mit Vorbehalt gilt), vielmehr vor allem daraus, daß er zur unerschöpflichen Quelle von Sprachermächtigung wird. Daß trotzdem ein auf seinen Zusammenhang zu bedenkendes Nebeneinander von Aussagen in Betracht zu ziehen ist, bringt der Begriff des Glaubensartikels zum Ausdruck, der von vornherein auf eine Pluralität hin angelegt ist. Aber auch dafür gilt: Es ist der eine unteilbare Glaube, der sich in verschiedener Hinsicht artikuliert. In jedem Artikel ist das Ganze präsent, steht darum aber auch das Ganze auf dem Spiel. Dies ist sogar ein Kriterium dessen, was Glaubensartikel zu heißen verdient: nämlich nur das, was von dem einen, worum es im Glauben geht, so spricht, daß man es verlöre, wenn man diesen bestimmten Glaubensartikel ausdrücklich leugnete. Nur dasjenige kann Glaubensartikel sein, was nicht Einzelnes, Isoliertes, Zusätzliches, sondern das Eine, Entscheidende, Notwendige in bestimmter Hinsicht zur Aussage bringt.

4. Glaubenslehre und kirchlicher Konsensus

Vornehmlich das Wort „Dogma", aber auch die Disziplinbezeichnung „Dogmatik" erinnert daran, daß es Theologie mit der Frage nach der kirchlichen Lehre zu tun bekommt. Dogmatik kann nicht bloße Privatmeinungen darstellen. Obschon in unverwechselbar eigener geistiger Handschrift, muß sie doch zur Sprache zu bringen versuchen, was in der Kirche gemeinsam bekannt und geglaubt wird. Das richtet sich nicht nach statistischer Umfrage, obwohl auch sie dogmatisch von Interesse sein kann, sondern nach dem, was Kirche zur Kirche macht. Deshalb hat Dogmatik an der Unentrinnbarkeit und Fragwürdigkeit konfessioneller Spaltung Anteil. Nicht etwa bloß aus dem pragmatischen Grund der Zurüstung auf den Dienst in bestimmtem Kirchentum. Was von daher verengend einwirkt, darf rechte Theologie nicht fördern. Sie muß in gewisser Weise geradezu antikonfessionalistisch das auszusagen bestrebt sein, was christlicher Glaube schlechthin ist. Jedoch ist in der fundamentalen Konfessionsdifferenz die Frage, was Kirche zur Kirche macht, in einer Tiefe aufgebrochen, daß man sich dem gegenüber nicht gleichgültig verhalten kann, ohne theologisch oberflächlich zu werden. Die Aktualität konfessioneller Differenz ist freilich unter viel historischem Schutt verborgen. Solange sie jedoch nicht durch tieferes Eindringen in die Sache christlichen Glaubens überholt ist, wird Dogmatik, unabhängig von pragmatischen Gesichtspunkten, entweder in katholischer oder in evangelischer Grundorientierung darüber Rechenschaft geben, was kirchliche Lehre ist. Denn nicht bloß bestimmte Inhalte sind konfessionell strittig, sondern schon das Verständnis kirchlicher Lehre selbst und ihres Verhältnisses zur Theologie. Wie jedoch auch auf katholischer Seite die Erörterungen über Dogmenentwicklung und Hermeneutik des Dogmas zeigen, ist auf keinen Fall kirchliche Lehre separat von der theologischen Bemühung um ihre Identifikation und Interpretation vorweisbar. Darum ist aber auch umgekehrt Dogmatik nicht bei ihrer Sache ohne die Bemühung um einen kirchlichen Konsensus.

III. Dogmatik als gesonderte Disziplin

Die Gesichtspunkte, die sich aus dem Namen der Disziplin ergaben, sind in hohem Maße fundamentaltheologischer Art. Sie lenken die Aufmerksamkeit auf Probleme, die das Wesen der Theologie überhaupt betreffen und darum im Rahmen der Fundamentaltheologie noch wiederkehren. Die Tatsache, daß alle theologische Arbeit vom Aspekt des Dogmatischen mitbetroffen ist, läßt nun aber schärfer nach dem Recht der Dogmatik als gesonderter Disziplin fragen. Indem damit ihre Geschichte in den Blick kommt, wird man sich auch der tiefen Bedrohung bewußt, die ihr aus ihrer eigenen Geschichtlichkeit erwächst.

1. Dogmatik in der klassischen Gestalt

In der christlichen Literatur hatte es schon früh beides gegeben, eine Explikation theologischer Gedanken in mehr exegetischer oder mehr systematischer Weise, entweder dem Ablauf des biblischen Textes oder der Sachstruktur bestimmter Themen folgend. Auch im zweiten Fall war die exegetische Orientierung am biblischen Text vorherrschend so wie im ersten Falle eine dogmatische Denkweise, der jeder Text zum Eingang in das Ganze des christlichen Glaubens wurde. Aber auch umfassender angelegte Darstellungen christlichen Glaubens wie etwa die Schrift des jungen Origenes „Peri archon" oder Werke katechetischer Abzweckung fallen nicht in das Genus, das wir als Dogmatik zu bezeichnen pflegen. Was erst im siebzehnten Jahrhundert in der altprotestantischen Theologie so genannt zu werden begann, entstand – cum grano salis – an der Wende vom zwölften zum dreizehnten Jahrhundert. Charakteristisch dafür ist ein Dreifaches.

Das streng *systematisierende Verfahren* war darauf bedacht, eine möglichst weitgehende Vollständigkeit und innere Kohärenz der Glaubensaussagen zu erzielen, die Spannungen und Widersprüche in der maßgebenden biblischen und Väterüberlieferung zu harmonisieren sowie die Offenbarungslehre auf das Ganze des Wahrheitsbewußtseins hin zu reflektieren, sie darin zu verankern und doch ihre Unterschiedenheit von Natur und Vernunft zu wahren. Dieses umfassend angelegte Unternehmen konnte sich nicht ohne eine *Verwissenschaftlichung* vollziehen. Die Indienststellung der aristotelischen Philosophie, insbesondere der Logik und Metaphysik, vermittelte der Dogmatik das erforderliche methodische Rüstzeug und regelte das Argumentationsverfahren, das sich vor allem in den Mikrostrukturen der großen systematischen Werke niederschlug. Diese Verwissenschaftlichung ließ die systematische Theologie zu der maßgebenden Gestalt von Theologie überhaupt werden. Auf sie konzentrierte sich deshalb das Problem der Wissenschaftlichkeit der Theologie. Das hatte schließlich eine *Hypertrophie der Lehre* zur Folge, eine Multiplizierung der theologischen Probleme, die Tendenz gewissermaßen auf einen intellektuellen theologischen Imperialismus und die Gefahr der Selbsttäuschung über die geschichtliche Bedingtheit der sich als zeitlos verstehenden Orthodoxie.

2. *Die reformatorische Kritik an der Dogmatik*

Die reformatorische Kritik an der systematischen Theologie der Scholastik läßt sich nicht auf den formalen Gesichtspunkt reduzieren, daß das Schriftprinzip selbstverständlich dem exegetischen Verfahren in der Theologie wieder den Primat zuerkennen mußte. Die Neuansätze zu einer reformatorisch modifizierten Dogmatik bei Melanchthon und Calvin waren grundsätzlich legitim, wenn sie auch die Probleme verraten, die sich mit einer so radikalen Abkehr von der Tradition dogmatischer Theologie einstellten. Die weitgehende Rückkehr des scholastischen Stils der Dogmatik in der altprotestantischen Orthodoxie verdient in Anbetracht der Zeitumstände geschichtliches Verständnis. Doch stellten sich auch in starkem Maße Fehlentwicklungen wieder ein, welche von der Reformation bekämpft worden waren. Das Schriftprinzip galt nun zwar als Fundament der theologischen Prinzipienlehre, seine theologische Auswirkung aber wurde dogmatisch domestiziert. Das Hauptproblem, das im Hinblick auf die Dogmatik von der reformatorischen Theologie her erwuchs, bestand weder in dogmatischen

Korrekturen im einzelnen noch in zutage liegenden methodischen Fragen wie dem Gebrauch der Philosophie, sondern war verborgenerer Art. Läßt sich überhaupt im Rahmen des traditionellen dogmatischen Aufrisses die Konzentration auf das theologische Grundthema so zur Geltung bringen, daß das, was im Geschehen von Wort und Glaube zusammengehört, nicht etwa in ein Nacheinander zerlegt und auseinandergerissen wird? Damit hängt die Frage zusammen, ob nicht der Dogmatik eine Tendenz auf Selbstdarstellung und Perfektion innewohne, die sich mit der Dienstfunktion schwer verträgt, wie sie alle theologische Arbeit im Hinblick auf den Ernstfall bestimmen sollte, an dem sie ihren Sitz im Leben hat.

3. Die Krise der Dogmatik in der Neuzeit

Wenn auch die Krise, in die die Dogmatik in der Neuzeit geraten ist, vornehmlich andere Ursachen hat als die reformatorische Kritik an ihr, so bestehen dennoch in den Hauptpunkten eigentümliche Berührungen. Die Emanzipation biblischer Theologie, die sich zur Konkurrenz historischer Theologie verschärfte, schöpfte die dogmatische Legitimation ihrer Abkehr von der Dogmatik aus dieser selbst durch Berufung auf das Schriftprinzip. Der Bruch mit der Sprache dogmatischer Tradition erschien durch den befreienden Vorgang der Reformation gerechtfertigt, der sich von außen gesehen ebenfalls als ein Abschütteln der Last der Tradition darstellte. Und der Verlust der einenden Verpflichtung auf die geltende kirchliche Lehre stellte sich als die Konsequenz reformatorischer Bestreitung kirchlicher Lehrautorität dar, die Erweichung des Konfessionalismus als die notwendige Fortsetzung der Spaltung in Konfessionen. Zusammenhänge dieser Art bestehen zweifellos. Jedoch griff die Krise der Dogmatik nun auch auf die Wurzeln reformatorischer Kritik selbst über.

Indem sich die biblische Theologie als historische Theologie aus der Vorherrschaft der Dogmatik herauslöste, wurde fraglich, inwiefern von dieser Seite überhaupt eine Mitverantwortung für die dogmatische Aufgabe der Theologie im ganzen zu erwarten sei. Die nun erst zu einer Spezialdisziplin degradierte Dogmatik konnte in dieser Isolation ihre ursprüngliche Funktion nicht mehr ausüben, während eine andere Disziplin wie etwa die Exegese dafür einzuspringen gar nicht in der Lage oder willens war. An der Krise der Dogmatik zeichnete sich nun die Krise der Theologie überhaupt ab. Wenn mit dem konsequenten Verständnis historischer Methode die dogmatische Methode überhaupt erledigt ist, die nach Troeltschs unerbittlicher Diagnose das gesamte supranaturalistische theologische Denken bisher bestimmte, dann stellte sich das Problem, paradox formuliert, so, ob es denn eine – gemessen an diesem Verständnis dogmatischer Methode – „undogmatische" Dogmatik geben könne, eine Dogmatik, die das historisch-kritische Denken in sich aufgenommen hat. Es ist offensichtlich, daß dafür das Verfahren der Reduktion nicht genügt, ein Abwerfen des dogmatisch überfällig gewordenen Ballasts zugunsten des Wenigen, was dann von der Dogmatik alten Stils noch übrig bleibt. Nach dem Zusammenbruch der altprotestantischen dogmatischen Prinzipienlehre bedarf es vielmehr einer Neubesinnung auf die Grundlagen der Dogmatik, auf dasjenige, woraus ihre Aussagen hervorgehen und was ihnen den Charakter der Verbindlichkeit und inneren Notwendigkeit verleiht. Noch immer ist Schleiermacher derjenige Dogmatiker der Neuzeit, der am scharfsinnigsten in diese Problemlage einführt.

IV. Hauptprobleme dogmatischer Theologie

Die Krise, in die die Dogmatik geraten ist, scheint die weiterführende Bemühung um sie in entgegengesetzte Richtungen zu treiben.

Da das Ganze auf dem Spiel steht, scheint es in erster Linie geboten zu sein, einen neuen systematischen Gesamtentwurf zu konzipieren. Dagegen entspricht es nicht nur den begrenzten Möglichkeiten profunder Neubesinnung, sondern erweist sich auch als das Sinnvollste und Fruchtbarste, bei Einzelproblemen einzusetzen, statt dogmatischer Kompendien dogmatische Monographien zu erarbeiten, um so vom Detail her und im Detail das Ganze zu erfassen.

Damit berührt sich ein anderes Dilemma: Am dringendsten erscheinen die dogmatischen Prinzipienfragen, ohne deren Klärung es offenbar wenig verheißungsvoll ist, die Themen der materialen Dogmatik in Angriff zu nehmen. Anderseits droht die isolierende Bevorzugung der Methodenfragen wie stets so auch in der Dogmatik einen Leerlauf zu erzeugen, dem nur durch den entschiedenen Vorrang bestimmter Sachfragen gewehrt werden kann. Sie müssen ein in sich selbst kreisendes Denken zum Gegenständlichen hin öffnen und dadurch allererst die Erfahrung vermitteln, auf Grund deren Methodenfragen fruchtbar zu erörtern sind.

Endlich scheint die kritische Situation der Dogmatik deren Aufgabe gegenwärtiger Rechenschaft über den christlichen Glauben so sehr zu verschärfen, daß der Gesichtspunkt des Aktuellen völlig dominiert. Indessen besteht wenig Hoffnung, in der veränderten Lage wieder zu einer Disziplin dogmatischer Theologie zu gelangen, die diesen Namen verdient und dem Vergleich mit ihrer Geschichte standhält, wenn man sich nicht mit der klassischen Gestalt der Dogmatik und deren Problemen gründlich vertraut macht, also gerade im Interesse gegenwärtiger Verantwortung mit der dogmatischen Überlieferung sorgfältig umgeht. Mit diesen Vorbehalten seien nun doch noch drei Problemschwerpunkte genannt, die das Ganze der Dogmatik betreffen.

1. Aufbau

Das Problem, wie die so sehr geschichtsgesättigte biblische Offenbarung systematisch zur Darstellung und Erörterung kommen könne, war in der klassischen Gestalt der Dogmatik in eindrücklicher Weise gelöst. Den Gesamtrahmen bildete der universal-heilsgeschichtliche Aufriß der Bibel in der stilisierten Linienführung von der Schöpfung und dem Fall über das Christusereignis hin zum Ende aller Dinge. In dieses Schema fügt sich der individual-heilsgeschichtliche Aufriß ein: die Partizipation an Schöpfung und Fall und am soteriologischen Geschehen durch Buße, Rechtfertigung und Heiligung in der Ausrichtung auf Tod und Auferstehung. Beides miteinander war wiederum metaphysisch verankert: in einer allgemeinen Gotteslehre, die den universalen Wirklichkeitsbezug sicherstellte, sowie einer formalen Anthropologie, vor allem einer strukturellen Psychologie, ferner einer Ontologie, Kategorienlehre und Logik als den Medien einer umfassenden Hermeneutik der Offenbarungswirklichkeit. Mit dem Schwinden der integrierenden Kraft des philosophischen Instrumentariums ist dieses klassische Aufbauschema problematisch geworden, weil es der systemsprengenden Kraft des Geschichtlichen nicht gewachsen ist. Die entscheidende Schwierigkeit besteht nicht darin, daß sich der heilsgeschichtliche Aufriß nun nicht mehr mit der Einsicht in den Verlauf und das Problem der Universalgeschichte deckt. Wesentlich ist vielmehr die Frage, wie in der Entfaltung dogmatischer Aussagen dem Rechnung zu tragen ist, daß der Zwang zu einem wie auch immer geordneten Nacheinander nicht die Einsicht in das alles vereinende Miteinander und Ineinander verhindert. Jedoch darf auch die Erfahrung, daß man an jedem Punkt auf das Ganze stößt, nicht etwa dazu unfähig machen, den Sachverhalt in seiner inneren Bewegung und in der Vielschichtigkeit seiner Faktoren zur Darstellung zu bringen.

2. Verfahren

Das klassische dogmatische Verfahren des Schriftbeweises bestand faktisch stets in mehr als nur in einem bloßen Anführen von biblischen Belegstellen. Das ohnehin darin implizierte hermeneutische Problem erfordert nun aber eine umfassende Berücksichtigung: nicht nur nach der Seite hin, wie die Ergebnisse historisch-kritischer Schriftauslegung in die dogmatische Arbeit einzubringen sind, auch nicht nur in Hinsicht darauf, wie die unterschiedlichen Sprachebenen in der Bibel selbst und innerhalb der dogmatischen Tradition distinkt zu erfassen sind und ineinander transferierbar werden, sondern vor allem in bezug auf die Verstehbarkeit dieser überlieferten Sprache im Kontext gegenwärtiger Sprache. Die Entscheidung darüber fällt an der hermeneutischen Kraft, die den überlieferten Texten zur Erhellung gegenwärtiger Wirklichkeitserfahrung zukommt. So verbindet sich das hermeneutische Problem mit dem Verifikationsproblem. In ihm geht es wohl um die Bewährung dogmatischer Aussagen an der gegenwärtigen Wirklichkeit, doch so, daß diese Aufgabe um der Sache dogmatischer Theologie willen gar nicht durchführbar ist, ohne daß die Frage eingreift, wodurch die gegenwärtige Wirklichkeit selbst zur Wahrheit kommt.

3. Die innere Sachlogik

Wenn das Ziel dogmatischer Theologie nicht die möglichst vollständige Summierung dogmatischer Aussagen ist, sondern die Befähigung, zu dogmatischen Aussagen zu gelangen, dann ist vor allem daran gelegen, was die Urteilsfähigkeit ermöglicht, man könnte sagen: an einem Kanon dogmatischen Denkens. In außerordentlich weiter und obschon unbestimmter, doch äußerst provozierender Weise könnte man als diesen Kanon den Rat formulieren, mit gleicher Aufmerksamkeit auf die christliche Überlieferung wie auf die gegenwärtige Wirklichkeitserfahrung zu achten, sich jeweils vom einen zum andern hintreiben und in ein gegenseitig kritisches Gespräch hineinziehen zu lassen. Am tiefsten in den inneren Sachnexus – unter Berücksichtigung der für ihn konstitutiven Dialektik – führt die an Paulus orientierte reformatorische Unterscheidung von Gesetz und Evangelium, sofern es gelingt, sie aus der Isolierung zu einem theologischen Speziallocus und der Erstarrung zu einer historischen Lehrform herauszulösen und mit ihr als einer Anleitung zu theologischer Urteilsfähigkeit umzugehen. Auf die Gesamttradition christlicher Theologie gesehen, stellt die Trinitätslehre einen solchen umfassenden Kanon dogmatischen Denkens dar. In welchem Sinne dies der Fall ist, kann einem aufgehen, wenn man die Trinitätslehre unter dem Gesichtspunkt des sachgemäßen Redens von Gott interpretiert. Gegenläufig zur üblichen Entfaltung trinitarischer Aussagen ergäbe sich folgende Richtschnur theologischer Dogmatik: Das Reden vom Heiligen Geist als der befreienden und alles neu schaffenden Macht muß ein Reden von Jesus Christus sein. Und das Reden von Jesus Christus muß sich als Reden von Gott vollziehen, damit das Reden von Gott zu einem Reden vom Menschen und der ihn unbedingt angehenden Wirklichkeit wird.

Elftes Kapitel

Ethik

I. Der Blick auf das Menschliche

Die Ethik lenkt die Aufmerksamkeit ganz auf den Menschen: auf das rein Menschliche, das allgemein Menschliche und das konkret Menschliche. Das rein Menschliche – denn hier geht es um das Verhalten und Handeln des Menschen in eigener Verantwortung, auf sich gestellt, als gäbe es Gott nicht. Das allgemein Menschliche – denn kein Zurechnungsfähiger ist von dieser Verantwortung entbunden, und jeder hat in seiner Weise an der Gesamtverantwortung teil. Das konkret Menschliche – denn die Frage des rechten Verhaltens und Handelns entscheidet sich in bestimmten Situationen unter je verschiedenen Anforderungen und Bedingungen.

Nun wäre es für die Theologie allerdings fatal, wenn diese Aspekte erst und nur bei der Ethik in ihr Blickfeld träten, wenn also das spezifisch Menschliche und mit ihm der Gesichtspunkt des Allgemeinverbindlichen sowie die Ausrichtung auf das Konkrete nicht durchweg zur Sache der Theologie selbst gehörten. Es gibt zwar eine Auffassung von Theologie, die ausschließlich den ethischen Effekt zu deren Maß macht. Man fragt sich, ob es nicht konsequenter wäre, dann zugunsten der Ethik die Theologie überhaupt preiszugeben. Wenn indessen die Besonderheit und Unersetzlichkeit des Theologischen eben darin bestehen, daß es erst in Wahrheit zur Sprache bringt, was jeden Menschen in seinem konkreten Dasein unbedingt angeht, so vollzieht sich dies doch zweifellos nicht unabhängig vom Ethischen. Ihm kommt deshalb innerhalb der Theologie nicht bloß die Rolle eines nachträglichen Anwendungsbereiches zu, wie immer man das im einzelnen auslegen mag. Vielmehr hat das Phänomen des Ethischen auch und vornehmlich die Funktion eines Verstehenshorizontes, ohne den nicht deutlich werden kann, was Sache der Theologie ist. Die Aufgabenbestimmung der Disziplin der Ethik und deren enzyklopädische Einordnung stehen zwar üblicherweise unter dem Gesichtspunkt der Glaubensfolgen. Das Problem des Ethischen durchzieht jedoch die gesamte Glaubensrechenschaft. Je stärker sich gerade in der Disziplin der Ethik der Sog in das rein Menschliche, das allgemein Menschliche, das konkret Menschliche geltend macht, desto dringender ist es, die

Erfahrungen, die damit in Sicht kommen, für das Verständnis des Theologischen überhaupt wirksam werden zu lassen.

Mit der Zuwendung zur Ethik verschärft sich also die Frage nach der Sache der Theologie. Denn es ist keineswegs von vornherein klar, was einen hier theologisch bei der Sache sein läßt. Eben deshalb empfiehlt es sich auch, zunächst mit der theologischen Fragestellung zurückzuhalten und das Phänomen des Ethischen soweit als möglich für sich zu beschreiben.

II. Das Phänomen des Ethischen

1. Die Verwurzelung im Menschsein

Die Eigentümlichkeit des Menschen besteht bekanntlich darin, daß er nicht auf bestimmte Verhaltensweisen festgelegt ist. Im Unterschied zu dem biologisch programmierten Lebensablauf anderer Lebewesen hat er einen ungleich weiteren Spielraum der Lebensmöglichkeiten, vor allem aber die Fähigkeit, ihn selber zu verändern. Hier stellen sich sofort all die bedeutungsschweren Stichworte ein, die den Sachverhalt von derselben Wurzel her in verschiedener Hinsicht kennzeichnen: Der Mensch hat nicht nur Sinnesorgane, sondern als das ‚zoon logon echon' sozusagen auch ein Sinnorgan. Er ist zwar Gattungswesen, aber von sich selbst als Gattungswesen durch Bewußtsein und Personsein distanziert. Er ist nicht auf Signalaustausch mit seinesgleichen beschränkt, sondern besitzt Sprache, die alles zum Gegenstand zu machen und ins Gespräch zu bringen vermag. Er hat nicht bloß seine Umwelt, sondern ist offen zur Welt, entwirft sich seine Welt und schafft sich entsprechend seine Umwelt. Er lebt zwar auch unter dem Gesetz der Vererbung, hat aber darüber hinaus die Freiheit zum Überliefern und zum Umgang mit Überlieferung. Er ist nicht bloß zeitlich, sondern verhält sich zur Zeit und lebt darum geschichtlich.

Aus dem Spielraum der Möglichkeiten erwächst dem Menschen die Notwendigkeit, anstatt sein Leben einfach zu leben, es zu gestalten und so sich selbst allererst zu verwirklichen. Er *kann* wählen. Deshalb *muß* er aber auch wählen. Er muß sich entscheiden. Und indem er dies tut – sei es auch so, daß er Entscheidungen ausweicht –, entscheidet es sich, wer er ist. Obwohl er nun aber wählen kann und muß, *darf* er doch nicht beliebig wählen. Die damit gesetzte Grenze ist eine völlig andere als die Tatsache, daß er nicht beliebig wählen *kann.* Den Möglichkeiten der Wahl sind selbstverständlich durch den Widerstand der Gegebenheiten Grenzen gesetzt. Das erfährt der Mensch ebenso in der Enge und dem Wiederholungszwang der gewöhnlichen Lebensumstände wie in der schwindelerregenden Weite seiner Vorstöße in das Ungewohnte und Unerforschte. Denn am Empfangen des Gegebenen entzündet sich überhaupt erst die Herausforderung einer Aufgabe, am Widerstand des Materials der Anreiz zu dessen Formung, an der Erfahrung einer Grenze die Möglichkeit, sich mit ihr auseinanderzusetzen. Selbst wenn sich die Grenze als grundsätzlich oder umständehalber faktisch unübersteigbar erweist und der bedrängende Eindruck entsteht, als bliebe einem gar keine Wahl, so steht doch immer noch dies offen, *wie* man sich dazu verhält. In der Abhängigkeit meldet sich somit eine Unabhängigkeit an, die ihrerseits aber wiederum Ausdruck einer ganz andersartigen Abhängigkeit ist. Der Mensch weiß sich von einem Urteil abhängig, auf das hin sich ihm Möglichkeiten bieten und sogar gebieterisch aufdrängen, wo dem Anschein nach gar keine mehr bestehen, und sich ihm bestimmte Möglichkeiten verbieten, die sich reichlich anbieten. Hier hat das Ethische seine Wurzel.

2. Die Ausgrenzung innerhalb des Menschseins

Der Bereich der Verhaltens- und Handlungsweisen, die auf Wahl beruhen und deshalb in einem ganz allgemeinen Sinne urteilsbedingt sind, erstreckt sich viel weiter als das Phänomen des Ethischen. Er umfaßt alle auf bestimmter Einsicht beruhenden, von ihr gesteuerten Tätigkeiten. Doch darf dieser Gesichtspunkt nicht dazu verleiten, nebeneinanderzuordnen, was kategorial verschieden ist. Jeder menschliche Akt kann unter den Aspekt des Ethischen rücken, so daß sich darin grundverschiedene Gesichtspunkte der Wahl treffen und einander konkurrieren können. Schwieriger freilich sind diejenigen Überschneidungen, die das Phänomen des Ethischen unscharf werden lassen. Seine scharfe Ausgrenzung ist zwar, geschichtlich gesehen, das Spätere, kann freilich auch wieder entschwinden. Solche Erscheinungen, in die das Phänomen des Ethischen eingesenkt ist und in die hinein es immer wieder versinken kann, sind vor allem Sitte, Recht und Religion. Die Beziehungen zu ihnen lassen sich nur dann klarstellen, wenn man die Ambivalenz des Verhältnisses in Rechnung stellt. Denn nach allen genannten Richtungen hin wäre eine Vermischung ebenso verhängnisvoll wie eine Zertrennung.

Die Konvention der *Sitte*, die von Entscheidungen entbindet, verdeckt das eigentlich Sittliche und widerspricht ihm sogar gegebenenfalls. Dennoch kann sich innerhalb einer Kultur Sittlichkeit kaum herausbilden und bestehen ohne die Mithilfe entsprechender Sitte. Das *Recht,* zu dem die potentielle Durchsetzbarkeit gehört – auch dann, wenn die faktischen Machtverhältnisse sie verunmöglichen –, zieht der Mißachtung des Sittlichen äußere Grenzen, kann aber eben deshalb, weil es am generell Kontrollierbaren und gegebenenfalls Erzwingbaren orientiert ist, das Sittliche weder garantieren noch ersetzen. Doch ist es seinerseits darauf angewiesen, am Sittlichen gemessen und von ihm her bestimmt und korrigiert zu werden. Die *Religion* endlich läßt das Sittliche in die Ganzheit eines Weltverständnisses und einer Lebensausrichtung eingebettet sein, wie sie sich aus einer bestimmten Manifestation des Heiligen ergeben. Darin liegt die Gefahr einer Einmengung kultischer Vorschriften in das Verständnis des Sittlichen sowie sittlicher Leistungen in das religiöse Heilsverständnis. Nicht minder jedoch drängt sich das Bedenken auf, ob bei völliger Emanzipation vom Religiösen das Sittliche seine auf diese Weise proklamierte Reinheit zu wahren vermag, ohne in pseudoreligiöse Abhängigkeiten zu geraten oder auch inhaltlich Schaden zu nehmen.

3. Innere Strukturen

Der Versuch, das Phänomen des Ethischen auf einige Hauptstrukturen hin zu charakterisieren, scheint daran zu scheitern, daß sich offenbar nur mittels einer bestimmten schon vorausgesetzten ethischen Theorie die Fülle ethischer Phänomene als ein in sich einheitliches Phänomen deuten läßt. Diesem naheliegenden Verdacht ist allein so zu begegnen, daß das Problem des Unvereinbaren ausdrücklich Berücksichtigung findet.

a) Geschichtlichkeit

Mit dem Phänomen des Ethischen scheint die geschichtliche Wandelbarkeit in der Tat schwer vereinbar zu sein. Was unbedingt verpflichtend sein soll, droht durch die Erkenntnis seiner geschichtlichen Bedingtheit der Auflösung zu verfallen. Am günstigsten für das Ethische, so scheint es, ist die Stabilität einer in sich geschlossenen Gesellschaft: einer Kultur, eines politischen Gemeinwesens oder zumindest einer entsprechenden Gesinnungsgenossenschaft, – Bedingungen also, die dem Ethischen den Anschein des Ausschließlichen, Eindeutigen und Selbstverständlichen verleihen. Es ist bekannt, wie sehr etwa die Auflösung der griechischen Polis oder die Begegnung des Abendlandes mit fremdartigen Kulturen oder die Konfrontation der tradierten Sittlichkeit mit den sich wandelnden Verhältnissen des Industriezeitalters Krisen des Ethischen auslösten, die man leicht als Auflösung des Ethischen überhaupt empfindet. Die immer schon den Generationswechsel begleitende Klage über einen Abstieg in sittlicher Hinsicht mahnt allerdings zur Vorsicht. Daß es auch auf diesem Gebiet ein geschichtliches Auf und Ab gibt, ist ebenso offensichtlich wie die Tatsache, daß ethische Krisen großen Ausmaßes vielfach die Geburtswehen ethischer Neubesinnung waren. Von der Gefahr eines einfachen Verschwindens könnte man in bezug auf das Ethische dann ohnehin nicht reden, wenn es seine Richtigkeit damit haben sollte, daß das Phänomen als solches im Menschsein verwurzelt ist. Dann ist zu erwarten, der Zwang der Gegebenheiten werde selbst dafür sorgen, daß sich das Ethische Geltung verschafft.

Damit sind freilich die Probleme nicht ausgeräumt: die widersprechende Einschätzung derselben Sachverhalte zu verschiedenen Zeiten (etwa in Sexualfragen) oder das gleichzeitige Widereinander grundverschiedener Ausprägungen von Ethos in einer pluralistischen Gesellschaft, zu schweigen von der konkurrierenden Vielzahl ethischer Systeme. Eben dies gehört zum Phänomen des Ethischen, daß es in sich strittig ist. Seine Harmonisierung durch Reduktion auf einen Konsensus sittlicher Grundsätze, die dem Menschen von Natur innewohnen, läßt sich kaum rechtfertigen und ebensowenig die Erwartung, daß die weitere geschichtliche Entwicklung einen solchen Konsensus erzeugen werde. Damit ist jedoch nicht der Skepsis Raum gegeben, es gäbe auf diesem Felde überhaupt keine Konvergenzen und Verständigungsmöglichkeiten. Die unbestreitbaren Konstanten menschlichen Daseins, wie sie etwa durch die elementaren Lebensbedürfnisse und menschlichen Beziehungen gegeben sind, haben zwar ihre Beständigkeit vornehmlich in den Problemen, die sie erzeugen, und nicht in deren Lösungen, nicht einmal notwendig in den Problemformulierungen. Immerhin halten sie die Variationsbreite der Divergenzen in Schach, zumal wenn man zwischen der Intention und den Bedingungen ihrer Realisierung unterscheidet. Welche Perspektiven sich aus dem egalisierenden Einfluß der Industriegesellschaft für das Phänomen des Ethischen ergeben, ist eine ebenso offene wie beunruhigende Frage. Man darf dabei weder das bisher unbekannte Maß an globalem Austausch und zivilisatorischer Gemeinsamkeit außer acht lassen noch den gleichfalls beispiellosen Prozeß der Ablösung von den geschichtlichen Wurzeln überkommener Sittlichkeit.

b) Prinzip und Situation

Das Phänomen des Ethischen ist in allen seinen Modifikationen durch die Polarität einer grundlegenden Einsicht von bindender Macht und der wechselnden Lebenssituationen mit ihrer Problematik bestimmt. Nicht etwa nur von der Eigenart des ethischen Prinzips, sondern auch und vor allem von der Weise des darin mitgesetzten Situationsbezuges hängt es ab, wie sich das Phänomen des Ethischen darstellt. „Prinzip" ist hier selbstverständlich in einem ganz weiten Sinne gebraucht und meint die in Pflicht nehmende Grunderfahrung, die ein Ethos bestimmt. Dies gehört unerläßlich zum Phänomen des Ethischen, daß es nicht ein zufälliges Konglomerat einzelner Verhaltensregeln darstellt, sondern konzentrisch auf einen Urimpuls bezogen ist, in dem ein Gesamtverständnis des Menschseins beschlossen liegt und von dem sich Ausrichtung und Motivation herleiten. Das kann die göttliche Autorität eines Gesetzes sein oder die bindende Kraft einer bestimmten Lebensgemeinschaft oder ein Leitbild der Selbstverwirklichung oder eine utopische Vorstellung vom Ziel der Geschichte oder die Macht der Idee eines höchsten Gutes, sei es Gerechtigkeit, Freiheit, Liebe oder Ehrfurcht vor dem Leben und so fort. Ob explizit oder nicht, auf jeden Fall ist das Sollen in einem Sein gegründet, der Imperativ in einem Indikativ, die Aufgabe in einer Gabe, so stark dabei auch die Auffassungen über dieses Verhältnis differieren. Dadurch ist dann mitbedingt, wie es vom Sollen zum Wollen kommt, wie sich die Erkenntnis des Guten und die Motivation zum Tun des Guten, das Verständnis des Bösen und die Einschätzung seiner Überwindbarkeit zueinander verhalten. Wie es von der sittlichen Einsicht zur sittlichen Tat kommt, ist aber nicht nur eine Frage der moralischen Stärke. Hier stellt sich ein Problem, das für das Phänomen des Ethischen besonders dringlich ist: die Vermittlung des Allgemeinen mit dem Besonderen, des Prinzips mit der Situation; die Umsetzung der grundsätzlichen Forderung in konkrete Forderung, der Einfachheit der Idee in die Komplexität des Lebens. Ob dabei eine kasuistische Normierung oder die Flexibilität verantwortlicher Ermessensfreiheit maßgebend ist, prägt den Geist eines Ethos.

c) Mehrschichtigkeit

Über die geschichtliche Vielgestaltigkeit des Ethischen hinaus ist noch eine weitere Differenzierung zu bedenken, die von innen her eine Mehrschichtigkeit bewirkt. Der Gedanke eines doppelten Ethos als eines Spezialfalls doppelter Wahrheit wird, letztlich mit Recht,

allgemein als indiskutabel abgewiesen. Man darf sich dadurch aber
nicht darüber täuschen, daß sich hier ein wesentliches Struktur-
moment des Ethischen anmeldet. Daß sich eines nicht für alle schickt,
mag weithin einfach auf die Situationsverschiedenheit verrechenbar
sein, zu der auch die lange andauernden Umstände gehören, die
das Leben einer Person bestimmen. So ließe sich zwar eine regionale
Auffächerung zu verschiedenartigem Standes- und Berufsethos als
Folge unterschiedlicher Konkretionsbedingungen durchaus rechtfertigen. Auch die für jeden akut werdende Differenz individual-
und sozialethischer Aspekte ließe sich entsprechend erklären, – eine
Unterscheidung, die ohnehin der Relativierung bedarf, da das
ethische Phänomen als solches, auch in sozialethischer Hinsicht, nie
von der Verantwortung des Einzelnen ablösbar ist, während die
individualethische Komponente sich nicht vom Sozialaspekt isolieren läßt, da der Mensch als einzelner stets in intersubjektiven und
transsubjektiven Bezügen steht.

Schwerer wiegt dagegen die Frage, ob nicht die faktischen Verhältnisse einleuchtende Gründe dafür liefern, daß sich von dem, was
in sittlicher Hinsicht jedem zumutbar ist, ein freiwillig übernomme-
nes elitäres Ethos abhebt. Das braucht nicht den Charakter intro-
vertierter Überheblichkeit zu haben, sondern könnte als eine bloße
Modifikation des Berufs- und Dienstgedankens verstanden werden.
Noch provozierender und vielleicht sogar vordringlicher ist die
Frage, ob nicht in bezug auf ein und denselben Menschen der Unterschied akut werden könnte zwischen der Partizipation am öffentlichen moralischen Standard und der Inanspruchnahme einer außer-
ordentlichen Dispensation kraft einer nicht generalisierbaren Ge-
wissensnötigung, – ein extremer Fall ethischer Relevanz der Situation. In jedem Fall jedoch gilt im Hinblick auf solche Möglichkeiten
als Grundbedingung, daß darin trotz allem in einem vertretbaren
höheren Sinne die Einheit des Phänomens des Ethischen gewahrt
bleibt.

4. Aporien

Für das Phänomen des Ethischen ist schließlich die Tatsache wesentlich, daß in ihm Probleme aufbrechen, ja von ihm geradezu erzeugt
werden, die ethisch nicht lösbar sind und den Horizont des Ethischen transzendieren.

a) Die absolute Forderung

Das Ethische würde in das bloß Pragmatische pervertiert ohne das Moment des Unbedingten. Dessen Wahrheit und Präsenz jedoch ist ein Thema, das nicht in die Kompetenz ethischer Erörterung fällt. An dieser Stelle ist das Ethische notwendig in umfassendere Zusammenhänge der Wirklichkeitserfahrung verwickelt, also in Fragen religiöser oder philosophischer Art. Das gilt um so mehr, wenn der Unerfüllbarkeit der absoluten Forderung standgehalten wird, die Diskrepanz zwischen dem Unbedingten und dem Bedingten also nicht vorschnell zugunsten des letzteren aufgelöst wird. Denn es gehört zum Phänomen des Ethischen, daß es Maßstäbe setzt, hinter denen das Verhalten und Handeln des Menschen nicht bloß zufällig und gelegentlich, sondern wesenhaft zurückbleibt.

b) Die Schuld

Das Versagen des Menschen in seiner sittlichen Fehlbarkeit zeitigt Folgen, die weitergreifen, als daß sie im Wege der Wiedergutmachung getilgt werden könnten. Das Problem etwa der Wiederherstellung zerstörten Vertrauens hat zwar auch einen ethischen Aspekt, weist aber in Dimensionen, die menschlichem Handeln nicht zugänglich sind. Das Bewußtsein von Schuld hat angesichts des undurchschaubaren und unabsehbaren Geflechts, in das menschliche Verantwortung verwoben ist, ein Gegenüber, das nicht ohne weiteres begrenzbar ist. Denn das, wogegen verstoßen ist, deckt sich in ethischer Hinsicht durchaus nicht mit dem, was von dem Verstoß betroffen ist. In den Problembereich der Schuld gehört aber nicht nur das grundsätzlich vermeidbare Versagen, sondern – das ist ein höchst bedeutsames Symptom des Phänomens des Ethischen – auch die Schuld, wie sie in ethischen Konfliktsituationen unvermeidlich wird. Ihr deshalb den Schuldcharakter abzusprechen, verriete eine ethizistische Verharmlosung des ethischen Phänomens.

c) Das Schicksal

Am Phänomen des Ethischen brechen endlich Probleme auf, die daraus entstehen, daß die erfahrene Wirklichkeit den ethischen Maßstäben nicht entspricht. Die Fragen der Prädestination und der Theodizee formulieren in verschiedener Hinsicht das Problem, daß sich der sittlich bestimmte Mensch Wirklichkeitszusammenhängen ausgesetzt sieht, die nicht nach sittlichen Maßstäben verrechenbar sind und denen gegenüber der Mensch als sittliches Wesen offensichtlich ohnmächtig ist. Wie sich damit dennoch die Unbedingtheit

des Ethischen verträgt, ist eine Frage, die in den Grenzen des Ethischen zwar abgewiesen oder verdrängt, jedoch nicht beantwortet
werden kann.

III. Philosophische Ethik

„Ethik" gibt es seit Aristoteles. Von ihm stammt nicht nur dieser
Terminus, sondern auch ihre erste systematische und zugleich ungemein geschichtswirksame Behandlung. Demzufolge ist die scharfe
Erfassung des Phänomens des Ethischen in seiner Besonderheit eine
philosophische Tat und bleibt auch, aufs Ganze gesehen, eine Eigenart philosophischer Ethik. Zu ihr gehört darum vom Ursprung her
und anhaltend ein emanzipatorischer Zug.

1. Emanzipation

Das emanzipatorische Moment ist ein gemeinsamer Zug der antiken
und der neuzeitlichen philosophischen Ethik, so unterschiedlich diese
ihre beiden Hauptphasen je in sich und im Verhältnis zueinander
sind und sosehr deshalb ein derartig pauschales Urteil nur mit Vorbehalten ausgesprochen werden kann. Aber es ist deutlich, daß das
ethische Interesse der klassischen griechischen und dann insbesondere der hellenistischen Philosophie im Unterschied zu der überkommenen religiösen und politischen Ausformung von Sittlichkeit
auf deren streng rationale Begründung und Durchdringung gerichtet war. Entsprechendes gilt trotz der sehr anderen Ausgangslage
im christlichen Abendland für die neuzeitliche philosophische Ethik.
Der Gesichtspunkt des Emanzipatorischen darf freilich nicht mit
einem rein antithetischen Akzent versehen werden. Die antike philosophische Ethik vollzog nicht einfach den Bruch mit dem Überkommenen, wahrte vielmehr eine gewisse geistige Kontinuität in einem
transformierenden Prozeß, der durch den Zerfall der nicht mehr
tragfähigen Ordnungen und Denkformen verursacht war. Ebensowenig hatte etwa die neuzeitliche philosophische Ethik ursprünglich
ein revolutionäres Pathos gegenüber dem christlichen Erbe, sah sich
vielmehr angesichts der konfessionellen Strittigkeit des Christlichen
dazu gedrängt, die Hauptelemente seines Ethos auf eine allgemein-
gültige Basis zu stellen und so in dem Umbruch der Zeiten wirksam zu erhalten. Wenn auch in beiden Fällen der Gesichtspunkt der
Selbständigkeit diese Zusammenhänge eher verdeckte, ist es doch

unverkennbar, daß philosophische Ethik das Phänomen des Ethischen nicht produziert, sondern interpretiert und auch in bezug auf das Ethos, das sie vertritt, in hohem Maße von schon gelebtem Ethos zehrt.

2. Autonomie

In Übereinstimmung mit dieser Gesamtcharakterisierung stellt begreiflicherweise der Begriff der Freiheit – wenn auch in sehr unterschiedlicher Interpretation – einen Leitbegriff philosophischer Ethik dar, und zwar verstanden als Autonomie. Die Unabhängigkeit von Fremdbestimmung (in welcher Gestalt auch immer: etwa durch die Affekte oder ein oktroyiertes Gesetz) erfährt also ihre Auslegung durch die innere Dialektik von Freiheit und Gesetz (ob Freiheit nun als Übereinstimmung mit der Natur oder als Selbstbestimmung unter dem kategorischen Imperativ verstanden wird). Dieses autonome Freiheitsverständnis verrät zusammen mit seinem hohen ethischen Pathos einen starken ethischen Optimismus, der mit relativ geringen Ausnahmen ebenfalls als ein gemeinsamer Grundzug philosophischer Ethik seit Aristoteles zu gelten hat. Das Recht und die Pflicht zur Selbstbestimmung beruhen auf der vorausgesetzten Integrität des Menschseins, an die appelliert werden kann. Die Autonomie des Sittlichen impliziert die Zuversicht in bezug auf seine Effektivität. Das schließt nicht einen Kampf aus, der Einsatz und Anstrengung erfordert, verspricht aber gerade im Zeichen äußerster Gesetzesstrenge, wie sie im Grunde zum Gedanken der Autonomie gehört, die Meisterung der Lebensprobleme auf ethischem Wege.

3. Evidenz

Philosophische Ethik setzt an die Stelle einer Begründung durch Autorität die Begründung kraft rationaler Evidenz. Das entspricht der Absicht, das Phänomen des Ethischen aus der Umklammerung durch die geschichtlich partikularen Größen einer bestimmten Religion und einer regionalen Sitte zu seiner menschlich universalen Weite zu befreien und seine strenge Allgemeingültigkeit zu erweisen. Die Basis bildet darum eine philosophische Anthropologie, in welcher der Gesichtspunkt rationaler Evidenz verankert wird. Doch stellt sich im Zuge dessen ein Dilemma ein. Der Versuch einer radikalen Erfassung des ethischen Phänomens unter dem Gesichtspunkt des unbedingt und allgemein Verpflichtenden führt zu einer For-

malisierung, von der aus es schwierig, wenn nicht unmöglich wird,
zu bestimmten ethischen Inhalten zu gelangen. Wendet sich dagegen
die Bemühung materialethischen Fragen zu, so droht entweder der
Verlust des Allgemeingültigen zugunsten rational nicht ableitbarer
Werturteile, die auf Entscheidung gründen, oder der Verlust des
streng gefaßten ethischen Aspekts infolge der Verhaltenswissen-
schaften. Sie tragen zwar in ihrer Weise dem Bedürfnis nach allgemein Einleuchtendem Rechnung, machen es aber fraglich, ob von
der Verhaltensforschung, der Ethologie, noch ein Weg zur normativen Ethik führt. So droht, daß der philosophischen Ethik im Namen
der Wissenschaftlichkeit das Existenzrecht überhaupt abgesprochen
wird.

IV. Ethik als theologische Disziplin

Die Theologie wäre schlecht beraten, wenn sie sich von dem Fraglich-
werden philosophischer Ethik für sich selbst Gewinn verspräche. Die
Geschichte der christlichen Ethik ist von Einflüssen der philosophischen Ethik tief durchtränkt. Für die Zeit der alten Kirche kommt
in dieser Hinsicht vor allem der Stoa die überragende Bedeutung
zu, für die Scholastik der aristotelischen Ethik, die Melanchthon
auch im Protestantismus alsbald wieder zu Ehren brachte, während
im neunzehnten Jahrhundert Kant eine vergleichbare Rolle zufiel.
Entsprechend partizipiert die Theologie auch an der Krise philosophischer Ethik. Das läßt sich nicht einfach als die Folge einer unguten Abhängigkeit der Theologie von der Philosophie abtun. Gewiß hat der starke Einfluß philosophischer Ethik auch problema-
tische Seiten, zumal wenn sie als Interpretationsmittel zentraler
theologischer Aussagen mißbraucht wird, wie dies Luther der scholastischen Aristoteles-Rezeption vorwarf. Dennoch hat die Offenheit
zur philosophischen Ethik hin tiefe theologische Sachgründe. An der
Art der Begründung scheiden sich zwar die großen Konfessionen.
Seitens des Katholizismus – jedenfalls nach dessen normativer Tradition – herrscht das Interesse an dem philosophischen Naturrechts-
gedanken vor, der sich mittels der katholisch aufgefaßten Relation
von Natur und Gnade im einzelnen dem Anspruch kirchlicher Interpretation unterwerfen läßt. Reformatorischerseits hingegen wird
ein kirchlicher Dirigismus in ethischer Hinsicht abgelehnt, aber nicht
nur aus allgemeinen Einwänden gegen kirchliche Lehrautorität, sondern infolge einer anderen Auffassung von der theologischen Rele-

vanz des Ethischen. Sie erlaubt und gebietet, in dem, was in die eigene Verantwortung des Menschen fällt, auch die unzensierte Stimme der Vernunft zu Worte kommen zu lassen. Das heißt nicht, daß alles, was sich dafür ausgibt, auch widerspruchslos als solches anerkannt wird, und erst recht nicht, daß man sich dadurch die theologische Verantwortung abgenommen sein läßt. Diese hat jedoch ihre unmittelbare Zuständigkeit nicht in ethischen Fragen, freilich auch nicht in Fragen abseits der Ethik, wohl aber in der theologischen Einschätzung des Ethischen.

1. Das Phänomen des Ethischen in theologischer Sicht

Nicht deshalb, weil für die Theologie der Mensch nur ein Teilaspekt ihres Themas wäre, kommt in ihr der Ethik nicht die zentrale Rolle zu. Vielmehr deshalb, weil in der Theologie der Mensch radikal auf seine Grundsituation hin zum Thema wird, wird die Frage der Ethik in einen umfassenderen Zusammenhang gerückt, durch den sie einerseits verschärft, andererseits begrenzt wird. Daß Theologie als solche nicht Ethik ist, kommt darin zum Ausdruck, daß das, was ihr unmittelbar vorgegeben und zu bedenken aufgegeben ist, den Charakter von Evangelium hat, für das der Mensch ausschließlich als Empfänger in Betracht kommt, und nicht den Charakter von Gesetz, das ihn auf sein Tätersein hin anspricht. Als Empfänger aber kommt der Mensch deshalb in Betracht, weil er zwar *im* Tätigsein lebt, aber nicht *aus* dem Tätigsein. Deshalb ist das Evangelium nur von seinem Bezug auf das Gesetz hin zu verstehen. Und die Theologie kann in ihrer spezifischen Verschiedenheit von der Ethik nur durch ihren Bezug auf das Phänomen des Ethischen verständlich werden.

Die Verschärfung, die dem Phänomen des Ethischen in der Theologie zuteil wird, konzentriert sich im Verständnis von Sünde. Dieses Wort ist eine religiöse, nicht eine moralische Kategorie, wird aber theologisch nur dann recht interpretiert, wenn darin der Bezug auf das Ethische streng gefaßt wird, der Mensch also nicht infolge zeremonieller Verfehlungen, sondern infolge des Verfehlens seiner sittlichen Aufgabe Sünder ist. Dieses Verfehlen besteht aber nicht in einzelnen moralischen Verfehlungen. Sie sind nur partielle Auswirkungen einer Verkehrung der zugrunde liegenden Ausrichtung und Einschätzung des Ethischen oder richtiger: seiner selbst in Hinsicht auf das Ethische. Die Auffassung, als bestehe das Religiöse darin, daß zu den Pflichten gegen die Mitmenschen auch noch Pflichten gegen Gott hinzukommen und entsprechend zu den Vergehen in mitmenschlicher Hinsicht Vergehen gegen Gott, trifft nicht die Intention des christlichen Verständnisses. Das Verhältnis zu Gott tritt nicht neben das Weltverhältnis, sondern bestimmt dieses als dessen ausschlaggebendes Vorzeichen.

Anthropologisch ist dieser Sachverhalt verifizierbar an der Differenz zwischen dem Personsein des Menschen und den Handlungen, die daraus hervorgehen und von daher bestimmt sind. Sünde im eigentlichen Sinne ist nicht das immer nur partielle Versagen in einzelnen Handlungen, vielmehr die wesenhaft ganzheitliche Verkehrung der Person und damit der Grundsituation des Menschen. Die theologische Verschärfung des Phänomens des Ethischen, wie sie im Begriff der Sünde zum Ausdruck kommt, besteht also nicht in einer Verinnerlichung, die neben den Tatsünden auch die verborgenen Gedankensünden berücksichtigt, vielmehr im Rückgang auf die Wurzel aller Verfehlungen, und zwar nicht allein der einzelnen sittlichen *Verfehlungen,* sondern auch und vornehmlich der verfehlten Einstellung zu den sittlichen *Leistungen.* Nach christlichem Verständnis ist die Grundsünde der Unglaube als das Nicht-abhängig-sein-Wollen von Gott. Dieses Verständnis von Sünde hat nun aber auch eine außerordentliche Verschärfung des sittlichen Urteils im einzelnen zur Folge, indem alles Handeln auf eine einzige Grundforderung bezogen und daran gemessen wird: ob es Vollzug von Liebe ist. Die Verschärfung besteht nicht in einer Vervielfachung der Gebote und Verbote, sondern in einer radikalen Vereinfachung auf ein einziges Gebot, die Liebe, zu der der Glaube als Hineingenommensein in die Liebe Gottes die Freiheit gibt.

Dieser Verschärfung, die dem Phänomen des Ethischen in der Theologie zuteil wird, korrespondiert nun aber eine Begrenzung des Ethischen. Gerade weil es unter jenes verschärfende Vorzeichen tritt, erfährt es eine Reduktion. Es wäre unzureichend, dafür als Begründung auf die sittliche Schwäche des Menschen zu verweisen. Sie besteht allerdings; jedoch unter dem Gesichtspunkt der Sünde kommt gerade auch seine sittliche Stärke in Betracht. Man kann also nicht einfach sagen: Weil der Mensch Sünder ist, kann man sich nun einmal in bezug auf das Ethische nicht allzuviel versprechen. Nach theologischem Urteil trifft beides zu: Einerseits kann man sich für den Menschen in der Tat gar nichts vom Ethischen versprechen, was sein Teilgewinnen am wahren Leben betrifft. Anderseits wird dem Ethischen der denkbar höchste Maßstab gesetzt: die Liebe, die Inbegriff der Vollkommenheit Gottes ist. In ethischer Hinsicht kann sie nur Ausstrahlung empfangener Liebe Gottes sein. Deshalb erfährt das Ethische die Begrenzung auf die konkrete Tat, wird also von der Überforderung befreit, dem Menschen selbst Geltung zu verschaffen. Mit der Begrenzung auf die konkrete Tat stellt sich die Begrenzung auf das anspruchslose Tun der Liebe ein. Es ist nicht auf Werke aus, die dem Täter zum Ruhm dienen, sondern auf Werke, die dem Mitmenschen zum besten dienen. Deren Güte hängt nicht von einer abstrakten Wertskala möglicher Handlungsinhalte ab, sondern von der Freiheit zur Wahl des nächstliegend Hilfreichen, auch wenn es sich um die unscheinbarste Tätigkeit handelt. Die Begrenzung, die dem Ethischen in christlichem Verständnis widerfährt, wirkt sich dahin aus, daß die soziale Dimension darin bestimmend ist. Nach reformatorischer Auffassung hat darum das Ethische seinen eigentlichen Ort in dem sogenannten *usus civilis* oder *usus politicus legis*.

2. Dogmatik und Ethik

Für das Verständnis von Ethik als theologischer Disziplin hängt alles an der sachgemäßen theologischen Sicht des Phänomens des Ethischen. Man könnte auch sagen: an dem dogmatischen Verständnis des Ethischen. Die große Gefahr in bezug auf die Ethik als theologische Disziplin besteht in der Meinung, daß eine bestimmte Ausformung des Ethischen als solche die Qualifikation als theologische Disziplin garantiert, daß also das Ethische kraft seiner selbst eine theologische Disziplin sei. Vielmehr wird Ethik nur dann zur theologischen Disziplin, wenn ihr der Charakter der Selbständigkeit, der ihr von ihrer philosophischen Herkunft anhaftet, abgesprochen wird.

Demgegenüber ist nun aber die Frage der disziplinären Verhältnisbestimmung von Dogmatik und Ethik zweitrangigen Gewichts. Wenn man im Hinblick darauf, daß es auf die rechte theologische Einschätzung des Phänomens des Ethischen ankomme, für eine völlige Integration der Ethik in die Dogmatik plädiert, so ist diese Lösung trotz ihrer richtigen Intention aus zwei Gründen problematisch.

Zum einen kann auch eine solche Einfügung der Ethik in die Dogmatik keineswegs verbergen, daß es sich um einen Unterschied der Thematik handelt, auch dann, wenn man diesen Themawechsel anstatt nur einmal von Disziplin zu Disziplin nun mehrfach bei den einzelnen dogmatischen Loci vollzieht. Dafür läßt sich zwar geltend machen, dabei werde der innere Zusammenhang strenger bedacht.

Es könnte sich jedoch auch die Gefahr einer Verwischung der Unterscheidung einstellen.

Zum andern aber und vor allem droht in diesem Fall dem Ethischen eine kurzschlüssige Verchristlichung sowie der Entzug des Zustroms an konkreter Erfahrung. Theologische Ethik beschränkt sich nicht etwa auf die Beschreibung eines speziell christlichen Ethos. Sie wird ihrer Aufgabe nur dann gerecht, wenn sie das Problem des Ethischen in der ganzen Weite des rein Menschlichen, des allgemein Menschlichen und des konkret Menschlichen in Betracht zieht und darin der philosophischen Ethik nicht nachsteht. Sie hat das Ethische nicht nur unter dem Aspekt der Früchte des Glaubens zu behandeln, sondern in seiner ganzen Breite unter dem Aspekt der Werke des Unglaubens, d. h. im Hinblick auf die Mitverantwortung für das Problem des Ethischen in einer Gesellschaft, in der das Christliche nicht mehr allgemein gilt, wohl aber das Ethische die Frage des Allgemeingültigen unaufschiebbar macht. Nur dann kann die Theologie der Aufgabe gerecht werden, sich in Solidarität mit der gegenwärtigen Zeit auf das Meer heutiger ethischer Probleme hinauszuwagen, wenn sie sich, gelenkt von klarer theologischer Erkenntnis in bezug auf das Phänomen des Ethischen, der Begegnung mit den einzelnen ethischen Phänomenen aussetzt, wie sie heute ganz unabhängig von der Theologie andrängen. Das Wagnis einer solchen uferlosen Konfrontation mit dem Ethischen kommt zweifellos wirksamer und umfassender zustande, wenn dafür eine gesonderte Disziplin vorgesehen ist. Schon die Fülle der dabei in Betracht zu ziehenden Sachfragen kann allein so Berücksichtigung finden. Doch steht dieser Mut zu einem scheinbar weitgehenden Heraustreten aus der Theologie in der Disziplin der Ethik nur dann im Dienste der Theologie, wenn man dessen eingedenk bleibt, inwiefern die Beschäftigung mit ethischen Detailfragen überhaupt theologischen Charakter hat.

3. Die ethischen Auswirkungen christlichen Glaubens

Für die Durchführung des Geschäfts theologischer Ethik läßt sich, ohne nun ins einzelne zu gehen, nur die generelle methodische Regel aufstellen: alles, was grundsätzlich und durch die Zeitverhältnisse bedingt in den Horizont ethischer Problematik gehört, den beiden Kriterien auszusetzen, in denen nach christlicher Überzeugung die Kriterien der Menschlichkeit überhaupt bestehen: dem Glauben und der Liebe. Nur dann sind ethische Fragen theologisch behandelt, wenn man darüber Rechenschaft zu geben vermag, wie sie im Lichte des Glaubens einzuschätzen und gemäß der Liebe zu beantworten sind. Daß ein christlicher Konsensus in bezug auf ethische Fragen gegebenenfalls keineswegs leichter, sondern schwerer zu erzielen ist als in dogmatischen Fragen, daß die Gemeinsamkeit ethischer Erkenntnis und Entscheidung aber auch nicht ohne weiteres zur Bedingung der Gemeinsamkeit gemacht werden darf, ist eine Einsicht, an der sich nur stoßen kann, wer die theologische Orientierung in bezug auf das Phänomen des Ethischen verloren hat.

Zwölftes Kapitel

Fundamentaltheologie

I. Die Aufgabe der Fundamentaltheologie

Anstatt einer weiteren Disziplin, so wäre zu erwarten, sollte eine zusammenfassende Besinnung auf das Ganze den Rundgang durch die vielen Fächer beschließen. Was zu dem Thema „Das Ganze der Theologie" am Anfang nur präludierend als Problemeinführung bemerkt wurde, wäre nun wieder aufzunehmen und auszuführen. Die Einzelerörterungen ließen inzwischen zwar Querverbindungen erkennen und wiederholt nach dem fragen, was theologisch konstitutiv und somit gemeinsam sei. Trotzdem wird man kaum meinen, mit der Absolvierung aller Stationen schon das Ganze erfaßt zu haben. Eher wird sich die Frage nun verschärft stellen, wie sich dies alles zu einem Einzigen zusammenfügt, zumal wenn dabei nicht das Wunschbild einer ausgewogenen Architektonik maßgebend ist, vielmehr das Leben selbst zum Prüfstein wird. Wie fügt sich der spannungsvolle Komplex theologischer Wissenschaft zur Komplexität des Lebens? Denn man darf doch wohl mit Recht annehmen, daß das, was die verschiedenen Aspekte der Theologie zur Einheit verbinden sollte, eben das ist, was das Leben ins Reine zu bringen vermag. Und wie füge ich mich selbst in das Unternehmen der Theologie? Denn deren Einheit erfüllt sich zweifellos nicht in einer Theorie, sondern erst in dem lebendigen Vollzug des theologischen Berufs.

Mit dieser aufs Ganze zielenden Thematik hat es nun aber eben die Disziplin zu tun, von der als letzter noch zu reden ist. Es hat den Anschein des Widersinnigen, daß die Verlegenheit infolge der vielen Disziplinen durch Einführung noch einer weiteren behoben werden und die Frage nach dem Ganzen ein neues Spezialgebiet der Theologie ausmachen soll. Darin verrät sich eine echte Aporie, die nicht vorschnell abgeschwächt werden darf. An ihr wird deutlich, daß die Gliederung der Theologie nicht Ausdruck ihrer Vollkommenheit ist, sondern Folge eines Notstandes. Die daraus erwachsenden Schwierigkeiten im besonderen zu reflektieren, hat darum den Charakter eines Notdienstes. Stellvertretend für alle Disziplinen hat er darauf zu sehen, daß unter der Fülle theologischer Arbeit nicht etwa die Theologie zu kurz komme. Das wäre der Fall, wenn die

Spezialisierung anstatt einer Vertiefung in die Theologie die Entfernung von ihr bewirkte. Wie immer man diesen Notdienst firmieren mag, der dem Ganzen zugute kommen soll, er kann im Grunde nicht etwas Neues hinzufügen, sondern nur an das erinnern, was in jeder Disziplin akut ist und von jeder je auf ihre Weise wahrgenommen werden sollte.

1. Der Begriff Fundamentaltheologie

a) Die Rede vom theologisch Fundamentalen

Die Wahl der Bezeichnung Fundamentaltheologie verrät Spuren einer besonders akuten Notsituation der Theologie. Was als bloße Anleihe bei katholischer Theologie erscheint, in der seit etwas mehr als hundert Jahren eine Disziplin dieses Namens besteht, rückt in anderes Licht, sobald man die Vorgeschichte der Rede vom theologisch Fundamentalen in die Kontroverstheologie des konfessionellen Zeitalters hinein zurückverfolgt und ferner in Betracht zieht, wie sehr innerhalb heutiger katholischer Fundamentaltheologie deren Selbstverständnis umstritten und im Fluß ist. Auch ohne jetzt auf beides näher einzugehen, läßt sich die gegenwärtige Problemlage protestantischer Theologie in dieser Hinsicht folgendermaßen kennzeichnen. Mit der Tatsache, daß die altprotestantische theologische Prinzipienlehre hinfällig geworden ist, hat sich schon seit langem die Zentrifugalwirkung innertheologischer Disziplinenemanzipation verbunden. Neu ist nun aber ein Doppeltes. Zum einen ist diese die ganze Theologie betreffende Problematik nicht mehr – wie es seither meist noch geschah – innerhalb der Dogmatik als deren Prolegomena hinreichend zu verhandeln. Denn die Dogmatik ist selbst zu einer Disziplin unter anderen geworden, und zwar zu einer besonders angefochtenen und verunsicherten. Es bedarf jedoch einer Grundlegung der Theologie unter ausdrücklicher Berücksichtigung des Disziplinenpluralismus. Zum andern haben sich die verschiedenartigen Versuche, mit einer neuen Disziplin in die Bresche zu springen, teils als unzulänglich, teils als partiell erwiesen. Sie treiben deshalb teils zur Korrektur, teils zur Fusion.

Die diesbezüglichen Intentionen, die unter verschiedenen Bezeichnungen propagiert wurden und werden, lassen sich als Variationen dessen schematisieren, was als theologisch fundamental geltend gemacht werden kann. Denkt man in erster Linie an *Grundsätze,* die als offenbarte den normativen Grundbestand der Theologie bilden, so legt sich eine theologische *Fundamentallehre* nahe. Sie war einst als elementare Grundstufe der Dogmatik konzipiert. Im Programm des Fundamentalismus unseres Jahrhunderts erfährt sie, anders gefaßt, eine Wiederkehr als Grundbedingung der Rechtgläubigkeit. Liegt das Interesse an einer tragenden *Grundlage,* die das Recht der Theologie gegen die Anfeindungen der Zeit zu begründen vermag, so tritt die Aufgabe der *Apologetik* in den Vordergrund. Sie ist um einen Unterbau bemüht, auf dem sich die eigentliche Theologie errichten läßt. Erstellt man dagegen einen *Grundriß,* der die auseinanderstrebenden Stoffmassen und Arbeitsrichtungen der Theologie übersichtlich ordnet und die Zusammenschau ermöglicht, so betreibt man das Geschäft einer theologischen *Enzyklopädie.* Verspricht man sich Entscheidendes von disziplinierenden *Grundregeln,* nach denen die Theologie zu verfahren habe, so verselbständigt sich die mit der Enzyklopädie oft verbundene Methodik zu einer *Wissenschaftstheorie* der Theologie, in der die Klärung der Wissenschaftlichkeit das Grundkonzept der Theologie liefern soll.

b) Die Frage nach der Wahrheit der Theologie
All dies schießt nun in den Aufgabenbereich einer Fundamentaltheologie ein, wie sie innerhalb evangelischer Theologie erst in Bildung begriffen ist. Nicht nur der enzyklopädische und der wissenschaftstheoretische Aspekt verbinden sich dabei zu höherer Einheit. Auch die in Verruf gekommene Apologetik und sogar die dogmatische Fundamentallehre finden insoweit Berücksichtigung, wie sich in ihnen ein Wahrheitsmoment anmeldet. Sucht man nach dem obersten Gesichtspunkt, auf den hin all dies konvergiert, so drängt sich dafür die Frage auf, wie es mit der Wahrheit der Theologie steht. Mit der Frage nach der Wahrheit der Theologie hat es die Fundamentaltheologie zu tun. Der Einwand, daß damit nichts anderes als das Geschäft der Theologie selbst beschrieben sei, die doch als solche über ihre Wahrheit kritisch Rechenschaft geben soll, bestätigt nur den gesamttheologischen Skopus der Fundamentaltheologie. Und die Erläuterung des Einwandes durch den Hinweis auf die verschiedenen Disziplinen, die doch nichts anderes als Teilaufgaben des theologischen Verifikationsvorganges sind, unterstreicht, daß die Fundamentaltheologie auf nichts anderes aus sein soll als auf den rechten Vollzug dieses gesamttheologischen Verifikationsvorganges. Indem sie gleichsam ihren eigenen roten Faden am Problem der Verifikation in theologischer Hinsicht findet, wird den anderen Disziplinen das Teilhaben an dieser Aufgabe nicht abgenommen, sondern erst recht zugemutet.

Was dazu nötigt, fundamentaltheologisch die Wahrheit der Theologie zu erörtern, erschließt sich durch die Frage nach Einheit und Notwendigkeit der Theologie.

2. Die Frage nach der Einheit der Theologie

a) Die Phänomene des Dissensus und der Aporie

Wenn als formales Kennzeichen von Wahrheit die Widerspruchsfreiheit zu gelten hat, so wird unter dem Gesichtspunkt der Einheit der Theologie das Problem ihrer Wahrheit aufs äußerste virulent. Der Widerspruch, der ihr als Theologie von außen widerfährt, bleibt dabei zunächst außer Betracht. Die Theologie selbst ist so widerspruchsgeladen, daß man sich fragen kann, mit welchem Recht überhaupt von *der* Theologie zu reden sei. Es gibt sie anscheinend nur in Gestalt konkurrierender und gegeneinander streitender Theologien. Das hat sie freilich mit allen anderen Bemühungen um Wahrheit gemein. Der Konsensus spielt zwar als nicht zu übersehendes Symptom bei der Wahrheitsfindung eine Rolle, jedoch eine zweideutige. Bestehender Dissensus ist kein zwingender Einwand gegen die Wahrheit einer Aussage, wohl aber dagegen, es bei ihrer bloßen Behauptung bewenden zu lassen. Bemühung um Wahrheit ist immer Bemühung um Konsensus, wenn auch gegebenenfalls mit dem Mut zu entschiedenem Widersprechen. Solange noch angebbar ist, worum der Streit geht, ist man gemeinsam bei der Sache. Darauf gründet auch das Recht, trotz allem von *der* Theologie zu reden.

Tiefer sitzt die Schwierigkeit, daß im theologischen Sachverhalt selbst Widersprüche begegnen. Was dabei auf das Konto ungenauen Denkens geht, läßt sich zwar eliminieren. Was der Theologe an Einsprüchen gegen die Sache der Theologie zu bedenken hat, ob sie nun an ihn herangetragen sind oder in ihm selbst entstehen, ist zwar nicht das einzige, aber ein starkes Movens der Theologie. Eine Theologie, die von dieser Art des Widerspruchs befreit und mit sich selbst zufrieden wäre, befände sich schon deshalb nicht in der Wahrheit, weil sie ihre faktische Situation in der Welt verkennt; vor allem aber auch darum nicht, weil unberücksichtigt bleibt, daß zur Sache der Theologie Aporien gehören, die Ausdruck letzter Geheimnisse sind. Sie lassen das Denken nicht zur Ruhe kommen, damit nicht etwa angeblich letzte Widersprüche an falscher Stelle statuiert werden. Und dort, wo solche in der Tat bestehen, muß bedacht werden, in welchem Sinne hier überhaupt von Widerspruch die Rede sein kann und muß.

b) Die Auffächerung nach Disziplinen

Der Dissensus im theologischen Gespräch sowie die Aporien im theologischen Denken sind wesentliche Antriebe fundamentaltheologischen Fragens nach der Wahrheit der Theologie. Damit verglichen, sind diejenigen Erscheinungen von sekundärem Rang, die im Spannungsfeld der Disziplinen die Einheit der Theologie bedrohen und von daher zur Frage nach der Wahrheit der Theologie nötigen. Die Aufteilung in verschiedene Arbeitszweige ist als solche ja bereits eine Folge dessen, daß sich die Theologie der Wahrheitsfrage ausgeliefert hat. Weder die Tatsache einer Mehrzahl theologischer Disziplinen noch auch deren dominierende Aufspaltung in Historie und Systematik berechtigt an sich zu der Diagnose, damit sei die Einheit bereits verloren und infolgedessen die Wahrheit unkenntlich geworden. Die Schwierigkeiten, die sich aus der disziplinären Institutionalisierung theologischer Wahrheitsbemühung in der Neuzeit unbestreitbar ergeben, dürfen allerdings nicht bagatellisiert werden. Das widerspräche dem Interesse an der Wahrheit ebensosehr wie der Versuch, den bestehenden Disziplinenkanon gewaltsam auf äußere Einheit hin umzustrukturieren.

Die Bedrohung der Einheit und damit der Wahrheit der Theologie entspringt einem falschen Verständnis des Sachverhalts. Zwar suggeriert die Organisation akademischer Theologie die Vorstellung einer isolierten Existenz der Disziplinen. Ihr einigendes Band besteht anscheinend nur in der äußeren Organisationsform als Fakultät oder Fachbereich innerhalb der Universität sowie in der pragmatischen Abzweckung auf kirchliche Berufsausbildung. Daß es sich dabei um eine Abstraktion handelt, die selbst dem faktischen Zustand nur beschränkt entspricht, wird durch den Schein der Konkretion allzu leicht verdeckt, der durch die personale Repräsentanz der Disziplinen im akademischen Raum entsteht. Doch selbst da zeigt sich an mancherlei Symptomen – wenn auch oft solchen der Defizienz –, daß faktisch keine theologische Disziplin ohne Beziehung zu den anderen ihre Arbeit treibt. Die Forderung interdisziplinären Austauschs – zunächst innerhalb der Theologie selbst – bezieht ihr Recht aus einer wesenhaften Interdisziplinarität, die in jeder theologischen Disziplin wirksam ist, wenn auch oft nur verkümmert und undiszipliniert. Inwiefern sich dies aus der Sache der Theologie ergibt und welche Ausrichtung dadurch die interdisziplinäre Aufgabe erhält, ist eine Frage, die zwar in jeder Disziplinenrelation zur Wahrheitsfrage wird – etwa in der Beziehung von alt- und neutestamentlicher Wissenschaft oder in der von Dogmatik und Ethik oder in der zwischen biblischer und dogmatischer Theologie. Die äußerste Zuspitzung der Wahrheitsfrage entsteht aber innerhalb dieses Horizonts zweifellos immer noch aus der Zerrung zwischen historischer und systematischer Wahrheitsfindung. Diesem Zwiespalt und seiner Überwindung durch Rückgang auf die Sache der Theologie auf den Grund zu gehen, ist ein Hauptgeschäft der Fundamentaltheologie. Ihr Dienst am rechten Vollzug von Theologie muß ebenso die wahrheitsfördernde wie die wahrheitsstörende Funktion der Disziplinengliederung erkennen lassen.

3. Die Frage nach der Notwendigkeit der Theologie

Die Behauptung, daß sich auch mit der Frage nach der Notwendigkeit die Frage nach der Wahrheit stellt, erscheint bedenklich. Offenbar ist an eine Notwendigkeit nicht im logischen Sinne gedacht, sondern im Sinne einer lebensmäßigen Nötigung. Darum könnte der Verdacht entstehen, aus dem Bedürfnis werde die Wahrheit postuliert. Indessen hat die Theologie Anlaß, nicht allein um ihrer selbst willen darauf zu achten, daß das Wahrheitsverständnis nicht die Beziehung zu dem verliert, was im Leben auf dem Spiel steht. Zur Aufgabe der Fundamentaltheologie gehört die Wachsamkeit sowohl gegenüber einer intellektualistischen, rationalistischen oder empiristischen Verengung des Wahrheitsbegriffs als auch gegenüber einer irrationalen Emanzipation des Lebensnotwendigen von der Wahrheitsfrage.

a) Die Nötigung zur Theologie

Der Eindruck liegt nahe, die Theologie verdanke ihre Existenz einer von außen kommenden Nötigung, die den christlichen Glauben dazu zwingt oder verführt, sich in apologetischer Anpassung oder Abwehr theologisch zu explizieren. Dafür könnten die Theologiegeschichte selbst sowie eine Analyse theologischer Denkfiguren reichliche Belege liefern. Jedoch hat ein solches Pauschalurteil seinerseits etwas Vergewaltigendes. Abgesehen von der Suggestivkraft des pejorativen Verständnisses von Apologetik, mahnt vor allem der Gedanke zur Vorsicht, ob denn ein so ungemein reiches und lebendiges Phänomen, wie es christliche Theologie – nur für den Banausen nicht – ist, durch äußere Einflüsse entstehen kann, ohne daß zumindest eine entsprechende Disposition des christlichen Glaubens dem entgegenkommt. Die Frage nach der Wahrheit der Theologie, wie sie sich im Blick auf die Nötigung zur Theologie stellt, läßt das

wechselvolle Zusammenspiel zeitbedingter und sachbedingter Faktoren fundamentaltheologisch wichtig werden. Aber nicht als das
schematische Widerspiel fixierter Rollen, sondern als Integrations-
prozeß, dessen Interpretation und Beurteilung von der Einsicht in
den wesenhaften Zeitbezug christlichen Glaubens abhängt. Wenn die
Freiheit des Glaubens als Inbegriff seines universalen Welt- und Ge-
schichtsbezugs gelten darf, dann ist man dazu angehalten, die Nötigung zur Theologie auf die Freiheit des Glaubens zurückzuführen.
Als Grund der Notwendigkeit von Theologie und zugleich als Kriterium der Theologie käme dann die Wahrung der Freiheit des Glaubens in Betracht. Aufgabe der Fundamentaltheologie ist es jedenfalls,
die Notwendigkeit der Theologie von ihrer Sache her zu begreifen.

b) Die Grenzen der Theologie

Wird der Zusammenhang zwischen Faktum und Sache der Theologie so eng gefaßt, könnte man befürchten, daß Theologie als Folge
der Freiheit des Glaubens in die Grenzenlosigkeit von dessen Welt-
und Geschichtsbezug hinein verschwimmt und damit des Wahrheits-
bezugs verlustig geht. In anderer Weise neigte die Orthodoxie dazu, Theologie so sehr mit dem Wahrheitsanspruch ihrer Sache zu
identifizieren, daß sich der Gebrauch des Wortes Theologie mit
Gotteserkenntnis überhaupt deckte und sogar die Grenzen geschichtlicher Gotteserkenntnis sprengte. Die Profilierung der spezifischen
Notwendigkeit von Theologie kann nur durch eine Begrenzung
dieses Phänomens erfolgen, die an der Eigenart selbstkritischer, methodisch betriebener und entsprechend kommunikativer Rechenschaft
über den christlichen Glauben orientiert ist, also an wissenschaftlicher Theologie. Fundamentaltheologie hat dieses Abgrenzungs-
problem nach verschiedenen Seiten hin zu diskutieren. Am nächsten
liegt die Frage, was Wissenschaftlichkeit heiße und ob sie mit der
Sache der Theologie vereinbar sei. Dazu kommen Probleme, die
sich daraus ergeben, daß die Grenzen zum Leben des Glaubens hin
fließend bleiben. Denn in dem Maße, wie verantwortendes Denken
zur Existenz des Glaubenden überhaupt gehört, wird – obschon
gradweise sehr verschieden – ein Partizipieren an der Theologie
unausweichlich. Es richtet sich zum einen nach dem, was an Glaubensrechenschaft jedem erforderlich und zumutbar ist, um zu einem
einhelligen Wahrheitsbewußtsein zu gelangen; zum andern nach der
jeweiligen Gesamtsituation und nach dem, was es braucht, um sie
dem genuin christlichen Wort zu konfrontieren; schließlich nach der
Besonderheit kirchlichen Dienstes und der dazu gehörenden Cha-

rismen, stellvertretend für andere christliches Wort zu verantworten. Die Notwendigkeit der Theologie deckt sich zwar keinesfalls
mit der Notwendigkeit ihrer Sache selbst, muß sich aber von dieser
herleiten und auf sie beziehen, wenn sich die Frage nach der Notwendigkeit nicht von der Frage nach der Wahrheit ablösen soll.

II. Zur Durchführung der Fundamentaltheologie

Von der begrenzten Zielsetzung einer bloßen Orientierungshilfe,
die einige Denkanstöße vermittelt, kann hier so wenig abgewichen
werden wie in den bisherigen Fällen. Dennoch muß bei der Fundamentaltheologie aus zwei Gründen ein Schritt weitergegangen werden, als es sonst geschah. Sie ist die einzige der hier behandelten
theologischen Disziplinen, die sich erst in der Formierung befindet,
jedenfalls in evangelischer Ausprägung. Es fehlt hier weitgehend an
der Anschauung und der Erfahrung, wie sie bei einer etablierten
Disziplin – so umstritten sie auch sein mag – vorausgesetzt werden
können. Dazu kommt, daß der Fundamentaltheologie in diesem
enzyklopädischen Überblick die Funktion zufällt, vom Ende her
noch einmal das Ganze zu bedenken. Das entspricht ihrer eigenen
Aufgabe und auch der Stellung, die ihr im Studium der Theologie
zukommt. Die Disziplinen lassen sich nicht – schon gar nicht in der
hier gewählten Anordnung – in eine chronologische Folge zwingen.
Soweit ein didaktisches Nacheinander nicht zu umgehen ist, muß es
doch durch ein nicht minder wichtiges Miteinander kompensiert werden. Denn in der Theologie hängt alles mit allem zusammen und
muß darum auch soweit als möglich miteinander reifen können. Unter diesem Vorbehalt könnte man allerdings sagen, der Fundamentaltheologie komme insofern am ehesten der letzte Platz zu, als es
sinnlos wäre, das Ganze der Theologie zu bedenken, ohne schon
eine gewisse Erfahrung im Umgang mit allem gewonnen zu haben,
was zur Theologie gehört. Ob sich die Beschäftigung mit einer Sache
lohnt, klärt sich nicht durch ein vorgängiges allgemeines Räsonne-
ment darüber, sondern nur indem man sich auf sie konkret einläßt.
Es fördert auch nicht das Eindringen in die wissenschaftliche Arbeit,
wollte man die Methodenprobleme im voraus erledigen, ohne schon
eigene Schritte riskiert und eine ungefähre Materialkenntnis erwor-
ben zu haben. Nicht einmal eine Frage kann man stellen, ohne
wenigstens etwas zu wissen.
Weil es sich also bei der Fundamentaltheologie um einen Sonder-

fall handelt, läßt sich die Frage ihrer Durchführung nicht umgehen. Wenn sich dabei nicht mehr als ein dürftiger Problemkatalog ergibt, so hält sich dies doch im Rahmen eines Orientierungsversuchs, der zum Weiterdenken einladen will.

1. Strukturen des Verifikationsprozesses

Die Fundamentaltheologie geht dem Verifikationsprozeß nach. Dies ergab sich daraus, daß sie es mit der Frage nach der Wahrheit der Theologie zu tun hat. Deshalb erörtert sie explizit und im Ganzen, was im Konzert der Disziplinen zustandekommen soll. Fundamentaltheologie ist gewissermaßen das Studium der Partitur der Theologie. Wer diese Metapher allegorisch ausbeuten will, tue es allerdings auf eigene Gefahr.

Die fundamentaltheologische Erörterung des Verifikationsprozesses hat ihre Schwerpunkte in der Frage nach der Sache, der Sprache und – worauf alles abzielt – der Wahrheit der Theologie. Es handelt sich gleichsam um die trigonometrischen Punkte, an denen sich die Vermessung des theologischen Geländes ausrichtet – eines Geländes, das sprachlicher Art ist und darum auf die Beziehung von Sprache und Sache hin untersucht werden muß, damit überhaupt die Wahrheitsfrage in den Blick kommen kann. Auch in diesem Fall kann es sich nicht um ein Nacheinander handeln, bei dem eines vor dem nächsten definitiv zu erledigen wäre. Obwohl also diese Hauptgesichtspunkte voneinander nicht isolierbar sind, beschreiben sie dennoch ein inneres Gefälle, dem die Erörterung mit der nötigen Umsicht zu folgen hat. Daß dabei die Frage nach der Sache den Primat hat, sollte ebenso einleuchten wie die Abzielung auf die Wahrheitsfrage.

Da an dem Verifikationsprozeß, den die Fundamentaltheologie reflektiert, alle Disziplinen beteiligt sind, erscheinen sie in der Fundamentaltheologie nicht als bloße Diskussionsobjekte, sondern als Diskussionspartner. Fundamentaltheologie sollte sich zum gesamttheologischen Gespräch weiten, das nie ein nur innertheologisches Gespräch sein kann. Von seiner Sache her ist ihm der universale Horizont gesetzt, innerhalb dessen grundsätzlich alle belangvollen Stimmen zu Worte kommen, die in meinem Überblick durch die nichttheologischen Fächer vertreten wurden. Durch die Präsenz aller anderen theologischen Disziplinen unterscheidet sich die Fundamentaltheologie von diesen allerdings nicht grundsätzlich, sondern nur durch den Grad expliziter Reflexion. Je mehr sich freilich auch hier ein Spezialistentum geltend macht, desto mehr gefährdet die Fundamentaltheologie sich selbst.

Der Primat der Sache, der das Gesamtgefälle bestimmt, muß sich auch im einzelnen geltend machen. Stets sind, gemäß dem Doppelsinn von „Sache" als Vorgegebenem und Aufgegebenem, aus dem, was gegeben ist, die Aufgaben zu entwickeln, die sich von daher ergeben und die nicht zuletzt darin bestehen, allererst zu erfassen, was das Gegebene in Wahrheit ist.

2. Die Sache der Theologie

a) Die Christlichkeit der Sache der Theologie

Daß Theologie als christliche Theologie entfaltet wird, ist weder rein positivistisch zu rechtfertigen noch mittels der Relativierung auf ein allgemeines Genus „Theologie" hin vergleichsweise einleuchtend zu machen. Es muß jedoch durch den Aufweis dessen erläutert werden, wie aus dem wesenhaft Christlichen Theologie hervorgeht. Dafür bedarf es einer kritischen Bestimmung des wesenhaft Christlichen. Sie wird dadurch gewonnen, daß das biblische Zeugnis einerseits in weitesten Relationen bedacht wird, in Beziehung zur Christentumsgeschichte, zur Welt der Religionen und zur rationalen Wirklichkeitserfassung, anderseits in strengster Konzentration auf die Frage nach der Grundsituation des Menschseins.

b) Die Universalität der Sache der Theologie

Um der Universalität dieses Kontextes willen, der nicht willkürlich herangetragen ist, den vielmehr der christliche Glaube seinerseits beansprucht, ist Theologie nicht bloße Wissenschaft vom Christentum als dessen historische Beschreibung, sondern kritische Explikation dessen, was auf Grund christlichen Glaubens in Konfrontation mit aller relevanten Überlieferung und Erfahrung über das Ineinander von Gotteserfahrung, Welterfahrung und Selbsterfahrung auszusagen ist.

c) Fundamentalunterscheidung

Dieses Ineinander von Gotteserfahrung, Welterfahrung und Selbsterfahrung, wie es in der Erscheinung Jesu Christi sich ereignet hat und verkündbar geworden ist und im Glauben, der an ihm sein Gegenüber und seinen Grund hat, lebensbestimmend wird, vollzieht sich als ein Geschehen, in dem das, was verworren, verkehrt und verdorben ist, dadurch zurechtgebracht wird, daß alles in das rechte

Verhältnis zueinander kommt. Darum ist für die Sache der Theologie der Vorgang des Unterscheidens ausschlaggebend, dessen Vollzug im theologischen Denken dem Geschehen Raum zu geben hat, in dem sich das zurechtbringende Unterscheiden in und an der Lebenswirklichkeit selbst vollzieht. Das nicht trennende, sondern in die rechte Beziehung setzende Unterscheiden, dessen soteriologischen Charakter Grundbegriffe christlicher Sprache wie Glaube, Liebe, Hoffnung, Schöpfung, Versöhnung und Erlösung erkennen lassen, bedarf der Ausarbeitung leitender Fundamentalunterscheidungen wie der zwischen Gott und Welt, Zeit und Ewigkeit, Natur und Gnade, Tod und Leben, Sünde und Vergebung oder Gesetz und Evangelium. An der Weise, wie die Fundamentalunterscheidung gefaßt wird, entscheidet sich der Wirklichkeitsbezug der Theologie, welchen Sitz im Leben die Sache der Theologie hat.

3. Die Sprache der Theologie

a) Die Sprache des Glaubens

Die Sache der Theologie erschließt sich nicht anders als durch die Sprache des Glaubens, deckt sich aber nicht mit ihr. Denn zur Sprache gehört sowohl die Differenz von Sprache und Sache als auch die Differenz von Sprache und Sprache. Die Fundamentaltheologie hat diesen Zusammenhängen nachzugehen: Warum für die Sache der Theologie dem Wort die fundamentale Bedeutung zukommt, nicht in Konkurrenz zur Lebenswirklichkeit, sondern als die Weise, wie sie wirklich wird, indem sie zur Wahrheit kommt; daß die biblische Überlieferung der unerschöpfliche Quellgrund der Sprache des Glaubens ist, mit dem vertraut zu werden die vornehmste und nie ans Ende gelangende Aufgabe des Theologen ist; warum das eine, um das es im Glauben geht, in einer unendlichen Vielfalt von Aussagen und sprachlichen Möglichkeiten zu Worte kommen kann und muß; und inwiefern es die Lebendigkeit der Sprache des Glaubens ausmacht, daß sie sich ständig in der Spannung von überlieferter Sprache und gegenwärtiger Wortverantwortung bewegt.

b) Die hermeneutische Verantwortung der Theologie

Die Theologie ist auf das vor ihr und unabhängig von ihr in Gang befindliche Überlieferungsgeschehen christlichen Glaubens bezogen und trägt dafür Verantwortung, daß es seiner eigenen Intention nach identisch bleibt, indem es und dadurch daß es in immer neue Situationen und Sprachräume eingeht. Deshalb ist ihr Geschäft im ganzen hermeneutischer Art. Es stellt jedoch eine Verkürzung und Verzerrung des hermeneutischen Charakters der Theologie dar, wenn die Vorstellung dominiert, als gehe es allein um den Transfer eines Textes aus der Vergangenheit in die Gegenwart und um die Probleme, die sich dabei durch den Kontextwechsel ergeben. Man pflegt dann mit Lessing von dem „garstigen breiten Graben" zu reden, der dabei zu überwinden sei und von dem Lessing selbst meinte, nicht über ihn hinüberspringen zu können[1]. Doch wird dabei das Lessing-Problem konstant mißverstanden. Nicht die Differenz von Vergangenheit und Gegenwart stellt für ihn den unüberbrückbaren Graben dar, sondern, wie er sich ausdrückte, die Differenz zwischen zufälliger Geschichtswahrheit und ewiger Vernunftwahrheit, mit anderen Worten: zwischen historischer Feststellung und gültiger Wahrheit, die von herzbewegender, gewißmachender Kraft ist. Die Berücksichtigung dieses Problems lenkt die hermeneutische Besinnung auf den Zusammenhang von Sprache und Erfahrung, so nämlich, daß die überlieferte Sprache auf die darin ausgesprochene und angesprochene Erfahrung hin interpretiert wird. Damit erhält die hermeneutische Fragestellung eine Weite, die das, was in historische und systematische Theologie auseinanderzubrechen droht, auf seine Einheit hin ausrichtet.

c) Die Kritik theologischer Sprache

Ich kann die Auffassung nicht teilen, daß die heute vielfach als Konkurrenten behandelten Verfahrensweisen der Hermeneutik und der Sprachanalyse eine echte Alternative darstellen. Es bedarf allerdings noch erheblicher Anstrengung, beide Denktraditionen so in Beziehung zueinander zu setzen, daß die Gemeinsamkeit der Sprachverantwortung deutlich und fruchtbar wird. Dies ist fundamentaltheologisch von großem Gewicht im Hinblick auf die Notwendigkeit, das Verhältnis von allgemeiner Umgangssprache, religiöser Sprache überhaupt und der Sprache des Glaubens differenziert zu erfassen, Recht und Grenzen theologischer Fachsprache dazu in Beziehung zu setzen und Kriterien für die Angemessenheit und Leistungsfähigkeit theologischer Begriffsbildung zu gewinnen. Das große Aufgabenfeld, das sich hier öffnet, wird allerdings nur dann mit theologischem Gewinn bearbeitet, wenn dabei weder die Beziehung zur Sache der Theologie noch die Untrennbarkeit theologi-

[1] *G. E. Lessing,* Über den Beweis des Geistes und der Kraft (1777), in: Lessings Werke, hrsg. v. *J. Petersen* und *W. v. Olshausen,* 23. Teil; Theol. Schr. IV, hrsg. v. *L. Zscharnack,* 49, 21.

scher Sprache von der Sprache des Glaubens aus dem Auge verloren wird.

4. Die Wahrheit der Theologie

a) Die Gewißheit des Glaubens

Wenn Theologie Rechenschaft über den christlichen Glauben ist, so hat von dieser ihrer Sache her die Rechenschaft über die Gewißheit christlichen Glaubens für die Theologie zentrale Bedeutung. Deshalb gilt es, die Eigenart dieser Gewißheit klarzustellen. Dafür sind vor allem drei Aspekte zu berücksichtigen: zum einen daß die Gewißheit christlichen Glaubens weder den Charakter objektiv beweisbaren Wissens hat noch den der subjektiven Willkür, sondern ein Gegründetsein des Menschen außerhalb seiner selbst ist; ferner daß diese Gewißheit sich als ein Sein in der Wahrheit versteht, für das ein beständiges Fragen nach der Wahrheit keinen Widerspruch darstellt, vielmehr dem Lebensbezug der Wahrheit entspricht; und schließlich daß die Gewißheit nicht anders existiert als in der Anfechtung, also in einem ständigen Prozeß der Vergewisserung und Bewahrheitung, der aber nach dem Selbstverständnis des Glaubens nicht über die Wahrheit des Geglaubten, sondern allein über das Bleiben des Glaubenden in der Wahrheit entscheidet.

b) Die Wissenschaftlichkeit der Theologie

Im Problem der Wissenschaftlichkeit der Theologie laufen alle Linien der fundamentaltheologischen Thematik zusammen. Dabei kristallisieren sich folgende Hauptprobleme heraus.

Zum einen kann sich die Theologie nicht einem vorgegebenen Wissenschaftsverständnis anvertrauen oder unterwerfen, weil es ein außer Diskussion stehendes und gleichermaßen für alles geltendes Wissenschaftsverständnis weder gibt noch geben kann. Das ist jedoch kein Freibrief für Disziplinlosigkeit und Dogmatismus. Vielmehr muß sich die Fundamentaltheologie an der mühsamen wissenschaftstheoretischen Diskussion aktiv beteiligen, um sich der Rechenschaft über ihre eigenen Kriterien rückhaltlos zu unterziehen. Sie wird sich dabei ebenso vor Überschätzung der Wissenschaftstheorie hüten wie vor einer gar als Glaubensstärke getarnten Leichtfertigkeit im Umgang mit wissenschaftstheoretischen Fragen.

Zum andern ist gegenüber dem schlichten Einwand, daß die Theologie die Wahrheit schon zu besitzen meine und darum nicht Wissenschaft sei, der Unterschied zwischen einer wissenschaftlich zu eruierenden und wissenschaftlich nicht eruierbaren Wahrheit als eine dem Wesen von Wahrheit selbst anhaftende Differenz zu untersuchen. Fundamentaltheologie muß darüber Klarheit schaffen, was für die Theologie selbst in das wissenschaftlich Eruierbare gehört. Es wäre nicht nur theologisch, sondern allgemein wissenschaftlich geurteilt absurd, die Wahrheitsfrage in bezug auf den christlichen Glauben selbst für wissenschaftlich so oder so entscheidbar zu halten. Es wäre aber nicht nur allgemein wissenschaftlich, sondern auch theologisch absurd, die Art, wie der christliche Glaube zur Darstellung und Entfaltung kommt, für unkontrollierbar und aller Kriterien entbehrend zu halten. ·

Schließlich hat eine Methodik theologischer Verifikation die Bedingungen historischer und systematischer Verifikation theologischer Aussagen zu erarbeiten. Dabei hat sie nicht nur die Querverbindungen zwischen beidem zu beachten, sondern auch im Auge zu behalten, daß von einer Verifikation theologischer Aussagen nicht die Rede sein kann, ohne daß sich dabei die Frage nach der Verifizierung des Menschen und der Wirklichkeit im ganzen einstellt.

c) Der Beruf des Theologen

Als Lehre von der Theologie hat Fundamentaltheologie auch eine Lehre vom Beruf des Theologen zu entfalten. Daß damit ein pastoraler, erbaulicher Ton angeschlagen werde, kann nur dann als Einwand gelten, wenn man darunter karikierend eine Redeweise versteht, die es an Nüchternheit und Wirklichkeitssinn mangeln läßt. Die Sache der Theologie selbst sollte freilich, recht verstanden, vor dem bewahren, was dem Ideologieverdacht Recht gibt. Einen Schutz vor dem Ideologischen sollte für den Theologen schon die Bereitschaft bieten, sein Verhältnis zur Theologie unter zwei einander nur scheinbar widersprechende Gesichtspunkte zu stellen: Er ist zu eigener Theologie verpflichtet und kann doch nie eine Theologie hervorbringen, die in sich autark ist. Beides hängt mit dem Lebensbezug der Theologie zusammen. Luther hat ihn auf die Formel gebracht: Sola experientia facit theologum [1].

---

[1] WATR 1; 16,13 Nr. 46 (1531). Vgl. auch WATR 5; 384,5 f. Nr. 5864 (nicht genau datierbar). WA 25; 106,27 (Vorl. über Jesaja, 1527/29).

Luther über das Studium der Theologie[1]

Darüber hinaus will ich dir anzeigen eine rechte Weise, in der Theologie zu studieren – denn ich habe mich geübt. Wenn du dieselbe hältst, sollst du so gelehrt werden, daß du selbst geradeso gute Bücher machen könntest (wenn es not wäre) wie die Väter und Concilia. Wie ich mich (in Gott) auch zu vermessen und ohne Hochmut und Lüge zu rühmen wage, daß ich etlichen der Väter wollte nicht viel nachstehen, wenn es sollte Büchermachen gelten. Des Lebens kann ich mich bei weitem nicht ebenso rühmen. Und zwar ist es die Weise, die der heilige König David im 119. Psalm lehrt (und ohne Zweifel auch alle Patriarchen und Propheten gehalten haben). Darin wirst du drei Regeln finden, durch den ganzen Psalm reichlich vorgestellt. Und heißen also: Oratio, Meditatio, Tentatio.

Erstlich sollst du wissen, daß die heilige Schrift ein solches Buch ist, das aller andern Bücher Weisheit zur Narrheit macht, weil keines vom ewigen Leben lehrt als dies allein. Darum sollst du an deinem Sinn und Verstand stracks verzagen. Denn damit wirst du es nicht erlangen, sondern mit solcher Vermessenheit dich selbst und andere mit dir stürzen vom Himmel (wie es Lucifer geschah) in den Abgrund der Hölle. Sondern knie nieder in deinem Kämmerlein und bitte mit rechter Demut und Ernst zu Gott, daß er dir durch seinen lieben Sohn wolle seinen heiligen Geist geben, der dich erleuchte, leite und Verstand gebe.

Wie du siehst, daß David im oben genannten Psalm immer bittet: „Lehre mich, Herr, unterweise mich, führe mich, zeige mir" und solcher Worte viel mehr. Obwohl er doch den Text des Mose und anderer Bücher mehr wohl kannte, auch täglich hörte und las, will er noch den rechten Meister der Schrift selbst dazu haben, auf daß er ja nicht mit der Vernunft drein falle und sein eigener Meister werde. Denn daraus werden Rottengeister, die sich lassen dünken, die Schrift sei ihnen unterworfen und leicht mit ihrer Vernunft zu erreichen, als wäre es Marcolfus[2] oder Aesops Fabeln, wozu sie keines heiligen Geistes noch Betens bedürfen.

---

[1] Aus M. Luthers Vorrede zum ersten Band der Wittenberger Ausgabe der deutschen Schriften, 1539, WA 50; 658, 29–661,8. Der Text wurde von mir orthographisch modernisiert und auch sprachlich leicht überarbeitet.

[2] Der volkstümlich derbe, eulenspiegelartige Gegenspieler des weisen

Zum anderen sollst du meditieren, das ist: nicht allein im Herzen, sondern auch äußerlich die mündliche Rede und geschriebenen Worte im Buch immer treiben und reiben, lesen und wiederlesen, mit fleißigem Aufmerken und Nachdenken, was der heilige Geist damit meint. Und hüte dich, daß du nicht überdrüssig werdest oder denkst, du habest es ein Mal oder zwei genug gelesen, gehört und gesagt und verstehst es alles bis auf den Grund. Denn daraus wird nimmermehr ein sonderlicher Theologe. Und sind wie das unzeitige Obst, das abfällt, ehe es halb reif wird.

Darum siehst du in demselben Psalm, wie David immerdar rühmt, er wolle reden, dichten, sagen, singen, hören, lesen Tag und Nacht und immerdar, doch nichts denn allein von Gottes Wort und Geboten. Denn Gott will dir seinen Geist nicht geben ohne das äußerliche Wort. Danach richte dich. Denn er hat es nicht vergeblich befohlen, äußerlich zu schreiben, predigen, lesen, hören, singen, sagen etc.

Zum dritten ist da Tentatio, Anfechtung. Die ist der Prüfstein, die lehrt dich nicht allein wissen und verstehen, sondern auch erfahren, wie recht, wie wahrhaftig, wie süß, wie lieblich, wie mächtig, wie tröstlich Gottes Wort sei, Weisheit über alle Weisheit.

Darum siehst du, wie David in dem genannten Psalm so oft klagt über allerlei Feinde, frevle Fürsten oder Tyrannen, über falsche Geister und Rotten, die er leiden muß, weil er meditiert, das ist: mit Gottes Wort umgeht (wie gesagt) auf allerlei Weise. Denn sobald Gottes Wort ausgeht durch dich, so wird dich der Teufel heimsuchen, dich zum rechten Doktor machen und durch seine Anfechtung lehren, Gottes Wort zu suchen und zu lieben. Denn ich selber (daß ich Mäusedreck auch mich unter den Pfeffer menge) habe sehr viel meinen Papisten zu danken, daß sie mich durch des Teufels Toben so zerschlagen, bedrängt und geängstet, das ist, einen rechten, guten Theologen gemacht haben, wohin ich sonst nicht gekommen wäre. Und was sie dagegen an mir gewonnen haben, da gönne ich ihnen die Ehre, Sieg und Triumph herzlich wohl. Denn so wollten sie es haben.

Siehe, da hast du Davids Regel: Studierst du nun wohl diesem Exempel nach, so wirst du mit ihm auch singen und rühmen in demselben Psalm: „Das Gesetz deines Mundes ist mir lieber denn viel tausend Stück Goldes und Silbers." Item: „Du machst mich mit deinem Gebot weiser denn meine Feinde sind; denn es ist ewiglich

Salomo in Bobertags Narrenbuch, Vers 1785 ff., vgl. WA 50; 288 Anm. 3 und 28; 500.

mein Schatz. Ich bin gelehrter denn alle meine Lehrer; denn deine Zeugnisse sind meine Rede. Ich bin klüger denn die Alten; denn ich halte deine Befehle" etc. Und wirst erfahren, wie schal und faul dir der Väter Bücher schmecken werden. Wirst auch nicht allein der Widersacher Bücher verachten, sondern dir selbst in beidem, im Schreiben und Lehren, je länger je weniger gefallen. Wenn du hierher gekommen bist, so hoffe getrost, du habest angefangen, ein rechter Theologe zu werden, der du nicht allein die jungen unvollkommenen Christen, sondern auch die zunehmenden und vollkommenen mögest lehren. Denn Christi Kirche hat allerlei Christen in sich: junge, alte, schwache, kranke, gesunde, starke, frische, faule, schlichte, weise etc.

Fühlst du dich aber und läßt dich dünken, du habest es gewiß, und kitzelst dich mit deinen eigenen Büchlein, Lehren oder Schreiben, als habest du es sehr köstlich gemacht und trefflich gepredigt, gefällt es dir auch sehr, daß man dich vor anderen lobe, willst auch vielleicht gelobt sein, sonst würdest du trauern oder nachlassen, — bist du von der Art, Lieber, so greif dir selber an deine Ohren. Und greifst du recht, so wirst du finden ein schön Paar großer, langer, rauher Eselsohren. So wende vollends die Kosten dran und schmücke sie mit güldnen Schellen, auf daß, wo du gehst, man dich hören könnte, mit Fingern auf dich weisen und sagen: Seht, seht, da geht das feine Tier, das so köstliche Bücher schreiben und trefflich wohl predigen kann. Alsdann bist du selig und überselig im Himmelreich. Ja, wo dem Teufel samt seinen Engeln das höllische Feuer bereitet ist. Summa, laßt uns Ehre suchen und hochmütig sein, wo wir mögen. In diesem Buch ist Gottes die Ehre allein und heißt: „Deus superbis resistit, humilibus autem dat gratiam."[1] Cui est gloria in saecula saeculorum. Amen.

---

[1] 1. Petr 5,5.

Bibliographischer Anhang

Vorbemerkung:

Die Literaturhinweise zu jedem Kapitel teilen sich in zwei Gruppen. Unter *A* werden Veröffentlichungen des Verfassers erwähnt, welche die knappen Darlegungen erläutern und ergänzen können und Beispiele seiner Behandlung von Einzelthemen bieten. Unter *B* werden einige Bücher und Aufsätze aufgeführt, deren Lektüre zu weiterem Eindringen in das Problem des betreffenden Fachs als ganzen zu empfehlen ist. Auf die Nennung von Lehrbüchern wird verzichtet. Bei einer Auswahl von jeweils nur wenigen Titeln sind Subjektivität und Zufall nicht auszuschalten. Jedoch sind keineswegs nur solche Arbeiten berücksichtigt, die mit dem Dargelegten übereinstimmen oder auf die indirekt Bezug genommen ist. In beiden Gruppen ist die Reihenfolge chronologisch. Jede bibliographische Angabe wird nur einmal verzeichnet, obwohl sie nicht selten für die Thematik verschiedener Kapitel von Bedeutung ist.

Abkürzungen zu A:

LuStud I   Lutherstudien Bd. I, 1971

WG I   Wort und Glaube. Erster Band, (1960) [3]1967

WG II   Wort und Glaube. Zweiter Band: Beiträge zur Fundamentaltheologie und zur Lehre von Gott, 1969

WG III   Wort und Glaube. Dritter Band: Beiträge zur Fundamentaltheologie, Soteriologie und Ekklesiologie, 1975

WGT   Wort Gottes und Tradition. Studien zu einer Hermeneutik der Konfessionen, (1964) [2]1966

Zum ersten Kapitel:
Das Ganze der Theologie

A.

Diskussionsthesen für eine Vorlesung zur Einführung in das Studium der Theologie (1960), WG I, 447–457

Memorandum zur Verständigung in Kirche und Theologie (1969), WG III, 484–514

B.

Schleiermacher, Fr. D. E., Kurze Darstellung des theologischen Studiums zum Behuf einleitender Vorlesungen, (1811) [2]1830; krit. Ausg. von *H. Scholz*, (1910) 1973

Barth, K., Einführung in die evangelische Theologie, 1962

Kolping, A., Einführung in die katholische Theologie, (1960) [2]1963

Einführung in das Studium der evangelischen Theologie, hrsg. v. *R. Bohren*, 1964

Grass, H., Der theologische Pluralismus und die Wahrheitsfrage. Kirche in der Zeit 20, 1965, 146–155; abgedr. in: *ders.*, Theologie und Kritik. Ges. Aufs. u. Vortr., 1969, 71–92

Was ist Theologie?, hrsg. v. *E. Neuhäusler* und *E. Gössmann*, 1966

Amberg, E. H., Die Frage nach der Einheit der evangelischen Theologie heute, ThLZ 92, 1967, 81–88

Jüngel, E., Das Verhältnis der theologischen Disziplinen untereinander (1968), in: *ders.*, Unterwegs zur Sache. Theologische Bemerkungen, 1972, 34–59

Schäfer, R., Die Einheit der Theologie, ZThK 66, 1969, 369–385

Bilanz der Theologie im 20. Jahrhundert. Perspektiven, Strömungen, Motive in der christlichen und nichtchristlichen Welt, hrsg. v. *H. Vorgrimler* und *R. van der Gucht*, 3 Bde., 1970

Theologie als Wissenschaft in der Gesellschaft. Ein Heidelberger Experiment, hrsg. v. *H. Siemers* und *H. R. Reuter*, 1970

Mildenberger, F., Theorie der Theologie. Enzyklopädie als Methodenlehre, 1972

Bayer, O., Was ist das: Theologie? Eine Skizze, 1973

Pannenberg, W., Wissenschaftstheorie und Theologie, 1973

Zum zweiten Kapitel:
Die Wissenschaft vom Neuen Testament

A.

Art. „Geist und Buchstabe", RGG³ II, 1958, 1290–1296

Was heißt Glauben? (1958), WG III, 225–235

Jesus und Glaube (1958), WG I, 203–254

Das Wesen des christlichen Glaubens, 1959, 31–47: III. Die Urkunde des Glaubens

Die Frage nach dem historischen Jesus und das Problem der Christologie (1959), WG I, 300–318

Der Grund christlicher Theologie (1961), WG II, 72–91

Das Neue Testament und die Vielzahl der Konfessionen (1962), WGT 144–154

Art. „Tradition VII. Dogmatisch", RGG³ VI, 1962, 976–984

„Sola scriptura" und das Problem der Tradition (1963), WGT 91–143

B.

Schweitzer, A., Geschichte der Leben-Jesu-Forschung, (1906) ⁶1951

Bultmann, R., Neues Testament und Mythologie. Das Problem der Entmythologisierung der neutestamentlichen Verkündigung, in: *ders.*, Offenbarung und Heilsgeschehen, BEvTh 7, 1941, 27–69; abgedr. in: Kerygma und Mythos, hrsg. v. *H. W. Bartsch*, 1948, 15–53

Käsemann, E., Begründet der neutestamentliche Kanon die Einheit der Kirche? (1951/52), in: *ders.*, Exegetische Versuche und Besinnungen, Bd. I, 1960, 214–223

Bultmann, R., Theologie des Neuen Testaments, (1953) ⁶1968. Epilegomena 585–599, 619 f

Fuchs, E., Hermeneutik, (1954) ⁴1970

Kümmel, W. G., Das Neue Testament. Geschichte der Erforschung seiner Probleme, Orbis Academicus Bd. III,3 (1958) ²1970

Braun, H., Die Problematik einer Theologie des Neuen Testaments, Bh. 2 z. ZThK 1961, 3–18; abgedr. in: Ges. Studien z. NT und seiner Umwelt, 1962, 325–341

v. Campenhausen, H., Die Entstehung der christlichen Bibel, BHTh 39, 1968

Stock, A., Einheit des Neuen Testaments. Erörterung hermeneutischer Grundpositionen der heutigen Theologie, 1969

Das Neue Testament als Kanon. Dokumentation und kritische Analyse zur gegenwärtigen Diskussion, hrsg. von *E. Käsemann*, 1970

Conzelmann, H., Die Frage der Einheit der Neutestamentlichen Schriften, in: Moderne Exegese u. historische Wissenschaft, hrsg. v. *J. M. Hollenbach* u. *H. Staudinger*, 1972, 67–76

Zum dritten Kapitel:
Die Wissenschaft vom Alten Testament

A.

Die Anfänge von Luthers Hermeneutik (1951), LuStud I, 1–68

Was heißt „Biblische Theologie"? (1955), WG I, 69–89

Erwägungen zur Lehre vom Gesetz (1958), WG I, 255–293

Zwei Glaubensweisen? (1961), WG III, 236–245

Luther und die Bibel (1967), LuStud I, 286–301

Psalmenmeditationen, 1968

B.

Diestel, L., Geschichte des Alten Testaments in der christlichen Kirche, 1869

Bultmann, R., Die Bedeutung des Alten Testaments für den christlichen Glauben, GV I, (1933) ⁷1972, 313–336

Hirsch, E., Das Alte Testament und die Predigt des Evangeliums, 1936

Kraus, H. J., Geschichte der historisch-kritischen Erforschung des Alten Testaments von der Reformation bis zur Gegenwart, (1956) ²1969

Probleme alttestamentlicher Hermeneutik. Aufsätze zum Verstehen des Alten Testaments, hrsg. v. *C. Westermann*, ThB 11, 1960

Gese, H., Erwägungen zur Einheit der biblischen Theologie, ZThK 67, 1970, 417–436; abgedr. in: Vom Sinai zum Zion. Alttestamentliche Beiträge zur biblischen Theologie, BEvTh 64, 1974, 11–30

Kraus, H. J., Die Biblische Theologie. Ihre Geschichte und Problematik, 1970

Smend, R., Die Mitte des Alten Testaments, ThSt 101, 1970

Wagner, S., Zur Frage nach dem Gegenstand einer Theologie des Alten Testaments, in: Fides et communicatio, Festschrift M. Doerne, 1970, 391–411

Mauser, U., Gottesbild und Menschwerdung. Eine Untersuchung zur Einheit des Alten und Neuen Testaments, BHTh 43, 1971

Fohrer, G., u. a., Exegese des Alten Testaments. Einführung in die Methode, UTB 267, 1973

Zimmerli, W., Erwägungen zur Gestalt einer alttestamentlichen Theologie, ThLZ 98, 1973, 81–98; abgedr. in: Studien zur alttestamentlichen Theologie und Prophetie. Ges. Aufsätze II, 1974, 27–54

Zum vierten Kapitel:
Religionswissenschaft

A.

Die „nicht-religiöse Interpretation biblischer Begriffe" (1955), WG I, 90 bis 160

Profanität und Geheimnis (1968), WG II, 184–208

B.

Schleiermacher, Fr. D. E., Über die Religion. Reden an die Gebildeten unter ihren Verächtern (1799), hrsg. v. *H.-J. Rothert*, PhB 255, 1958

Hegel, G. W. F., Vorlesungen über die Philosophie der Religion (1821/31), Jub. Ausg. 15/16. PhB 59/60/61/63 (hrsg. v. *G. Lasson*)

Feuerbach, L., Vorlesungen über das Wesen der Religion (1848/49), in: *ders.*, Sämtl. Werke, neu hrsg. v. *W. Bolin* und *Fr. Jodl*, Bd. VIII

Troeltsch, E., Die Absolutheit des Christentums und die Religionsgeschichte, (1902) ³1929

Wach, J., Religionswissenschaft. Prolegomena zu ihrer wissenschaftstheoretischen Grundlegung, 1924

Freud, S., Die Zukunft einer Illusion (1927), in: *ders.*, Ges. Schr. Bd. XIV, 323–380

Tillich, P., Das Christentum und die Begegnung der Weltreligionen (1962), in: *ders.*, Ges. Werke Bd. V, 1964, 51–98

Luckmann, Th., Das Problem der Religion in der modernen Gesellschaft, 1963

Berger, P. L., Zur Dialektik von Religion und Gesellschaft, (engl. 1967) 1973

Cobb, J. B., Die christliche Existenz. Eine vergleichende Studie der Existenzstrukturen in verschiedenen Religionen, (engl. 1967) 1970

Pannenberg, W., Erwägungen zu einer Theologie der Religionsgeschichte, in: *ders.*, Grundfragen systematischer Theologie. Gesammelte Aufsätze, (1967) ²1971, 252–295

Ratschow, C. H., Die Religionen und das Christentum, NZSTh 9, 1967, 88–128

Colpe, C., Die Funktion religionsgeschichtlicher Studien in der evangelischen Theologie, VF 13, 1968, 1–12

Schlette, H. R., Einführung in das Studium der Religionen, 1971

Trillhaas, W., Religionsphilosophie, 1972

Zum fünften Kapitel:
Philosophie

A.

Verantworten des Glaubens in Begegnung mit dem Denken M. Heideggers. Thesen zum Verhältnis von Philosophie und Theologie (1961), WG II, 92–98

Art. „Theologie I. Begriffsgeschichtlich", RGG³ VI, 1962, 754–769

Art. „Theologie und Philosophie I. Problemstrukturen II. Historisch III. Dogmatisch", RGG³ VI, 1962, 782–830

Luther. Einführung in sein Denken, (1964) ²1974, 79–99: V. Philosophie und Theologie

B.

Frank, E., Philosophische Erkenntnis und religiöse Wahrheit, 1950

Iwand, H. J., Wie studiere ich Philosophie? (1953), in: *ders.*, Um den rechten Glauben. Ges. Aufs., hrsg. v. *K. G. Steck*, ThB 9, 1959, 173–182

Heidegger, M., Was ist das – die Philosophie?, 1956

Löwith, K., Wissen, Glaube, Skepsis, Kleine Vandenhoeck-Reihe 30, 1956

Schulz, W., Der Gott der neuzeitlichen Metaphysik, (1957) ²1959

Gollwitzer, H., Weischedel, W., Denken und Glauben. Ein Streitgespräch, o. J. (1965)

Piaget, J., Weisheit und Illusionen der Philosophie, (franz. 1965) 1974

Picht, G., Der Gott der Philosophen und die Wissenschaft der Neuzeit, 1966

Pannenberg, W., Christliche Theologie und philosophische Kritik, in: *ders.*, Gottesgedanke und menschliche Freiheit (1968), 1972, 48–77

Frey, G., Philosophie und Wissenschaft. Eine Methodenlehre, Urban TB 133, 1970

Heidegger, M., Phänomenologie und Theologie, 1970

Weischedel, W., Der Gott der Philosophen. Grundlegung einer philosophischen Theologie im Zeitalter des Nihilismus, 2 Bde, 1971. 1972

Das Studium der Philosophie in der Ausbildung der Theologen. Ein Brief der römischen Kongregation für das katholische Bildungswesen, Herd. Korr. 26, 1972, 178–182

Möller, J., Der Glaube ruft nach dem Denken. Zur Rolle der Philosophie innerhalb des Theologiestudiums, Herd. Korr. 26, 1972, 239–243

Zum sechsten Kapitel:
Kirchengeschichte

A.

Kirchengeschichte als Geschichte der Auslegung der Heiligen Schrift (1946), WGT 9–27

Zur Geschichte des konfessionellen Problems (1952), WGT 41–55

Über Aufgabe und Methode der Konfessionskunde (1952), WGT 28–40

Die Geschichtlichkeit der Kirche und ihrer Verkündigung als theologisches
Problem, 1954

Das Wesen des christlichen Glaubens, 1959, 15–30: II. Die Geschichte des
Glaubens

Verstehen und Verständigung in der Begegnung der Konfessionen (1967),
WG III, 468–483

Luther und der Anbruch der Neuzeit (1972), WG III, 29–59

B.

Baur, F. Chr., Die Epochen der kirchlichen Geschichtsschreibung, 1852;
Neudruck 1962

Overbeck, F., Über die Anfänge der Kirchengeschichtsschreibung, 1892;
Neudruck 1965

Nigg, W., Die Kirchengeschichtsschreibung, 1934

Rückert, H., Personale Geschichtsbetrachtung. Einleitende Überlegungen
zu einer Vorlesung über Kirchengeschichte der Neuzeit (1948), in:
ders., Vorträge und Aufsätze zur historischen Theologie, 1972, 1–11

Karpp, H., Kirchengeschichte als theologische Disziplin, in: Festschrift
R. Bultmann, 1949, 149–167

Wittram, R., Das Interesse an der Geschichte, Kleine Vandenhoeck-Reihe
59/60/61, 1958

Benz, E., Kirchengeschichte in ökumenischer Sicht, 1961

Jedin, H., Einleitung in die Kirchengeschichte, in: Handbuch der Kirchengeschichte, hrsg. v. *H. Jedin*, Bd. 1, 1962, 1–68

Wittram, R., Zukunft in der Geschichte. Grenzfragen der Geschichtswissenschaft und Theologie, Kleine Vandenhoeck-Reihe 235/236, 1966

Meinhold, P., Geschichte der kirchlichen Historiographie, 2 Bde., Orbis
Academicus III, 5, 1967

Wittram, R., Anspruch und Fragwürdigkeit der Geschichte. Sechs Vorlesungen zur Methodik der Geschichtswissenschaft und zur Ortsbestimmung der Historie, Kleine Vandenhoeck-Reihe 297/299, 1969

Kirchengeschichte heute. Geschichtswissenschaft oder Theologie?, hrsg. v.
R. Kottje, 1970

Zum siebenten Kapitel:
Natur- und Geisteswissenschaften

A.

Die Welt als Geschichte (1960), WG I, 381–392

Zeit und Wort (1964), WG II, 121–137

Das Problem des Natürlichen bei Luther (1967), LuStud I, 273–285

Überlegungen zur Theologie in der interdisziplinären Forschung (1971),
WG III, 150–163

Zur Existenz Theologischer Fakultäten an staatlichen Universitäten (1972),
WG III, 164–169

Kritischer Rationalismus?, 1973

B.

Kant, I., Der Streit der Fakultäten (1798), in: *ders.,* Werke, hrsg. v. *W. Wei-schedel,* Bd. 6, 1964, 261–393

Dilthey, W., Einleitung in die Geisteswissenschaften. Versuch einer Grund-legung für das Studium der Gesellschaft und der Geschichte, (1883), in: *ders.,* Ges. Schr. I, ⁵1959/62

Rickert, H., Die Grenzen der naturwissenschaftlichen Begriffsbildung, (1896–1902) ⁵1929

Rothacker, E., Logik und Systematik der Geisteswissenschaften, (1926) Neudruck 1965 u. 1970

Anrich, G., Die Idee der deutschen Universität und die Reform der deut-schen Universitäten, 1960

Blumenberg, H., Die Legitimität der Neuzeit, 1966. Erweiterte und über-arbeitete Neuausgabe des ersten und zweiten Teils unter dem Titel: Säkularisierung und Selbstbehauptung, stw 79, 1974

Weidlich, W., Fragen ,der Naturwissenschaft an den christlichen Glauben, ZThK 64, 1967, 241–257

Albert, H., Traktat über kritische Vernunft, (1968) ²1969

Müller, A. M. K., Pannenberg, W., Erwägungen zu einer Theologie der Natur, 1970

Geisteswissenschaft und Naturwissenschaft. Ihre Bedeutung für den Men-schen von heute, hrsg. v. *W. Laskowski,* 1970

v. Weizsäcker, C. F., Die Einheit der Natur, 1971

Heitler, W., Naturwissenschaft ist Geisteswissenschaft, 1972

Weth, R., Gestrich, Chr., Solte, E.-L., Theologie an staatlichen Universitä-ten?, 1972

Lord Annan, Deveze, M., Lübbe, H., Universität gestern und heute. Salz-burger Universitätsreden H. 51, 1973

Oberman, H. A., Contra vanam curiositatem. Ein Kapitel der Theologie zwischen Seelenwinkel und Weltall. ThSt 113, 1974

Zum achten Kapitel:
Humanwissenschaften

A.

Frei aus Glauben (1968), LuStud I, 308–329

Frömmigkeit und Bildung (1970), WG III, 60–95

Einführung in theologische Sprachlehre, 1971

Lebensangst und Glaubensanfechtung. Erwägungen zum Verhältnis von Psychotherapie und Theologie (1973), WG III, 362–387

Die Klage über das Erfahrungsdefizit in der Theologie als Frage nach ihrer Sache (1974), WG III, 3–28

B.

Gehlen, A., Der Mensch. Seine Natur und seine Stellung in der Welt, (1940) ⁸1966

Schoeck, H., Soziologie. Geschichte ihrer Probleme, 1952

Bitter, W., Hrsg., Angst und Schuld in theologischer und psychotherapeutischer Sicht, (1953) ⁵1972

Der leidende Mensch. Personale Psychotherapie in anthropologischer Sicht. In Verbindung mit *E. Michel* hrsg. v. *A. Sborowitz,* 1960

Bally, G., Einführung in die Psychoanalyse Sigmund Freuds, rde 131/132, 1961

Condrau, G., Angst und Schuld als Grundprobleme der Psychotherapie, 1962

Habermas, J., Zur Logik der Sozialwissenschaften, edition suhrkamp 481, 1970

Hollweg, A., Theologie und Empirie. Ein Beitrag zum Gespräch zwischen Theologie und Sozialwissenschaften in den USA und in Deutschland, 1970

Piaget, J., Erkenntnistheorie der Wissenschaften vom Menschen, Ullstein-Buch Nr. 2950, 1972

Frankl, V. E., Der unbewußte Gott. Psychotherapie und Religion, 1974

Zum neunten Kapitel:
Praktische Theologie

A.

Das Grund-Geschehen von Kirche (1962), WG III, 463–467

Erwägungen zum evangelischen Sakramentsverständnis (1963), WGT 217 bis 226

Der Theologe und sein Amt in der Kirche (1969), WG III, 522–532

Die Notwendigkeit des christlichen Gottesdienstes (1970), WG III, 533–553

Das Gebet (1973), WG III, 405–427

Fundamentaltheologische Erwägungen zur Predigt (1974), WG III, 554–573

B.

Kant, I., Über den Gemeinspruch: Das mag in der Theorie richtig sein, taugt aber nicht für die Praxis (1793), in: *ders.,* Werke, hrsg. v. *W. Weischedel,* Bd. 6, 1964, 125–172

Diem, H., Theologie als kirchliche Wissenschaft, Bd. 3: Die Kirche und ihre Praxis, 1963

Mezger, M., Praktische Theologie – Zugang zu ihrem Studium, ThPr 1, 1966, 111–119

Jetter, W., Die Praktische Theologie, ZThK 64, 1967, 451–473

Krause, G., Probleme der Praktischen Theologie im Rahmen der Studienreform, ZThK 64, 1967, 474–495

Rössler, D., Prolegomena zur Praktischen Theologie. Das Vermächtnis Christian Palmers, ZThK 64, 1967, 357–371

Jetter, W., Was wird aus der Kirche? Beobachtungen, Fragen, Vorschläge, 1968

Jüngel, E., Rahner, K., Seitz, M., Die Praktische Theologie zwischen Wissenschaft und Praxis, 1968

Dahm, K.-W., Beruf: Pfarrer. Empirische Aspekte zur Funktion von Kirche und Religion in unserer Gesellschaft, (1971) ²1972

Praktische Theologie. Texte zum Werden und Selbstverständnis der praktischen Disziplin der evangelischen Theologie, hrsg. v. *G. Krause*, WdF CCLXIV, 1972

Picht, G., Die Dialektik von Theorie und Praxis und der Glaube, ZThK 70, 1973, 101–120

Steck, W., Der Pfarrer zwischen Beruf und Wissenschaft. Plädoyer für eine Erneuerung der Pastoraltheologie, ThEx 183, 1974

Zum zehnten Kapitel:
Dogmatik

A.

Die kirchentrennende Bedeutung von Lehrdifferenzen (1956), WG I, 161 bis 191

Das Wesen des christlichen Glaubens, 1959

Weltliches Reden von Gott (1959), WG I, 372–380

Elementare Besinnung auf verantwortliches Reden von Gott (1959), WG I, 349–371

Wort Gottes und kirchliche Lehre (1961), WGT 155–174

Theologie und Verkündigung. Ein Gespräch mit Rudolf Bultmann, HUTh 1, (1962) ²1963

Die Botschaft von Gott an das Zeitalter des Atheismus (1963), WG II, 372 bis 395

Der hermeneutische Ort der Gotteslehre bei Petrus Lombardus und Thomas von Aquin (1964), WG II, 209–256

Erwägungen zur Eschatologie (1964), WG III, 428–447

Existenz zwischen Gott und Gott. Ein Beitrag zur Frage nach der Existenz Gottes (1965), WG II, 257–286

Cognitio Dei et hominis (1966), LuStud I, 221–272

Gott und Wort (1966), WG II, 396–432

„Was heißt ein Gott haben oder was ist Gott?" Bemerkungen zu Luthers Auslegung des ersten Gebots im Großen Katechismus (1966/67), WG II, 287–304

Zum Verständnis von R. Bultmanns Aufsatz: „Welchen Sinn hat es, von Gott zu reden?" (1966/67), WG II, 343–371

Das Verständnis von Heil in säkularisierter Zeit (1967), WG III, 349–361

Gewißheit und Zweifel. Die Situation des Glaubens im Zeitalter nach Luther und Descartes (1967), WG II, 138–183

Thesen zur Frage der Auferstehung von den Toten (1967), WG III, 448–454

Schleiermachers Lehre von den göttlichen Eigenschaften (1968), WG II, 305–342

Was heißt: Ich glaube an Jesus Christus? (1968), WG III, 270–308

Der Aussagezusammenhang des Glaubens an Jesus Christus (1969), WG III, 246–269

Schlechthinniges Abhängigkeitsgefühl als Gottesbewußtsein (1972), WG III, 116–136

Luthers Ortsbestimmung der Lehre vom heiligen Geist (1974), WG III, 316–348

B.

Troeltsch, E., Über historische und dogmatische Methode in der Theologie, (1898), in: *ders.,* Ges. Schr. 2, ²1922, Neudruck 1962, 729–753

Kaftan, J., Zur Dogmatik, 1904

Ritschl, O., Das Wort dogmaticus in der Geschichte des Sprachgebrauchs bis zum Aufkommen des Ausdrucks theologia dogmatica, in: Festgabe für J. Kaftan, 1920, 260–272

Rothacker, E., Die dogmatische Denkform in den Geisteswissenschaften und das Problem des Historismus, AAM 6, 1954

Diem, H., Theologie als kirchliche Wissenschaft, Band 2: Dogmatik. Der Weg zwischen Historismus und Existentialismus, (1955) ⁴1964

Fritzsche, H.-G., Die Strukturtypen der Theologie. Eine kritische Einführung, 1961

Pannenberg, W., Was ist eine dogmatische Aussage? (1962), in: *ders.,* Grundfragen systematischer Theologie. Ges. Aufsätze, (1967) ²1971, 159–200

Elze, M., Der Begriff des Dogmas in der Alten Kirche, ZThK 61, 1964, 421–438

Grass, H., Historisch-kritische Forschung und Dogmatik, in: *ders.,* Theologie und Kritik, Ges. Aufs. u. Vortr., 1969, 9–27

Lehmann, H., Die dogmatische Denkform als hermeneutisches Problem, EvTh 30, 1970, 469–487

Sauter, G., Vor einem neuen Methodenstreit in der Theologie?, ThExh 164, 1970

Zum elften Kapitel:
Ethik

A.

Die Evidenz des Ethischen und die Theologie (1960), WG II, 1–41

Die Krise des Ethischen und die Theologie (1962), WG II, 42–55

Die Beunruhigung der Theologie durch die Frage nach den Früchten des Geistes (1969), WG III, 388–404

Leitsätze zur Zweireichelehre (1972), WG III, 574–592

Kirche und Politik (1973), WG III, 593–610

Die zehn Gebote in Predigten ausgelegt, 1973

Ein Briefwechsel zwischen Wolfhart Pannenberg und Gerhard Ebeling, ZThK 70, 1973, 448–473

Theologie zwischen reformatorischem Sündenverständnis und heutiger Einstellung zum Bösen (1973), WG III, 173–204

Das Problem des Bösen als Prüfstein der Anthropologie (1973), WG III, 205–224

Kriterien kirchlicher Stellungnahme zu politischen Problemen (1974), WG III, 611–634

B.

Pannenberg, W., Die Krise des Ethischen und die Theologie, ThLZ 87, 1962, 7–16

Jüngel, E., Erwägungen zur Grundlegung evangelischer Ethik im Anschluß an die Theologie des Paulus, ZThK 63, 1966, 379–390

Gadamer, H.-G., Über die Möglichkeiten einer philosophischen Ethik, in: *ders.*, Kleine Schriften I. Philosophie. Hermeneutik, 1967, 179–191

Honecker, M., Konzept einer sozialethischen Theorie. Grundfragen evangelischer Sozialethik, 1971

Patzig, G., Ethik ohne Metaphysik, Kleine Vandenhoeck-Reihe 326 S, 1971

Rich, A., Was macht das Handeln der Kirche zum christlichen Handeln?, in: *H. Schulze, H. Schwarz*, Christsein in einer pluralistischen Gesellschaft, 1971, 276–288

Have, R. M., Die Sprache der Moral, 1972

Ringeling, H., Ethik als Integrationswissenschaft, Gesellschaft und Entwicklung 3, 1974, 84–94

Zum zwölften Kapitel:
Fundamentaltheologie

A.

Die Bedeutung der historisch-kritischen Methode für die protestantische Theologie und Kirche (1950), WG I, 1–49

Theologie und Wirklichkeit (1956), WG I, 192–202

Art. „Hermeneutik", RGG³ III, 1959, 242–262

Wort Gottes und Hermeneutik (1959), WG I, 319–348

Glaube und Unglaube im Streit um die Wirklichkeit (1960), WG I, 393 bis 406

Die Notwendigkeit der Lehre von den zwei Reichen (1960), WG I, 407 bis 428

Theologische Erwägungen über das Gewissen (1960), WG I, 429–446

Hermeneutische Theologie? (1965), WG II, 99–120

Erwägungen zu einer evangelischen Fundamentaltheologie, ZThK 67, 1970, 479–524

Leitsätze zur Frage der Wissenschaftlichkeit der Theologie (1971), WG III, 137–149

Beobachtungen zu Schleiermachers Wirklichkeitsverständnis (1973), WG III, 96–115

B.

Fuchs, E., Was ist Theologie?, SgV 203/204, 1953

Gadamer, H.-G., Wahrheit und Methode, (1960) ³1972

Fuchs, E., Über die Aufgabe einer christlichen Theologie, ZThK 58, 1961, 245–267

Jüngel, E., Die Freiheit der Theologie, ThSt 88, 1967

Der Wissenschaftsbegriff. Historische und systematische Untersuchungen, hrsg. v. *A. Diemer,* Studien zur Wissenschaftstheorie 4, 1970

Theologie als Wissenschaft, hrsg. v. *G. Sauter,* ThB 43, 1971

Die Theologie in der interdisziplinären Forschung, hrsg. v. *J. B. Metz* und *T. Rendtorff,* Interdisziplinäre Studien Bd. 2, 1971

Rendtorff, T., Theorie des Christentums. Historisch-theologische Studien zu seiner neuzeitlichen Verfassung, 1972

Sauter, G., u. a., Wissenschaftstheoretische Kritik der Theologie. Die Theologie und die neuere wissenschaftstheoretische Diskussion. Materialien, Analysen, Entwürfe, 1973

Pannenberg, W., Sauter, G., Daecke, S. M., Janowski, H. N., Grundfragen der Theologie – ein Diskurs, Urban TB 603, 1974

Gerhard Ebeling

Das Wesen des christlichen Glaubens

(17.–21. Tsd.). 1963. IV, 256 Seiten. Kt. DM 8.–, Ln. DM 11.–

Theologie und Verkündigung

Ein Gespräch mit Rudolf Bultmann
Hermeneutische Untersuchungen zur Theologie 1
2., durchgesehene Auflage. 1963. XII, 146 Seiten. Ln. DM 28.–

Vom Gebet

Predigten über das Unser-Vater
(5.–7. Tsd.). 1965. 144 Seiten. Ppbd. DM 6.80

Psalmenmeditationen

1968. 176 Seiten. Kt. DM 7.80

Wort und Glaube

3. Auflage, durch ein Register erweitert
1967. VII, 482 Seiten. Ln. DM 29.–

J.C.B. Mohr (Paul Siebeck) Tübingen

Gerhard Ebeling

Wort und Glaube

2. Band: Beiträge zur Fundamentaltheologie und zur Lehre von Gott
1969. VI, 445 Seiten. Kt. DM 29.–, Ln. DM 35.–

Wort und Glaube

3. Band: Beiträge zur Fundamentaltheologie, Soteriologie
und Ekklesiologie
1975. XIV, 647 Seiten. Ln. DM 89.–

Lutherstudien · Band I

1971. XII, 341 Seiten. Kt. DM 32.50, Ln. DM 39.–

Einführung in theologische Sprachlehre

1971. XV, 264 Seiten. Kt. DM 14.80

Kritischer Rationalismus?

Zu Hans Alberts »Traktat über kritische Vernunft«
1973. XIV, 118 Seiten. Kt. DM 9.80

Die zehn Gebote

in Predigten ausgelegt
1973. 233 Seiten. Kt. DM 13.80

Luther

Einführung in sein Denken. 2., unveränderte Auflage
1974. VII, 321 Seiten. Kt. DM 16.50

J.C.B. Mohr (Paul Siebeck) Tübingen